POSTCARD

长亭外，古道边，芳草碧连天 晚风拂柳笛声残，夕阳山外山

天之涯，地之角，知交半零落 一壶浊酒尽余欢，今宵别梦寒

长亭外，古道边，芳草碧连天 晚风拂柳笛声残，夕阳山外山

半世文人半世僧

李叔同

半世文人半世僧

李叔同

【中国近代文化名人传记丛书】

BAN SHI WEN
REN BAN SHI SENG

齊魯書社

目　录

小引

1880年10月23日（清光绪六年，农历九月二十日），李叔同降生于天津城一户富商家里。

天津地处华北平原东北部，东临渤海，北枕燕山，位于海河流域下游，南运河、北运河、子牙河、大清河、永定河五大河在天津市区及其附近汇合而成海河，东流七十多公里至大沽口入海，故天津素有“九河下梢”“河海要冲”之称。

明朝时，燕王朱棣起兵争夺帝位，在此渡河南下。后来朱棣做了皇帝，为纪念这次起兵，将此地赐名为天津，意为“天子渡河之地”，并在此屯兵筑城，始称天津卫，“卫”即驻兵之所。

天津内有海河外临渤海，河海相连，是船舶往来必经之地。另据史载，早自唐朝就在此开辟盐场，设置盐仓。独特的地理位置和丰富的渔盐资源，自然吸引着各地商贾汇集津门。清朝初年，有人就对天津做过如下描述：“海去城百里，从无人寇之患，商出百万之课，民获兴贩之利，乃鱼盐之薮也。”[1] 尤其是1684年清政府全面解除海禁之后，天津更是万商云集，商贸繁盛。

1860年，英、法联军占领天津，天津被迫开放，列强先后在此设置租界，发展洋行，染指海关，传播“洋教”。自此开始，反抗侵略的斗争在这里上演，中西文化的冲撞和融汇在这里激荡。几乎同时，洋务运动也鸣锣开场。1862年，驻守天津的三口通商大臣崇厚，就在这里雇用英国军官训练天津洋枪队。1867年，崇厚又在这里设立军火机器局。而后，身兼直隶总督和北洋大臣的李鸿章常驻天津，在此开办煤矿，兴办洋务教育。就在李叔同出生的这年九月，李鸿章还在天津设立电报总局，在津沪之间架起了电报线。此时的天津，已成为北方繁华的商业中心、贸易港口和洋务运动的重镇，近代中国的历史风云，在这座城市的上空翻腾变幻。

李叔同生逢这样一个“数千年未有之大变局”的时代，生长在这样一个繁华与贫困同生共存，传统与现代冲突抵牾，中西文化碰撞交融的城市里，他的人生将怎样开始，他的心路将趋向何方呢？

/注释/

[1] 庞玉洁：《开埠通商与近代天津商人》，天津古籍出版社2004年版。

第一章 津门岁月

一、家 世

天津老三岔河口，是南北运河与海河交汇之处，水陆交通便利，这里曾是天津最早的居民点，也是最早的水旱码头和商品集散地。在李叔同出生的年代，这里依然是漕运的中转站和长芦盐的集散地。直到1918年，海河裁弯取直，河口向西北挪移，老三岔河口和原北运河河床被填平，改造成了东河沿大街（现在的狮子林大街），三岔河口地区逐渐失去了往日的繁华。

在当年依旧繁华的老三岔口东侧，有条叫粮店后街的南北走向的马路。马路东侧，有条叫陆家胡同的东西向小街，胡同东口2号，是一所坐北面南的三合院，这里便是李叔同出生的地方。

当初，宅院的门楼不算太大，门楼正面有4扇平门，正对着北房。4扇平门很少打开，家人平常出入，只走门楼东侧的便门。院内方砖铺地，北、东、西三面，各有3间青砖房，墙基磨石抱角，房上有一米多高的女儿墙。在北房的后面，还有一个不大的院落，院内有灰土房3间，

位于天津市河北区的两处“李叔同故居”

靠西房外首有一株老梅树。宅后不远处便是原北运河河身，顺河往东有条金钟河，沿河是一片树林。从李家住宅的情形来看，在当时的天津城里，也算得上殷实富足的家庭了。

李叔同祖籍浙江平湖，[1]父亲名世珍，字筱楼（一作小楼、晓楼），祖父李锐，叔祖父李锟。据说李家祖辈经营盐业，康乾年间，天津漕运和盐业已相当兴盛，吸引了大量闽、徽、浙等地的商人来此经商，李家大约就是在这个时期来到天津。到李叔同父亲李筱楼这一辈，李家经过至少两代人的经营，盐业和钱庄业已颇具规模。

李叔同的父亲筱楼公 53 岁这年（清同治四年，公元 1865 年）考中进士，曾担任过吏部主事一职。或许是无心仕宦，或许是官场失意，不几年筱楼公就辞去官职，一心操持家中的生意了。进士出身的筱楼公，既有为官的背景，又有雄厚的资财，生意越发红火，他先后买下大量的盐田引地，钱庄的规模也扩大了很多。据李叔同的次子李端回忆说：“我家曾多次来过‘镖’，这应该是我家干盐务的收入，通过镖行从引地（官府指定给盐商从事运销食盐的专卖区）押运到津的。”“来‘镖’的时候，前门打开，成箱的财物卸在前边的柜房里，人出人进，热闹极了。”[2]钱庄的生意也做得很大，宫北大街有专做门市生意的桐兴茂钱铺，家里还有做内局生意的桐达钱铺。桐达钱铺“柜房门前廊柱上，有木制的抱柱对联，红底黑字，上下联的第一字分别是‘桐’、‘达’两字”[3]。因此，人称李筱楼家为“桐达李家”，以便与冰窖胡同的另一户李姓富人区别开来。由此看来，这一时期的李家，已是津门有名的巨富之一了。

李筱楼前后至少有妻妾 4 人，原配姜氏生子文锦。李文锦长李叔同近 50 岁，娶妻后不几年就去世了。[4]筱楼公又纳郭氏，未有生育；再纳张氏，生子文熙（1868—1929），字桐冈，长李叔同 12 岁。但李文熙自小身体羸弱，筱楼公担心其寿命不长，就在67岁高龄，纳18岁的王氏为侧室。第二年（1880）王氏生下李叔同，幼名成蹊，学名文涛，字叔同。

李叔同对生母王氏的感情很深，许多年后，当他与人谈起母亲时，还是痛苦地一皱眉，摇着头说："我的母亲——生母很苦。"关于王氏夫人的情况，专门研究平湖方志的陈宰先生有过详细的考证，[5]对其姓名、出生地、家世、嫁与李筱楼的过程讲得尤为详细具体，只是目前尚无与之相关的资料来印证。据说，王夫人出生在浙江平湖一小业主家里，与筱楼公祖上是同乡，后来王家破产，只好将女儿远嫁天津，给年长自己近50岁的筱楼公做了侧室。

李叔同两三岁的时候，筱楼公又在老宅附近的山西会馆斜对过，购置了一所大宅院（今粮店后街60号），全家搬过来居住。此宅院为道光年间一家富户所建，呈"田"字格局，由4个小院组成，分前后两个大院，除各有十多间正房和厢房外，还有厅房、仓房、过厅、游廊等。在"田"字当中一横的地方，有条两间房宽的间道，在"田"字中心紧靠间道的位置，有间高台阶的洋书房，是间刀把状的西屋书房，瓦顶有流水沟，东、南两面有窗。窗为两层玻璃，一层窗纱。房内有中式木床和书橱，摆设十分讲究。洋书房台阶下面，有竹篱围成的小花园，名为"意园"。在中国传统的大宅院里，弄一点洋书房之类的西式建筑，是当时大户人家的时尚，大概是为了显示主人的阔气和文明。在天津这样一个中西文化交汇的开放城市里，这也算是一道别致的风景了。

整座宅院沿街而建，坐西面东，大门为"虎座"门楼，门楣上有精致的百兽图镂刻砖雕，迎面为刻砖照壁；门楼左侧为厅房，门楼和过道正上方分别悬挂着"进士第"和"文元"两方匾额。此时的李家宅第，宽敞而气派，彰显着主家的富贵与名望。这大概就是李家鼎盛时期的景象了。

1884年9月，筱楼公患了痢疾，病势越来越重，多方延医诊治，却不见好转。筱楼公自知不起，索性不再延医问药，不意反倒有了痊愈的迹象。筱楼公笃信佛教，他从自身病情的异常变化中，觉察到自己的"舍报之日"也许就要到了，于是嘱咐家人延请高僧，于病榻之前诵念《金刚经》。他静静地聆听着和缓悠远的梵音，如入禅定，最后安详而逝，卒年72岁。

筱楼公去世后，在家停灵7天，每日请僧人一班或三班，诵经不绝。

筱楼公进士出身，且做过吏部主事，又是津门巨富，因此丧礼的场面十分气派。时任直隶总督和北洋通商事务大臣的李鸿章亲自“点主”，武官马三元“报门”，更是让李家倍具哀荣。

筱楼公去世以后，17 岁的李文熙执掌了家业。李家随着时局的动荡，在内忧外患中无可挽回地走向了败落。1898 年“戊戌变法”失败，国内政局陷入混乱，同时随着列强对中国侵略的不断加深，“反洋教”的运动也愈演愈烈。1900 年，“庚子国变”爆发，义和团运动扩展到京津地区，在这种内外交加的动乱与战争中，京津一带的商业经营自然难逃此劫，而李家的盐业和钱庄也不可能不被殃及。1902 年，李文熙被迫转让了自家在河南内黄县的盐业引地，李家从此失去了盐商资格。3 年后，李家在天津城内的钱庄之一“桐华钱铺”歇业。到了 1911 年，也就是李叔同留学归来的那一年，包括“桐达钱铺”在内的两家钱庄倒闭，百万家资荡然无存，李家从此彻底地败落了。

二、童年印象

筱楼公年届古稀，喜得幼子，其欢喜之情自不待言；尤其是在长子早逝，次子多病的情况下，天遂人愿又得一子，更是值得庆幸的一件喜事了。筱楼公性喜放生，据说李叔同降生那天，“捕者以鱼虾踵门求卖放生，聚绕若会，状极拥挤，鱼盆之水，溢于外者，几汇流成渠矣，公则尽数买而放之。又放鸟亦甚多。自后每逢师（李叔同）生辰，必大举放生如故”[6]。这样的慈善之举，不仅包含了对生命的珍视，更包含着筱楼公对爱子的福佑。

家庭的富有，父母的疼爱，使李叔同的孩提时代衣食无忧，充满温馨和欢乐。多年以后，任教浙江第一师范的李叔同，写下一首《忆儿时》的歌曲，不无深情地回忆了那段短暂而美好的幼年时光。歌中写道：

> 春来秋去，岁月如流，游子伤漂泊。回忆儿时，家居嬉戏，光景宛如昨。茅屋三椽，老梅一树，树底迷藏捉。高枝啼鸟，小川游鱼，曾把闲情托。儿时欢乐，斯乐不可作。儿时欢乐，斯乐不可作。[7]

“茅屋三椽”大概是诗化了的意象，与李叔同的居住情景并不相符，但歌中所述嬉戏的快乐想必是真实的吧。

在李叔同的童年记忆里，有许多事情是和佛事相关的。当时的天津，寺庙星罗棋布。据记载，在同治年间，天津竟有三百多座寺庙分布在城垣内外。李叔同的父亲信佛，在家里还设有佛堂。父亲临死时，还嘱咐家人延请高僧前来念佛诵经。那时李叔同只有5岁，对和尚放焰口之类的法事，懵懂而好奇，甚至还有几分向往，他用心记下每一个关节，多年后，还和侄儿圣章等玩和尚念经的游戏。他们把夹被或床罩披在身上当袈裟，叔同扮“大帽”和尚，端坐在炕上，双手合十，口中念念有词，侄儿在下首扮小和尚，随时听从调遣。

李叔同家门前的胡同口，有一座叫“地藏庵”的菩萨庙，王妈妈（保姆）时常带着他去看和尚做功课。叔同的郭姓妈妈和早寡的大嫂也常带他到庙里念佛。他还有一个寡居的大侄媳，也心向佛门，常到附近的无量庵学念《大悲咒》和《往生咒》，还不到6岁的叔同觉得有趣，就经常跟了去，站在一旁听她们念经，不用多久，就能朗朗成诵了。诸如此类的佛事活动，对幼小的叔同来说，或许不无游戏的成分，然而叔同是敏慧过人的孩子，这些似懂非懂的梵音佛语，想必也会在他稚嫩的心灵上，留下难以抹去的印痕。

叔同的父亲筱楼公，“晚年乐善好施，设义塾，创备济社，范围甚广，用人极多，专事抚恤贫寒孤寡，施舍衣食棺木。每届秋末冬初，遣人至各乡村，向贫苦之家探察情形，并计人口之多寡，酌施衣食。先给票据，至岁暮，凭票支付。又设存育所，每届冬季，收养乞丐，不使冻馁，诸如此类，不一而足。年斥资千万计，而不少吝惜，津人咸颂之曰‘李善人’”[8]。尽管叔同年幼懵懂，但对人世间贫病生死的种种悲苦，想必会有所见闻；而父亲扶危济困的善举，也自然会给他留下深刻的印象。叔同出家的第二年，胡宅梵曾问起他的童年事迹。叔同说：“年幼无知，事不足言。唯我父乐善好施之行，颇堪风世励俗，差足传述，而与余幼年之生活，亦有密切之关系也。”[9]人性的养成，或许与幼年时期的生长环境不无关系，叔同生长在这样一个崇佛的家庭之中，生长在这样一个拥有慈悲心肠的父亲身边，庭训之外，耳濡目染，潜移默化，他的内心自然会变得柔软而温暖，悯世的情怀和博爱群生的精神也在他的心灵深处潜滋暗长。

1896年李叔同在天津留影

筱楼公除了信奉佛教之外，还尊崇理学，“饮食起居，悉以《论语·乡党》篇为则，不少违”[10]。“乡党篇”主要记述孔子平素的举止言谈、衣食住行和生活习惯。筱楼公进士出身，是正宗的读书人，对这位“至圣先师”的言行倍加崇尚，极力仿效，不敢有一丝一毫的违拗。这种近乎刻板的行事风格，久而久之就成了家庭的规矩。“乡党篇”中有“不撤姜食，不多食”一句，意思是每餐都要吃点姜，但也不要多吃。叔同也学着父亲生前的样子，每当吃饭的时候，总要在饭桌上摆一碟姜。有一次用餐时，饭桌摆放得不正，母亲就训导叔同说“席不正不坐”。这些行事的规矩，或许过于苛严了，然而对叔同来说，似乎并非是不可忍受的约束。成年后的叔同，凡事认真，律己至严，这一性格的养成，也许与诸如此类的事情有关吧。

自父亲死后，叔同无忧无虑的快乐生活，似乎也有了微妙的变化。在这个大家族里，母亲的地位其实只是一个小妾。随着一家之主的离世，家族内的诸多事情更趋复杂，母子俩的生活陷入尴尬的氛围之中。叔同虽小，但母亲的不舒心他是能感觉得到的。叔同的乳母，能读《明贤集》，闲暇时，就教叔同背诵里面的诗句：“高头白马万两金，不是亲来强求亲。一朝马死黄金尽，亲者如同陌路人。”从这样的诗句里，叔同读出了人情的冷暖，世态的炎凉。他曾写下过这样的诗句：“人生犹如西山月，富贵终如瓦上霜。”幼小的心灵里竟生起人生苦空无常的感觉。

复杂而微妙的生存处境，使叔同越发敏感起来，他冷眼看取周围的一切，对一些不平之事，总是心中愤愤。他不喜欢那些道貌岸然的老道学，看不惯那些在上骄、在下谄的人。二哥文熙待他还是不错的，但他对二哥待人接物上，看人下菜碟的作风，十分反感，常反其道而行之，“遇贫贱者敬之，富贵者轻之”[11]。他甚至觉得那些势利和伪善的人，还不如猫狗来得真实和可爱。他蓄养了一大群猫，一有闲暇就和它们厮混在一起，而他的不平之心，也越来越偏于激烈，常常是敬猫如敬人，见人反而不致敬。有人说他疯疯癫癫，他也毫不在乎，直到十多年后他在东京留学时，仍未改其奇特的个性。有一次，他忽然从日本发来一封电报，询问他蓄养的那些猫是否平安。

这些酸甜悲喜的人生经历，给幼年时的叔同留下了深刻的印象，也不可避免地给他的心灵成长和人格养成带来长久的影响。

三、书生少年

李叔同六七岁时，在二哥李文熙的指导下接受启蒙教育。文熙年长叔同 12 岁，秀才出身，对叔同的教督十分严格，叔同的一举一动都不能稍越规矩。文熙每天为叔同授课，并时常指点他诵读《玉历钞传》《百孝图》《返性篇》《格言联璧》《文选》等。叔同天生颖悟，往往一遍读罢，就能琅琅成诵。八九岁时，叔同又随塾师常云庄先生学习“正规”的课程。头两年读《孝经》《毛诗》《唐诗》《千家诗》，接着读《四书》《古文观止》。十二三岁，习训诂之学，读《尔雅》《说文解字》，并开始临摹篆帖。十四五岁，又研读了《左传》等史籍。几年的家馆课业，使叔同在经史诗文和文字学等方面打下了扎实的根底。

16 岁这年（1895），叔同考入辅仁书院学习制义（八股文），这是当时学子们博取功名的必修课。叔同生长在“诗书传家”的封建门第里，未尝没有以仕途功名光耀门楣的想法，这是那个时代的读书人的人生正途，更是他深爱着的母亲的殷殷期望。

辅仁书院在天津城西北文昌宫旁边。当时的书院以考课为主，不再讲学。为督促学生学习，书院每月安排两次考课，一次为官课，一次为师课，分别由官方和掌教出题、阅卷、评定等级，成绩优异者发给奖赏银钱。入书院之前，叔同已饱览经史诗文，学有根底，再加上他聪颖好学，每次考课文章，总能文思涌动，下笔千言。按照试卷的格式，文章的书写要一

1900 年时的李叔同

格一字，而叔同每每觉得纸短文长，言犹不尽，便在一格内改书两字。此举一时传为美谈，叔同也被同学戏称为“李双行”。他的文章时常名列前茅，获得奖银。

平心而论，此时的叔同，对于仕进之路还是心怀期待的，也是充满信心的。当时，学子中流传着一份《临别赠言》。这是山西浑源县“恒麓书院”教谕思齐先生，在1892年离开书院时，留给门下诸生的临别之言。有人遵照赠言的指点，勤读苦修，竟然连掇巍科。于是，浑源士人，群起效仿，纷纷将“赠言”放置案头，奉为圭臬。叔同得到这份《临别赠言》之后，亲手将其抄录下来。文曰：

> 读书之士，立品为先。养品之法，惟终身手不释卷。……况善书之士，大之可以掇词科，小之可以夺优拔，要皆仕进之阶。有志者诚不可以忽也。(后学李成蹊摹)[12]

叔同以此作为自己读书、行事的准则，虽然未曾因此而走上仕进之途，但思齐先生的读书、立品之道，为文、为书之论，无疑对他产生了深刻的影响。他后来对“人品”与“器识”的推重，对书法艺术的终身不弃，恐怕与此不无关系。

当此之时，洋务运动也不断向纵深推进，赓续千年的教育模式面临瓦解。就在叔同入读辅仁书院的这一年，直隶总督王文韶上奏光绪皇帝，要求开办西学学堂。同年，以美国学制为模式的“北洋西学学堂”成立，这是中国近代教育史上第一所新式学堂。次年，北洋西学学堂正式更名为“北洋大学堂”（今天津大学前身)。此风一开，天津的一些书院纷纷仿效，陆续改制为新式学堂。为增加洋务书院的经费，旧式书院的大量经费被削减。面对这种局面，叔同的感受颇为复杂，他在给自家账房先生徐耀廷的信中这样写道：

> ……今有信（消息）将各书院奖赏银皆减去七成，归于洋务书院。照此情形，文章虽好，亦不足以制胜也。昨朱莲溪兄来舍，言有切时事，作诗一首云：“天子重红毛，洋文教尔曹。万般皆上品，唯有读书糟。”此四句诗，可发一笑。弟拟过五月节以后，邀张墨林兄内侄杨君，教弟念算术，学洋文。[13]

正可谓世事难料，当少年叔同在辅仁书院里挥洒文章，准备一展宏图的时候，以科举应试为教育目标的旧式书院，却不期而然地受到了冷落。对此，叔同的内心有些无奈，抑或有些失落，但他毕竟是生活在中西文化交汇的开放城市里，这样的环境给了他接受外来文化和新鲜事物的胸怀，他欣然面对时势的变迁，毫不犹豫地念起了算术，学起了洋文。

1896 年，17 岁的李叔同离开了寄托着他最初人生愿景的辅仁书院，在学习算术、洋文的同时，入二嫂娘家的姚氏家馆。姚家也是当时天津的盐商富户。在姚氏家馆，叔同师从津门名士赵元礼，学习诗词文章。赵元礼（1868—1939），字体仁，又字幼梅，号藏斋，天津人。他曾先后从学多位硕儒名师，熟读经史典籍，也读了大量诗赋时文。著有《藏斋诗集》13 卷，以及《藏斋诗话》《藏斋随笔》等，是一位诗文书法皆善的饱学之士。叔同先跟从赵元礼学习辞赋时文（八股），后学作诗填词。赵元礼推重苏东坡，故以苏诗相授，兼及晚唐诗，再“由晚唐入北宋”。叔同一向喜欢唐、五代诗词，尤爱王维诗和苏东坡、辛稼轩词。东坡好以禅语入诗，又多豪放清雅之句，这对叔同诗词风格影响尤深。

书生少年，意气风发，叔同就像一株茁壮的禾苗，旧学新知，兼收并蓄，拼命地吸纳着各种养分，洋文算术、古典诗词之外，他还师从唐静岩学习篆隶及刻石。唐静岩先生原籍浙江，久居天津，以行医为业。唐静岩在书法上主张从秦汉六朝入手，摒弃“纸粉气”“甜俗气”，其“篆刻深稳，有秦汉风度，尤以转折处有《天发神谶》意”[14]。叔同从唐先生学书法，自然取径高远。为使学有所本，博采众长，李叔同遍临名家碑帖。对唐先生的书法，叔同似乎更为偏爱。为得到老师的一套范本，他精心准备了 24 张册页，请先生为他分别临写钟鼎、篆隶、八分各体书法，并将其结集成册，郑重地在封面上题签《唐静岩司马真迹》，下署“当湖李成蹊署”，册后钤上自刻的“叔同过目”篆字印章。唐先生则写一跋语，记述此事的来龙去脉：

> 李子叔同，好古主也，尤偏爱拙等。因出素册念四帧，嘱书钟鼎篆隶八分书，以作规模。情意殷殷，坚不容辞。余年来老病频增，精神渐减；加以酬应无暇，以致笔墨久荒。重以台命，遂偷闲为临一二帧，积日既久，始获蒇事。涂鸦之诮，不免贻笑方家耳。[15]

后来，叔同还出资将其刊印，以方便平日临摹欣赏，并分赠友朋同好。

叔同少年时期的书法作品存世不多，但从仅见的几幅习作来看，笔力俊健，颇见功力，已初显少年书家的才华。

四、京津艺友

就个人才性与爱好而言，李叔同更倾心的是诗词、金石书画和戏剧之类的艺事。早在师从赵元礼、唐静岩之前，叔同对金石书画就有着浓厚的兴趣，显示出非同一般的天赋，而且他投入了大量的精力，他曾自言“年十三，辄以书法、篆刻名于乡”[16]。书法是世代学子的必修课业，是科考成败的重要条件，而篆刻则是学习训诂之学的方便门径。晚清金石之学盛行，在文人名士中，品藏碑版，捉刀治印，便自然成了一种时尚。

在修习金石书画的过程中，对李叔同帮助最多的，当属李家账房先生徐耀廷。徐家与李家是近邻。徐耀廷长兄系天津著名画家，受其影响，徐耀廷亦擅长书画篆刻，且小有名气。徐耀廷李比叔同大 23 岁，叔同尊他为“五哥”“老哥”“徐五爷”，二人朝夕相处，感情甚笃，无话不说。1895 年，叔同画了一幅“八破”扇面，上面画有旧书、旧报纸、旧信封等 8 件旧物。画中旧信封上写着“内有要件祈带至天津河东山西会馆桐兴茂面交徐五老爷耀廷开启”字样。从这些不无游戏色彩的丹青笔墨中，可以想见二人关系的融洽与亲密。

从有限的文献资料来看，李叔同至迟十一二岁，就在徐耀廷的帮助和指点下学习金石书画。从现存二人的信件及作品中，可以看出李叔同向徐耀廷切磋请益的情景，也反映出叔同对金石书画的热衷以及所下的功夫。1896 年夏天，徐耀廷为李家业务上的事远去张家口。在几个月的时间里，叔同写给耀廷的信就有 17 封之多。信中除了告诉一些家中琐事、熟人近况、社会见闻和气候变化之外，谈得最多的还是金石书画方面的事情。在 1896 年旧历五月十五日的信中，叔同写道：“柴少文送弟鸡心红图章一个，有此大小（信上画有图样），刻‘饮虹楼’三字。皆是灰地，而亦属不错。”“弟昨又刻图章数块，外纸一片上印着，谨呈台阅，祈指正是盼。再有弟近日镌得篆书隶书仿二篇，并呈台阅，亦祈指正是盼。”七月十五日信：“阁下在东口，有图章即买数十块。如无有，俟回津时路过京都，祈买亦可。愈多愈好。并祈在京都买铁笔数枝。并有好篆隶帖，亦祈捎来数十部。价昂无碍，千万别忘!”八月初五信中又说：“如来时，路过都门，千万与弟捎铁笔数枝、古帖数部、图章数块。要紧要紧，别忘别忘，非此不可。弟昨又镌图章数块，印在纸上，呈览，祈哂政为要。”[17]在与徐耀廷亦师亦友的交往中，李叔同书法篆刻的技艺也在与日俱进。

两年后，李叔同移居上海，依然将徐耀廷视为问道与求助的师友。1899年秋，叔同致信徐耀廷说：“今冬仍拟出《瓦砚题辞》一书，印成当再奉鉴。印谱之事，工程繁琐，今年想又不能凑成矣。然至迟约在明春，当定出书。至于盖印图章一事，尤须寄津求执事代办。缘沪地实无其人。至其详细，俟斟酌妥善，当再奉闻。”[18]信中提及的“印谱”一书，始终未见刊行，个中原由，迄今不明，今唯存《李庐印谱》序文一篇。1995年5月，天津人民美术出版社出版了《李叔同印存》一册。据说此书原件共4册，以细薄棉连纸双折单面钤印，双层内衬，共钤印章555方，而原件的最初收藏者就是徐耀廷。目前虽无证据表明《李叔同印存》就是当年筹备出版的《李庐印谱》的底本，但此书无疑是叔同那一时期篆刻作品的结集，而“印存”或许就是由徐耀廷“盖印图章”并装订成册的。

从以上李叔同致徐耀廷的书信片段中，可以窥见二人之间的交谊、叔同对学习金石书画的热衷与勤勉，也隐约可以窥见身为师长和艺友的“徐五爷”的风范。可以说，在叔同学艺的初始阶段，徐耀廷是其最为倚重的启蒙者和最为信赖的道友。正是在与徐耀廷称兄道弟的游艺之中，叔同渐渐领略到书艺篆刻的乐趣，并为日后的修习打下了基础。

当然，要说对李叔同早年书法篆刻影响最深刻的，还应是前面提到的赵元礼和唐静岩等人。赵元礼不仅精通诗词文赋，而且以擅长苏东坡行书名于世，是当时天津“四大书法家”[19]之一。叔同对苏体推崇备至，并曾用心临摹，同时还学习了苏门弟子黄庭坚的行书，这不能不说与赵元礼的影响有关。

在跟随津门金石书画名家唐静岩学习的过程中，李叔同在篆、隶诸书及篆刻方面，都得到了系统的训练。唐静岩师法秦汉，推重六朝碑刻造像，这同样也对李叔同产生了深远的影响。叔同早年书法苍劲有力、真力开张，晚年书法平整和顺、超然淡逸，这种风格的形成及变化，与他早年的师承不无

严修先生像

关系，当然也与他出家后人生角色的转换有关。

清末民初的天津，活跃着一批思想开明、多才多艺的才子名士。在这些人中，有李叔同的师友，也有亲戚、邻居。叔同与他们时相往还，或切磋技艺，或诗词唱和，或赏玩金石古器，或出入梨园茶肆。在这种“游于艺”的社交活动中，叔同不断拓展自己的才艺，扩大自己的视野，也于不知不觉中习染了一些才子气和名士范儿。

在这个名士圈中，说到与李叔同关系较为密切，且对其人格形成与艺事发展产生一定影响的人物，就不能不提到严修和王守恂。

严修（字范孙），进士出身，授翰林院编修。他学识渊博，思想开明，以奏请光绪帝开设“经济特科”借以改革科举制度而传名于世。严修的这一奏章无论在教育上还是在政治上，都影响巨大，梁启超称其奏折为“新政最初之起点也”，但严修也因此受到顽固派的排挤。1898 年初，严修告假回乡，以家宅为基地开展新式教育的实验。这年冬天，他开办了严氏家塾，半日读经书，半日读洋书，并注重户外活动。此后，严修两度赴日本考察，并陆续自办或与张伯苓、王益孙等合办了女学、中学、幼儿师范、幼儿园等多所学校。

李、严两家都是津门盐商富户，李叔同之父筱楼公与严修的父亲又是多年好友，两家算得上世交。叔同与严修虽为同辈，但二人相差 20 岁，叔同束发读书的时候，严修早已经奔波于官场了，二人接触的机会并不多。即便如此，严修力倡变法与维新的种种言论和行为，对尚在求知中的叔同有巨大而深刻的影响。另外，严修还是著名的诗人与书法家，这对热衷此道的叔同来说，又多了一个请益的对象。其实，二人虽然聚少离多，但透过尘封的时光，还是能够发现一点他们交往的讯息。如 1905 年 7 月叔同母丧期间，时任直隶学务总办的严修前往吊唁。又如齐鲁书社版《严修年谱》“1919 年 5 月 13 日”条中记：“偕章馥亭游山，访清涟寺弘一和尚，俗名李叔同，故人也，谈甚久，以佛经要目一纸示余，劝余先读择要数种，并劝提倡孔教。别出，至冷泉亭下，徘徊久之，饭于曹氏别庄。有诗云：‘笋舆行过复缘亭，千亩修篁一色青；忽觉翛然人意远，绿阴深处水泠泠。’”这段文字取自谱主日记，其诗虽有王维诗的空灵意蕴，但却掩不住作者见过出家故人后的复杂心情。

王守恂（字仁安），1898年戊戌科进士，曾辗转晋、豫、京、浙、津等地为官。王守恂不仅以诗闻名当世，其文章史著亦颇受推重。李叔同十六七岁开始与王守恂交往，时常一起切磋诗艺，指点文章。王守恂年长李叔同16岁，李叔同自称王守恂之“门人戚子”，尊王守恂为“先生”“讱安仁者”，显见二人的关系亦在师友之间。1898年，李叔同奉母南迁，王守恂进京为官，二人遂联系中断。十多年后，李叔同任教浙江省立第一师范，王守恂官任钱塘道尹，二人再续前缘，交往日多。在李叔同众多的故旧至好中，王守恂是最早知晓李叔同出家心意，并亲历其入佛过程的人。

除了徐耀廷、赵元礼、唐静岩、严修和王守恂等名师益友之外，李叔同还结识了一帮酷爱金石书画的同道，其中交往较多的是孟广慧，王襄、王钊兄弟和王吟笙等人。

孟广慧（字定生），出生于官宦世家，家学渊源，5岁学书，8岁即能写擘窠大字。孟广慧擅长临摹，有“津门临写南帖北碑第一好手”之称；其书诸体皆精，尤以汉隶独步当世，为流辈所倾倒，是清末民初天津“四大书法家”之一。孟家于清末官场，虽有深厚的人脉资源，但孟广慧却无意仕进，在考取秀才后，远离科场，以习书鬻字为生。李叔同从少年时代即与孟广慧“终年盘桓”，交往长达七八年之久。在与孟广慧频繁的交流中，李叔同沿着历代书家的门径，追本溯源，渐渐走进书法的堂奥。

除了诗词书画之外，李叔同还喜欢文物古玩，时常去当地文物收藏家李子明处讨教，并在那里结识了王襄、王钊兄弟。王襄擅篆书，酷爱古文字研究；王钊于金石、文字、书法之外，尤以治印著称，其篆刻上承周秦古玺、两汉印章之神貌，旁取殷契文、金文之气韵，章法严整而富有变化。李叔同与王氏兄弟年龄相近，趣好相投，是艺术旅程上难得的同道好友。

王吟笙与李叔同是近邻，二人虽然相差10岁，但却是过从甚密的艺友玩伴。王吟笙是一个多才多艺的人，书画篆刻、诗词联语，无所不精，其山水画气势粗犷，擘窠字功力深湛。二人在金石书画上切磋交流，悝惺相惜。后来，虽然他们天各一方，山水阻隔，却依然通过诗书画印的往还，倾诉着相互的牵念和珍重。1941 年，为庆祝李叔同 60 寿辰，王吟笙作五言长诗相贺。诗曰：

世与望衡居，夙好敦诗书。聪明匹冰雪，同侪逊不如。猥以十年长，谦谦兄视余。少即嗜金石，古篆书虫鱼。铁笔东汉学，寝馈于款识。唐有李阳冰，摹印树一帜。家法衍千年，得君益不坠。为我治一章，深情于此寄。忆自君南游，悠悠数十秋。树云思不已，岁月去如流。比闻君祝发，我发早离头。君为大法师，我犹浮生浮。老赓翰墨缘，远道寄楹联。经言开觉路，书法示真诠。笔墨俱入化，如参自在禅。装池张座右，生佛在吾前。

诗以饱含深情的朴实语言，记述李叔同的天资聪颖和渊源有自的艺术才干，追忆二人的艺事往还和念兹在兹的兄弟之谊。

亦师亦友的学者名流，亲如兄弟的艺术同道，李叔同在与他们的“盘桓”之中，切磋请益，虚心向学，其国学根底、诗文联语和金石书艺日益精进，弱冠年纪，已是“才华迈等伦”了。姚惜云在《李叔同与我家之关系》中这样写道：“他……与当时社会名流，如金石家王襄（纶阁），书法家孟广慧（定生）、华世奎（弼臣），画家马家桐（景含）、徐士珍（宝如）、李采蘩，诗人王新铭（吟笙），印人王钊（雪民）诸贤，均有来往，终年盘桓，不耻下问，学与日增。但是个人见解，另有独到之处，所以他的诗、词、书、画、印刻无一不精。此外对古代金石、文玩、碑帖、字画之真赝，有鉴别能力，百无一失。在清光绪二十六年（1900）前，公认为天津一才子。”[20]

大概是凭了这份才子的胆气，李叔同还偶或涉足官场，拜识了先后任职天津的直隶总督兼北洋大臣王文韶、荣禄等当朝大员。他曾自言：“成童游燕，荣仲华中堂、王夔石农部亟赏其才，于其书法尤为称羡，故名誉远播，诸巨公求书于门者，且络绎不绝。”[21] 在 1896 年旧历八月五日李叔同给友人的信里，更有“李鸿章兄至九月初间可以来津，王文韶兄降三级留任”之类的话。这样的谈吐，颇带了些才子的自得和名士的狂放之气。

与文人名士的交往，除了艺术上的收获之外，对李叔同的人生态度与人格养成也不无影响。尽管至今还少有这一方面的研究，但对照李叔同的人生轨迹和言谈行举，可以看出其影响是显而易见的，也是复杂的。在李叔同南迁之前活动的文化圈中，多系教育界人士和纯粹的文人与学者，他们大多思想开明，热心于新式教育，而于功名利禄，却自甘淡泊。比如严修维新与变革的新锐思想，刘宝慈无心仕进、以当小学教师为乐事的旷达，孟广慧无意功名、独立自存的洒脱，凡此种种修齐治平的文人情怀、不逐名利的独立人格、放达不羁的名士做派，对李叔同人生态度的形成与确立，乃至对生命价值的体认，都产生了或隐或显的影响。

客观地讲，这个名士圈里的人，大多是一些官宦子弟或富家公子，过着较一般平民优裕的生活。从小在儒家文化的浸染中长大，读的是四书五经、诗词时文，走的是科举仕进的路子。所不同的是，他们对诗词书画、金石篆刻、文物古玩，有着共同的趣好，又在物质上有“游于艺”的可能，于是，举业之外，便放纵才情，倾力于文人雅士的各种才艺，将诗书画印之类玩得娴熟。尽管他们身处历史大变局的交汇点上，生长在中西文化碰撞交融的开放城市天津，眼界开阔，思想开明，服膺新学，推重变革，但骨子里仍然是一帮传统文人。他们大多秉持着积极入世的进取精神，兼济天下的文人情怀，以诗书画等作为自我表达的工具，将自己的人格、精神，熔铸在艺术作品之中。在行为方式上，他们大致属于传统文人中的名士一宗，肆情、任性，不能尽守礼法规矩。李叔同虽然才华过人，特立独行，但似乎也不能免俗，或多或少地沾染了一些名士的作风。

1897年（光绪二十三年），李叔同18岁了，按例到了婚娶的年龄。在母亲的操持下，叔同很快与俞家姑娘完婚。俞家早年住在南运河边上的芥园大街，经营茶叶生意，在当地也算得殷实人家。叔同属龙，俞氏大他两岁，属虎。这桩婚事是由母亲做主的，至于叔同的意见，于今已无从知晓，但据家中老保姆说，“他们夫妻是‘龙虎斗’的命，一辈子合不来”。属相不合，婚姻就不会美满，这只是民间惯常的说法，本来没有什么根据的，不料却在李叔同和俞氏身上应验了。但李叔同是一个难得的孝子，对母亲向来是百依百顺的，无论这桩婚姻怎样地不合心意，他还是一声不响地接受了。俞氏是旧式女子，为人也还贤淑，夫妻生活倒也相安无事。二人一起生活了七八年光景，育有二子，后来便天各一方，婚姻也名存实亡了。李叔同出家之后，俞氏为了打发寂寞的日子，就到一家刺绣学校里学绣花，随后又在家中找了几个女伴教她们绣花，但没过多久就散班了。余下的日子，俞氏一心诵经礼佛，直到 1926 年病逝。

/注释/

［1］ 关于李叔同祖籍有多种说法，一为天津说，二为山西说，三为平湖说。就目前掌握的史料来看，平湖说似较为可信。

［2］［3］ 李端：《家事琐记》，载金梅编著《遁入空门：李叔同为何出家》，天津人民出版社 2008 年版。

［4］ 林子青《弘一法师年谱》(宗教文化出版社 1995 年版) 记载：文锦“在有子(即师之长侄) 后死去，其子又夭折，继世无人。”章用秀《艺术大师李叔同与天津》(天津人民美术出版社 2004 年版)《踏破铁鞋无觅处》一文介绍了王慰曾先生的研究成果，王所列李叔同家族后代亲属表中李文锦一支为：“李文锦——女李氏——外孙女姚国秀——曾外孙女丁玉芳。”

［5］ 陈宰：《李叔同——弘一法师》，载《东山丛谈》，香港金陵书社出版公司 1999 年版。

［6］［8］［9］［10］［11］ 胡宅梵：《记弘一大师之童年》，载金梅编著《遁入空门：李叔同为何出家》，天津人民出版社 2008 年版。胡宅梵，名维铨，浙江绍兴人，弘一法师（李叔同）弟子，法名胜月。所撰《记弘一法师之童年》，曾经弘一法师本人过目，所记似较可信。

［7］ 李叔同：《心与禅》，陕西师范大学出版社 2008 年版。

［12］［15］ 林子青：《弘一法师年谱》，宗教文化出版社 1995 年版。

［13］ 林子青：《弘一法师年谱》，宗教文化出版社 1995 年版。“天子重红毛”一诗，为李叔同仿照传统启蒙读物《神童诗》而戏作的一首打油诗。《神童诗》开篇诗句为：“天子重英豪，文章教尔曹。万般皆下品，唯有读书高。”

［14］［17］［18］ 金梅：《李叔同影事》，百花文艺出版社 2005 年版。

［16］［21］ 两处引文原出李叔同自拟的个人艺术简介和润例，最初刊载于 1899 年 9 月 25 日和 9 月 30 日的上海《中外日报》。转引自方爱龙《殷红绚彩：李叔同传》，上海书画出版社 2002 年版。

［19］ 清末民初，天津书坛上有“四大书法家”之说，除赵元礼外，另三家为孟广慧、华世奎、严修。李叔同与四人均有不同程度的交往或师从。

［20］ 姚惜云，为李叔同仲兄桐冈内侄，引文中提到的人物，他大多相识，因此其所记内容可信度较高。

第二章 海上风流

一、南迁

没有人清楚婚姻带给李叔同怎样的感受和影响，但无论如何，他已经“成家”了。现在，他的身后站着两个女人：一个是他百般敬奉的母亲，一个是温顺善良的妻子，她们默然不语，但李叔同知道这不言不语中包含了怎样的关切和期待。在那个婚龄普遍较低的时代，“成家”是成人的标志，也是责任担当的开始。既然“家”已“成”，“业”自然也到了该“立”的时候了。于是，李叔同开始把精力投入到科考上，争取先拿一个秀才的资格，然后再作下一步“进身”的打算。

李叔同结发妻子
俞氏夫人像

就在这一年（1897），李叔同以童生的资格，参加了天津县学的课试。考题是《致知在格物论》、《非静无以成学论》和策问《论废八股兴学论》。

李叔同对前两题的论述，虽然文笔流畅，但也不过是对宋代理学要义的转达，与一般士子作文没有多大不同。而策问《论废八股兴学论》，虽对“革旧章、变新制”并未表现出怎样的热情，但对废八股兴新学，还是给予了充分的肯定。在李叔同的试卷上，主考官留下了这样的评语：“熟而不俗，清而能腴。纯用本地风光，尚不离题之分位，笔致亦极秀润。”但遗憾的是，他并没有通过这次县学考试。

第二年春天，李叔同再次以童生的身份应试县学。课卷写时文两篇，其一为《行己有耻使于四方不辱君命论》。文章慨叹国家没有人才，认为中国之大臣，多为不学无术、不通时务、尸位素餐的无耻之徒。文中“不学军旅而敢于掌兵，不谙会计而敢于理财，不习法律而敢于司李”等等表述，均本自梁启超《知耻学会叙》，这足见李叔同对康梁一派的文章和思想，是了然于胸的，也是完全赞同的。另一篇题为《乾始能以美利利天下论》。这是一篇谈开发资源、论实业救国的文章，文中提出了如何经营矿产的几项措施，并强调了要培养中国自己的“矿师”。他主张设立矿学会，公举数人出洋赴矿学堂，学习数年，学成回国，再议开采。文章最后指出：“盖以士为四民之首，人之所以待士者重，则士之所以自待者益不可轻。士习端而后乡党视为仪型，风俗由之表率。务令以孝悌为本，才能为末。器识为先，文艺为后。”[1]在李叔同看来，社会越是重视知识分子，知识分子就越应该自重。因为他们是引领社会的先锋，是民众的表率。因此，知识分子要首重人格修养，先做一个有智慧的好人，然后个人的才华方能有所附丽。

“孝悌为本，才能为末。器识为先，文艺为后。”是李叔同恪守的处世准则，也是我们解读他一世行谊的重要密码。他娶妻侍母、读书课考，是对父亲的“追孝”和对母亲的尽孝；他与同父异母的兄长和睦相处，是遵循兄弟间的“悌顺”；他在母亲死后方远走东洋，是恪守“父母在，不远游”的人子伦常；他在攀上艺术巅峰之后的决然转身，则是为了探寻人的终极关切。可以说，他一生的所作所为，一世的苦苦追寻，都与他的这一信守紧密扣合；而这一切的努力，又都是为了做一个“十分像人的人”。当然，李叔同也还有另一面，比如才子的倜傥，名士的狂狷等等。明乎此，我们才能更大限度地走进李叔同。

两次课试均无果而终，这让心性孤傲的李叔同颇为不快，再加上时局的变化，他感到北方的事情已无可为，于是，决意中止学业，离开天津，远下南方的新兴都市上海，去谋求新的发展空间。[2]

1898 年深秋，19 岁的李叔同携眷奉母，在萧瑟秋意中启程南下。

二、城南草堂

初到上海，李叔同一家赁居于洋泾浜以南的法租界卜邻里（今金陵东路一侧）。

上海自 1842 年开为商埠以后，从“海浜弹丸小邑”迅速发展成为中国南方的商业、文化中心；商旅云集，市井繁华，其活力和开放性是北方的京、津等城市无法比拟的。李叔同走出了令人窒息的北方，走出了沉闷的大家庭，来到这个全新的世界，仿佛终于吐出了郁积心底的一口浊气，体味到从未有过的轻松与舒畅。

现在，李叔同终于有了一个完全属于自己的小家，虽然住在租来的房子里，但有慈母在堂，妻子理家，3 个人的日子反倒有了难得的清爽。生计是没有什么问题的，李家在这里的申生裕钱庄设有柜房，收入丰厚，日常的用度李叔同可以随时支取。据李叔同次子李端回忆，他曾在天津老家的“洋书房”中，见过一本流水账，是父亲和他的祖母王氏、母亲俞氏在上海居住时，由沪上柜房的账房先生给开的。上面记着“三老爷用”“三老爷购家具用”“三老爷购用”等等。从开支情况来看，李叔同一家的上海生活，可以用“阔绰”二字来形容。从日常生活的精致与讲究，也可以印证李叔同颇带了几分文人趣味的富家公子的做派。他用的信笺和信封，都是自己亲手制作的。信笺的中间，画着两个连成环的圆圈。信封的正中，刻着双钩的“李庐”两字，左下角是“凭君传语”4 字。他使用的名片，是红色的，当时名为“红丹帖”，上有“成蹊”“广平”的署名。多年以后，李叔同与他的弟子丰子恺提起在上海的时光，仍不无留恋地说：“我从二十岁到二十六岁之间的五六年，是平生最幸福的时候。”

在李叔同来沪前一年，上海文坛的一帮青年才俊，借许幻园的“城南草堂”，组织了一个城南文社。“城南草堂”的主人许幻园，是文社的中坚，家资富有，为人慷慨，是沪上文坛的领袖人物。他时常出资悬赏征文，广求文朋诗友。李叔同赁居的卜邻里，离文社所在地城南不远，便投稿应征，竟连续3次名列榜首。许幻园慕其才华，从此二人频繁交往，情感日笃。

文社每月会课一次，切磋诗文词章。1898年底，李叔同首次参加文社会课。虽然来上海时间不长，但他很快适应了十里洋场的风雅生活。丰子恺回忆说："我曾在照片中看见过当时在上海的他：丝绒碗帽，正中缀一方白玉，曲襟背心，花缎袍子，后面扎挂着胖辫子，底下缎带扎脚管，双梁厚底鞋子，头抬得很高，英俊之气，流露于眉宇间。真是当时上海一等的翩翩公子。"[3]对于风流潇洒而又凡事认真的李叔同来说，第一次出席如此重要的文人雅集，想必一定会是这样一副风神俊朗的样子吧。文社会课由孝廉张蒲友出题阅卷评定等级。张孝廉精研宋儒性理之学，又是诗赋高手，因此出题的范围也不离左右。文题是"朱子之学出于延平，主静之旨与延平异又与濂溪异，试详其说"，当日交卷。另设诗赋小课，试题为"拟宋玉小言赋"，3日后交卷。李叔同在天津时就对性理之学下过工夫，对宋明理学颇为熟稔，因此，稍加思索，便挥笔立就。而小课"拟宋玉小言赋"，更是"写作俱佳，名列第一"。

李叔同的才华和其风流儒雅的风度，令许幻园为之倾倒，大有相见恨晚之感。于是力邀叔同迁来"城南草堂"，同他一起居住。翌年春，叔同举家移居许氏草堂。草堂北临青龙桥，岸旁遍栽杨柳，东望黄埔，来往帆樯，历历在目。堂边有浜，跨浜有苔痕苍古的金洞桥，桥畔立着两棵合抱粗的柳树。庭院多植杂花，当盛开时，幽香满室。叔同住在客厅左临的书房里，客厅正中，悬挂着一块名为"醾纨阁"的匾额。许幻园见叔同书房尚缺一匾，便仿效名流自题斋名堂号的做法，为其题写了个"李庐"匾额，从此，李叔同便有了"醾纨阁"、"李庐"的室名和"醾纨阁主"、"李庐主人"的别号。

二位才子，同居一舍，朝夕相聚，开始了他们诗酒唱和的快意人生。李叔同在《清平乐·赠许幻园》词里，对此一时期的生活有过这样的描述：

城南小住，情适《闲居赋》。文采风流合倾慕，闭户著书自足。阳春常驻山家，金樽酒进胡麻。篱畔菊花未老，岭头又放梅花。[4]

许幻园的应和之词今已不得而知，只看李叔同的词里，触目皆是画一般的景致，诗一般的生活。

许幻园的夫人宋贞（号梦仙），能作诗赋词，并善书画，工篆刻，是一位有修养的才女。这等把酒吟诗的风雅之事，她自然也不能置身其外。她看着两位好友在诗酒文章中醺然入醉，忘情于青山绿水，免不了在温婉的唱和里，夹带上一言半语的提醒与叮咛：

花落花开春复春，城南小筑寄闲身。

研（砚）前写画身犹壮，莫为繁华失本真。[5]

李叔同何尝不知“莫为繁华失本真”呢，然而，得结志趣契合的挚友，面对灵犀相通的知音，让人怎能不神清气旺、逸兴遄飞？至于人生的真与幻，就休去管它了。于是，李叔同应和这位才女道：

门外风花各自春，空中楼阁画中身。

而今得结烟霞侣，休管人生幻与真。

风雅闲适的文人意趣，才华自恃的才子秉性，还有得遇知己、置身良朋的欣悦之情，在李叔同的这些诗词里，尽显无遗。

这期间，李叔同还结识了袁希濂、蔡小香、张小楼。这几位，都是上

天涯五友图

海诗文界的活跃人物。李、许、袁、蔡、张5人，年岁相当，意气相投，遂结金兰之谊，号称“天涯五友”，并合影留念。李叔同以成蹊之名，书题合影为“天涯五友图”；许幻园夫人宋贞，在合影上为5位友人一一赋诗题咏。她为李叔同的题咏是：

李也文名大如斗，等身著作脍人口。

酒酣诗思涌如泉，直把杜陵呼小友。

短短四句，便写出了李叔同的卓异才情和洒脱不羁的文士风采。

有时是三两人的你唱我和，有时又是多声部的此呼彼应。5位青年才俊，以文会友，往返酬唱，成就了沪上文坛的一段佳话。

在“天涯五友”聚首唱和的前后，李叔同还热衷于沪上的各种活动，以求广结艺缘文友，并为自己多种艺术才能的发挥拓展空间。

1899年9月25日，李叔同在《中外日报》上发表篆刻作品，同时刊出自己的艺术简介和润例。润例中一一说明自己在书法、篆刻上的师承关系：篆书师法清人邓石如，隶书取法晚清杨岘，行书学习宋人苏东坡、黄庭坚，楷书临习隋、魏碑版；篆刻则独宗浙派。5天之后，李叔同对艺术简介和润例略作修改润饰，再次刊载于《中外日报》。全文如下：

当湖李叔同，少年博学，兼工篆、隶。成童游燕，荣仲华中堂（荣禄，引者注）、王夔石（王文韶，引者注）农部亟赏其才，于书法尤为称美，故名誉远播，诸巨公求书于门者，且络绎不绝。今岁年才弱冠，来游沪渎，诗酒余暇，雅欲与海内广结翰墨缘。爰缀润例如下：

书扇，五角；楹帖，一元。堂幅诸例，均详仿单。三日取件。

篆刻石章，每字二角半。

件交“便览报馆”、“游戏报馆”、“理文轩书庄”、“九华堂”、“锦云堂”代收。居法马路卜邻里第三弄。[6]

当时上海市场的米价，约为2元一担（100斤），相比较而言，李叔同的润例应该是不低的。这对于初抵上海，刚刚出道的李叔同来说，是需要自信和勇气的。当然，李叔同也并不以此维生，只不过是借此“与海内广结翰墨缘”而已。

1900年3月，“天涯五友”和其他同道，在上海福州路杨柳楼台旧址，发起成立“海上书画公会”。一时间，上海社会名流和书画名家，俱来入会。其中有反清志士乌目山僧，书画家汤伯迟、朱梦庐、高邕之等等。资料显示，“海上书画公会”是目前所知上海最早的同人画会之一。为活跃书画创作，广结翰墨因缘，公会还出版了自己的会刊《书画公会报》，由李叔同主持编辑，每周两期。最初1、2期交《中外日报》附送，第3期开始自行发售，每份售价大钱十文。在第3期第6页上，就刊有李叔同书法篆刻润例。

李叔同在诗文书画、金石篆刻领域里全面出击，挥洒自如，初步展示出他过人的艺术才华，用他后来《金缕曲·留别祖国》中的词句来说，可谓是“二十文章惊海内”。

三、悲欢家国事

自来上海以后，李叔同的生活似乎是风光无限，惬意无比。与“天涯”兄弟朝夕聚首，诗酒唱和；与名流贤达品茗论艺，赏书鉴画；而母亲也有妻子做伴，又与许夫人宋贞情同母女，相处甚欢。这一年（1900），李叔同还刊印了《李庐印谱》，出版了《李庐诗钟》，妻子又为他生下了一个儿子[7]。这一切，看起来都是那么的天遂人愿。然而，在李叔同的内心深处，羁旅天涯的感觉，功业不就的惆怅，不时在撕扯着他。况且，“又值变乱，家国沦陷。山邱华屋，风闻声咽。天地顿隘，啼笑胥乖”[8]。个人与家国的这般境况，总让他抑郁难欢。在《二十自述诗序》中，他这样写道：

> 堕地苦晚，又撄尘劳。木替花荣，驹隙一瞬。俯仰之间，岁已弱冠。回思曩事，恍如昨晨。欣戚无端，抑郁谁语？爰托毫素，取志遗踪。……言属心声，乃多哀怨。江关庾信，花鸟杜陵。为溯前贤，益增惭恧！凡属知我，庶几谅予。[9]

身处乱世，“欣戚”自然不会“无端”，然快乐可以与人共享，而忧愁却只能寄言诗文，独自品咂。李叔同是一个心事很重、性格多面的人。有时候，他诗酒文章，意气扬扬；有时候，又伤时感世、愁肠百结。在他身上，体现出典型的传统中国文人的情绪与格调。在以后的岁月里，因了环境与遭遇的困扰，李叔同抑郁哀怨以至悲愤的情绪日甚一日，这大概也是他最终弃绝尘世的内因之一吧。

1900年夏，“庚子之变”爆发，6月17日，八国联军攻占大沽炮台，七月占领天津，八月占领北京，慈禧太后挟光绪帝出逃西北。远在上海的李叔同焦虑万分，战乱中的二哥一家是否安全，在津的亲友是否平安，自然成了他放不下的牵挂。翌年（1901）正月，元宵节刚过，李叔同就决意启程北上，转道天津，探望避难河南内黄的二哥一家。临行前，填《南浦月》词一首，留别海上同人。词曰：

杨柳无情，丝丝化作愁千缕。惺忪如许，萦起心头绪。谁道销魂，尽是无凭据。离亭好，一帆风雨，只有人归去。[10]

数日后，李叔同孑然一身，满怀愁绪，登船启行。一路还算风平浪静。船近大沽口，但见沿岸残垒败灶，不堪极目，叔同心中悲戚不已，当晚夜泊塘沽，写下这样的诗句：

杜宇声声归去好，天涯何处无芳草。春来春去奈愁何，流光一霎催人老。新鬼故鬼鸣喧哗，野火磷磷树影遮。月似解人离别苦，清光减作一钩斜。[11]

晨起登岸，行李冗赘，李叔同未赶上早班进津的火车，只得寻客店暂歇。然而兵燹之后，哪里还有完好的客店。叔同寻了半天，惟见新筑的3间草房，无门窗床几，人皆席地而坐，屋内既无杯盘，也无茶饭。叔同只好强忍饥渴，兀坐长叹。待到傍晚，方乘车赶赴天津。一路上，大半房舍已被战火烧毁。车抵津城，叔同看见昔日巍峨的城墙，已几乎拆光；北城旧地，也大半夷为废墟，积尘数寸，漫天风沙，人烟难觅。叔同已无家可归，只好暂住二哥岳父城东姚家。

到津的第二天晚上，大风怒吼，金铁皆鸣。叔同想到近几日的所见所闻，悲愤填膺，愁不能寐，披衣伏案，挥毫写下《遇风愁不成寐》一首：

世界鱼龙混，天心何不平？岂因时事感，偏作怒号声。烛尽难寻梦，春寒况五更。马嘶残月坠，笳鼓万军营。[12]

李叔同青少年时期的知交师友，听说他回到天津，纷纷前来看望叙旧，询问别后境况。虽说分别只两年多，但世事翻覆，恍若隔世，令人唏嘘。当年叔同在津学习书法时，曾结识几位日本同道，其中一位上冈君，叔同听说他正患病住院，便前往探视。上冈身为红十字社中人，不赞成日本侵略中国。二人相谈竟夕，极为契合。上冈还勉励叔同要“尽忠报国”，叔同听了，“感愧殊甚”，遂吟成七绝一首。诗云：

杜宇啼残故国愁，虚名况敢望千秋。男儿若论收场好，不是将军也断头。

次日，李叔同偕众友人前往赵元礼老师主持的育婴堂，几位师友合影留念。后两日，李叔同再访育婴堂，与日本友人交流书法，互赠作品。

李叔同此行，本打算到河南内黄县省亲，探视在那里避难的二哥桐冈一家，但听说那一带土寇蜂起，屡伤行人，只得打消了这个念头。此时正当仲春天气，凝阴积寒，犹有不耐；劫后景象，更令人愤懑难平，遂生去意。行前，李叔同作诗一首，留赠津中同人：

千秋功罪公评在，我本红羊劫外身。自分聪明原有限，羞将事后论旁人。[13]

二月初，李叔同收拾行囊，启程南归。第一夜宿塘沽旅馆。长夜漫漫，孤灯如豆，叔同辗转难眠，往事新愁，涌上心头，情难自已，于是翻身下床，填《西江月》词一阕：

残漏惊人梦里，孤灯对景成双。前尘渺渺几思量，只道人归是谎。谁说春宵苦短，算来竟比年长。海风吹起夜潮狂，怎把新愁吹涨？[14]

翌日傍晚，李叔同登上海轮，伫立船头，遥望天际，心中如惊涛奔走，意绪难平，口中吟道：

感慨沧桑变，天边极目时。晚帆轻似箭，落日大如箕。风卷旌旗走，野平车马驰。河山悲故国，不禁泪双垂。[15]

他望着渐行渐远的海岸，默默地挥别兵燹过后的残败故乡。

李叔同回到上海，心情仍是沉重。想故国大好河山，惨遭如此“红羊劫”（国难），自己又怎能脱身江南，作壁上观呢？然而，自己本一介书生，虽明白“男儿若论收场好，不是将军也断头”的道理，但“自分聪明原有限”，思来想去，除了“不禁双泪垂”之外，又能如何呢？

一连数日，李叔同闷坐家中。这一天，世交华伯铨来访。问及北行见闻，叔同一嘘三叹，不能尽述，随手取一纸扇，以篆书录唐人诗句于其上：“故国三千里，深宫二十年。一声何满子，双泪落君前。”

待到情绪稍定，李叔同将北上探亲的经历与见闻，整理成《辛丑北征泪墨》一书，于是年五月在沪出版。前记中说："游子无家，朔南驰逐。值兹离乱，弥多感哀。城郭人民，慨怆今昔……"[16] 李叔同还将文中诗词单独辑出，寄给天津的赵元礼先生。先生"雨窗展诵"这些泪墨淋漓的诗词，不禁涕泗双流。

《辛丑北征泪墨》出版以后，在上海文坛引起不小的轰动，受到士人的盛赞。面对国难家仇，李叔同能做的，大概就是这些和血带泪的倾诉了。

四、南洋公学

南迁以来，李叔同广结翰墨因缘，于诗词文章、书法篆刻诸方面勇猛精进，很快成为沪上文士圈中的翘楚，但在以科举求仕进的时代，这些只不过是文人末技，与个人进身立业并无太大干系。这一年，李叔同已经 21 岁了，却从未博得任何功名，也没有一个正经的职业。虽说家资富有，衣食可以无忧，然而羁旅天涯，功业无成的现实，总让他有一种无着无落的感觉。正如他的《金缕曲》词中所言："二十文章惊海内，毕竟空谈何有?"

从天津归来不久，李叔同就听说南洋公学开设特班，招考"能作古文者，预定毕业后优拔保送经济特科"。对李叔同来说，这也不失为一条进身之路，于是决定投考。

南洋公学创立于 1897 年。"甲午战争"惨败之后，部分清朝官员意识到兴办新式学堂、培养经世致用人才的重要性。1895 年，在洋务派官员的努力之下，在天津创办北洋学堂。第二年，上海招商、电报两局督办盛宣怀，奏请创办南洋公学（今上海交通大学前身），并于次年春正式招生开学。学校设有师范院、上院（大学部）、中院（中学部）、下院（小学部）；上、中、下三院学制均为 4 年，三级衔接递升。此外，还设有译书院和东文学堂，译介东西方教育、政治、经济类书籍；又开设铁路班、特班、政治班等，以培养各类实用人才。办学资金由盛宣怀管辖的铁路、电报和招商局等处划拨，盛宣怀亲任督办。

1901 年，根据公学总经理沈曾植[17] 的提议，增设一特班，招收部分能作古文辞的学生，为拟设的经济特科[18] 做生员上的准备（相当于经济特科的预科班），并聘请翰林名士蔡元培先生为该班中文总教习。特班于 1901 年 5 月正式招生，李叔同以“李广平”的名字应考，经过严格的笔试和口试，最后以总分 75 分（理 40，词 35），位居第 12 名的成绩被录取。

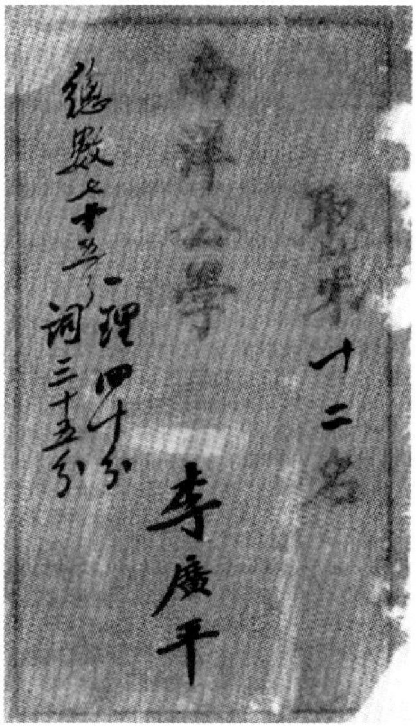

1901 年李叔同考取南洋公学成绩单

特班共招收二十余人，同学中多一时才俊，如邵力子、黄炎培、谢无量、王世潋、胡仁源、殷祖同、洪允祥、贝寿同等等，其中不少是秀才或举人。南洋特班宿舍有一人一室的，也有两人一室的。李叔同独居一室，房间布置得简洁雅致，四壁都是书画。同学知道他在书法篆刻、诗词、音乐方面，都有过人的天资和素养，而他的风度也是一贯的温和、静穆，所以大家都乐意和他亲近。有意思的是，班里的同学多为南方人，不谙北方通行的“官话”，讲起来令人发笑，而“官话”又是他们交流、学习以及将来从政所必须掌握的口头语言，恰好李叔同生长在北方，能讲一口流利的“官话”，又吐字清晰，于是大家便自发地成立了一个小组，请他来教。

特班学生的日常课程是半天读书，半天学习英文和算术，中间还有体操等户外活动。与上院一样，特班也没有固定的专业设置。当时，蔡元培正致力于倡导新学，他亲自拟定学生应该修学的课程，举凡政治、法律、外文、经济、教育、哲学、文学、伦理等，都列为修学的内容，供学生自由选择。学生可从中选定两三门，作为自己的主修课程。待大家选定课程之后，蔡先生再给每个学生开具主要和次要阅读书目，然后依照次序，向学校图书馆借书，或自购阅读。课堂上主要教授学生如何阅读中国传统文化书籍和现代西方新学著作，但讲解辅导只起辅助作用，主要还是靠学生自读自学。为此，蔡元培要求学生每天要写一篇读书札记送他批改；每月命题作文一篇，亦交他批改。

正课之外，蔡元培还十分重视特班的外语学习。他认为，要了解中国被西洋各国欺侮的原因，认清自己的弱点，就必须了解国际大势。而要了解国际，就必须通晓外国文字，读外国书刊。他鼓励学生，除了在中学部插班学习英文之外，还可以根据自己的情况，选学日文。他说自己不能说日语，但能看书，可以教大家阅读日文和翻译日文，并把这样的日文学习方法称之为“和文汉读”。至于学说日语，将来如有赴日留学的机会，再学不迟。

在蔡元培先生的鼓励和引导下，李叔同在南洋公学不仅打下了英语基础，还学会了“和文汉读”，并翻译了日本玉川次致的《法学门径书》和太田政弘等的《国际私法》两部法学著作。1903年，两书由新成立不久的开明书店出版发行。这是两部较早介绍国际公权与私权的译著，后者还被列入《译书汇编》杂志编辑出版的“政法丛书”第6编。《译书汇编》杂志专以编译欧美政法名著为宗旨。冯自由在《革命逸史》初集中说：“吾国青年思想之进步，收效至巨，不得不谓《译书汇编》实为之倡也。”[19]而李叔同译著《国际私法》，能被在留日学生及国内知识界广有影响的《译书汇编》所看重，并收入《政法丛书》，足见其译作对推进民主维新的重要性。

蔡元培先生的教学态度认真而严谨。对学生每天交来的读书札记，他都要一丝不苟地批阅，每篇都有或长或短的批语。看到写得好的文字，他就在这一节的左下角画一个圈，写得特别好的画两个圈。每隔一两天，就把批改完的札记退回去，从不拖延。除了审读批改札记、作文，每天晚上，蔡先生总要邀三两个学生，分别去他的住室谈话，或向学生提一些问题，或让学生谈读书心得，或交流一下对时事的感想。班里的学生，每隔10天左右，都有一次当面聆听教诲的机会。李叔同的同班同学邵力子，在《我所追念的蔡先生》一文中，不无深情地回忆说：“他以名翰林，受盛宣怀氏礼聘来做我们的国文总教习，他当然不能明白的鼓吹革命，但早洗尽一切官僚教育的习

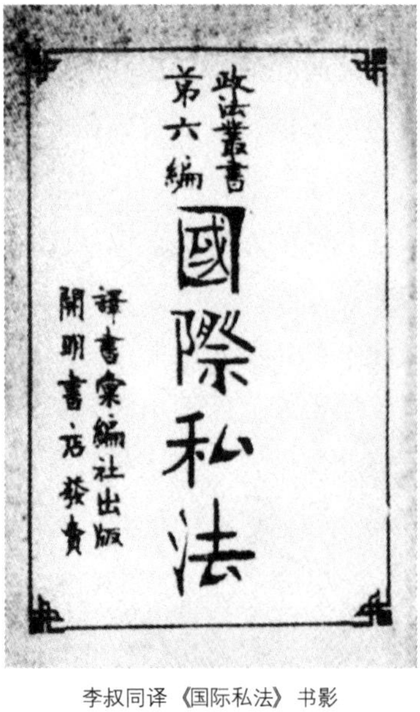

李叔同译《国际私法》书影

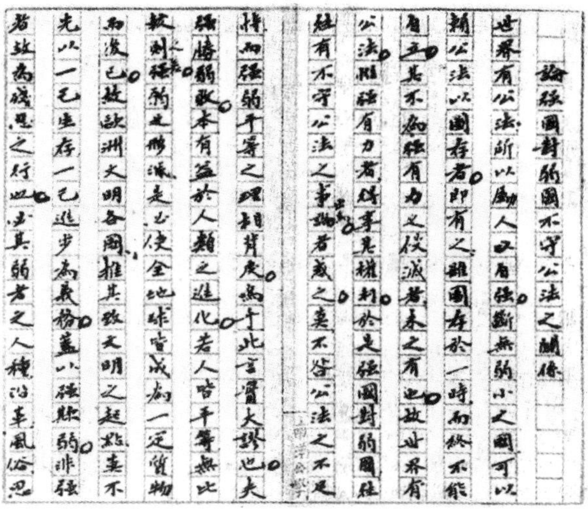

李叔同就读南洋公学时写的论文

气。他教我们阅读有益的新旧书籍，他教我们留意时事，他教我们和文汉读，他教我们以种种研究学术的方法。他不仅以言教，并且以身教，他自己孜孜兀兀，终日致力于学问。他痛心清政的腐败，国势之阽危，忧国的心情不时流露于辞色。他具有温良恭俭的美德，从不以疾言厉色待人……”[20]

李叔同在南洋公学师从蔡元培，虽只有短短一年多的时间，但在这种宽松自由的学习氛围之中，他发奋努力，广学博取，获得了大量新知。而蔡元培先生的思想、学术，以及蔼然长者的人格魅力和循循善诱的教学风度，也深刻地影响了他日后的从教生涯。

1902 年秋，适逢各省补行庚子、辛丑并科乡试。此时的李叔同，虽然身在南洋公学，却仍未放弃科举仕进的幻想，便以浙江省嘉兴府平湖县监生的资格前去应试。接着，马不停蹄地赶赴开封，参加了河南的乡试。在两次乡试未第的情况下，李叔同回到上海，继续南洋公学的学业。不久（1902 年 11 月），校中因“墨水瓶事件”引发学潮，最终酿成中国近代教育史上前所未有的退学风潮。李叔同和特班、政治班等二百余人，毅然放弃保举经济特科的资格，中止学业，离开了南洋公学。

五、声色场上

从南洋公学退学后，李叔同应聘圣约翰书院（1906 年后更名为圣约翰大学），与尤惜阴[21]同任国文教习，但不久又离去。

两次乡试不第，保举经济特科又落了空，书院教习的位置他更是无心恋战。此时的李叔同，犹如独行荒原的疲惫旅人，四顾茫然，既找不到前行的路径，也看不到未来的希望。这情景，正如他自己所言：是“奔走天涯无一事”。他真切地感受到了人生的无趣与无奈，于是寄情声色，试图在与歌郎艺妓的浅吟低唱中排解内心的苦闷。

关于李叔同这段寄情声色的生活，他后来的同事、朋友姜丹书曾说：“先是上人（李叔同—引者注）年少翩翩，浪迹燕市，抱屈宋之才华，恨生叔季之时会。一腔牢骚忧愤，尽寄托于风情潇洒间；亦走马章台，厮磨金粉，与坤伶杨翠喜、歌郎金娃娃、名妓谢秋云辈，以艺事相往还。抑莲为君子之花，皦然泥而不滓。盖高山流水，志在赏音而已。”[22]意思是说：李叔同虽然才比屈原宋玉，可惜生逢乱世，才华不得施展，因而寄情声色，以消心中块垒；而走马章台，只不过是到“胭脂队里”寻知音，志在赏音，即使泥足偶陷，亦出淤泥而不染。这样的说辞不无道理，然而也多少有点替贤者遮掩或曲意维护之嫌。

就现有资料来看，李叔同之涉足声色，也是受旧时代风习的浸染，身上不免沾带了些传统文人骚客的风雅和浊世公子的放浪。还在少年时代，李叔同就频繁地出入秦楼楚馆，歌台舞榭，这一方面出于他对戏剧的爱好，而更多的则缘于他公子哥儿的习气。要知道，并不是随便什么人都有这个财力和雅兴，整日盘桓于歌楼戏院，大把地散钱捧角的。

从天津时期捧角逐艳始，直到1905年母丧北归，李叔同诗酒声色的生活，似乎没有中断过。迁居上海后的第二年（1899），李叔同“偶游北里，以诗赠名妓雁影女史朱慧百，朱画扇为赠，并和其原作”[23]。朱慧百在和诗的小记中写道：“漱筒（即李叔同—引者注）先生，当湖名士，过谈累日，知其抱负非常，感事愤时，溢于言表。蒙贻佳什，并索画扇，勉以原韵，率成三截，以答琼琚。”[24]其时，李叔同已与袁、许、张、蔡结为“天涯五友”，晨昏聚会，诗词唱和，书画交流。正是在这期间，李叔同还要偷闲“偶游北里”，同“设色于春申旅舍”的雁影女史“过谈累日”，赠佳什，索画扇，这也许不单单是抑郁难申而又知音无觅吧。

1901年夏，李叔同结识了以“才女”著称的上海名妓李苹香[25]。6月16日，李叔同应富春山民（曾为《天涯五友图》撰写序文）之邀，赴李苹香天韵阁宴饮。酒阑之际，几个人即席赋诗，书赠李苹香。李叔同以

"惜霜仙史"之名，书赠七绝3首。其中一首云：

沧海狂澜聒地流，新声怕听四弦秋。如何十里章台路，只有花枝不解愁。[26]

李苹香自书诗扇相赠。

李叔同还有《和补园居士韵，又赠苹香》七绝4首。其中3首写道：

慢将别恨怨离居，一幅新愁和泪书。梦醒扬州狂杜牧，风尘辜负女相如。

伊谁情种说神仙，恨海茫茫本孽缘。笑我风怀半消却，年来参透断肠禅。

闲愁检点付新诗，岁月惊心鬓已丝。取次花丛懒回顾，休将薄幸怨微之。[27]

杜牧是娼楼常客，故有"十年一觉扬州梦，赢得青楼薄幸名"（《遣怀》）的诗句。"梦醒扬州狂杜牧"正是由这两句诗点化而来。"取次花丛懒回顾"，则是元稹（字微之）著名七绝《离思》中的诗句，李叔同信手拿来，直接嵌入自己的诗中，其对元稹诗的熟稔程度，自不待多言。而杜牧、元稹二位，都是唐代艳诗高手，说他们是风流诗人，亦不为过。如果说李叔同从这些极富才情的诗人那里，获得了赋诗填词的灵感，同时也从他们的轻艳诗句中，领略到绮靡生活的兴味，从而或多或少地沾带了一些文人风流的习性，想必不应该算作无稽之谈吧。

上海名妓李苹香（右）

自夏及秋，李叔同与这些名妓酬答不断，过从甚密。在此后的两三年时间里，他与歌郎艺妓的交往似乎越发频密起来。当然，对这种诗酒声色的公子哥生活，他并非没有一点警觉。1902年秋，在他写给许幻园的信里，有这样一段话："……小楼兄在南京甚得意，应三江师范学堂日文教习之选，束金颇丰；今秋亦应南闱乡试。闻二场甚佳，当可高攀巍科也。兄已不在方言馆，终日花丛征逐，致迷不返，将来结局，正自可虑。”[28]信中，他为小楼兄（“天涯五友”之一的张小楼）谋到教习一职与“高攀巍科”而高兴，同时也为兄（“天涯五友”之一的袁希濂）“终日花丛征逐，致迷不返”而担忧，清醒地意识到这样继续下去，“将来结局，正自可虑”。这段话也表明，他对自己“花丛征逐”的生活还是不失理智的，也似乎有了要放弃的打算。

多年之后，李叔同到底还是戒绝了诗酒声色的习惯。《太平洋报》同人孤芳在《忆弘一法师》一文中回忆说，当时《太平洋报》编辑多为南社同人，他们在编辑之余，经常出入于歌廊酒肆之间，“或使酒骂座，或题诗品伎，不脱东林复社公子哥儿的习气”[29]。唯李叔同孤傲自恃，绝不参与。这段回忆文字，除了显在的意思之外，还从侧面证明：当年出入欢场者大有人在，盖风习使然，非独李叔同不能把持，自坠风流。

说到底，李叔同终究不是整日腻在脂粉队里的纨绔子弟，他始终是别有怀抱的。只是，眼下的李叔同面临着一个坎儿，似乎什么事都不能顺心如意。就拿科举求功名来说，屡试不中，甚至连保举经济特科这样变通的路径，竟然也走不通，这对才华横溢的李叔同来讲，确实够郁闷的。当然，并不是所有才华出众的人都能金榜题名，尤其是到了科举形式僵化的明清时代。李叔同自然明白这个道理，在现存的资料中，迄今未见他对科举失利发表过什么言论。但那时的李叔同，年轻气盛，才华自恃，对科场上的屡屡失意、功名不就，恐怕未必没有一点难以化解的“结”。既然仕进路上无人慧眼识珠，人生“正途”又渺如春梦，到“胭脂队”里寻找能诗擅画的才女，在诗酒声色中惺惺相惜，抒发心中的落寞和失意；在浅吟低唱中慨叹家国离乱，宣泄胸中的苦闷与悲愤，自然就成了风流倜傥的李叔同颇有几分无奈地选择了。这大概是他寄情声色的另一原因。

在 1904 年填写的《金缕曲·赠歌郎金娃娃》一词中，就充分反映出李叔同这种纠结的情绪。词曰：

秋老江南矣。忒匆匆、春余梦影，樽前眉底。陶写中年丝竹耳，走马胭脂队里。怎到眼、都成余子。片玉昆山神朗朗，紫樱桃、慢把红情系。愁万斛，来收起。泥他粉墨登场地。领略那、英雄气宇，秋娘情味。雏凤声清清几许，销尽填胸荡气。笑我亦、布衣而已。奔走天涯无一事，问何如声色将情寄？休怒骂，且游戏。[30]

很显然，在这些看似洒脱的词句背后，其实带了许多复杂而强烈的情绪。李叔同深感世事蜩螗，而个人的前途亦茫然无绪。可悲的是，面对这种境况，作为一介书生的自己却又回天乏力，这就不能不使他的内心充满了牢骚、苦闷，甚或无奈、彷徨。在他此一时期与艺妓歌郎的酬答之作中，这类相互纠缠的情绪尽显无遗。1904年春天，在与歌郎艺妓的聚宴上，李叔同作《二月望日歌筵赋此叠韵》。诗曰：

莽莽风尘窣地遮，乱头粗服走天涯。樽前丝竹销魂曲，眼底欢娱薄命花。浊世半生人渐老，中原一发日西斜。只今多少兴亡事，不独隋堤有暮鸦。[31]

几乎在同一时期，他还写过《赠语心楼主人》二绝句：

天末斜阳淡不红，蛤蟆陵下几秋风。将军已死圆圆老，都在书生倦眼中。

道左朱门谁痛哭，庭前柯木已成围。只今蕉萃江南日，不似当年金缕衣。[32]

从这些诗篇中，可以读出他复杂的心境和无以言表的人生况味。

在客居上海期间，李叔同交往的风尘女子为数不少。从现存资料来看，除以上所提到的几位，至少还应有谢秋云、高翠娥等人。李叔同之所以如此频繁地出入欢场，自然与上面提到的沾染了那个时代文人、公子的习气，和寄情声色、宣泄心中的抑郁不平之气有关，但也与他自身的观念和对"乐籍"现象的认识有关。

1904年早春，李叔同曾应邀为"铄镂十一郎"所著的传记《李苹香》作序。据说这"铄镂十一郎"就是当年上海滩大名鼎鼎的《苏报》主笔章士钊。在这篇序言中，李叔同认为"乐籍"是近代文明发达的表现。"乐籍之进步与文明之发达，关系綦切。故考其文明之程度，观于乐籍可知也。"还说中国的"乐籍"之所以不景气，正是因为吾国"文化惨淡"，民智未启。而反观"文明发达之国，乐籍棋布，殆遍都邑"。不仅如此，"乐籍"还是文明发达的动因之一。"杂裙垂髾，目眺心与，游其间者，精神豁爽，体力活泼，开思想之灵窍，辟脑丝之智府。"若不相信，请看一看“乐籍之盛为全球冠”的法国巴黎，如果说“乐籍”使“其民族沉溺于兹，无复高旷之思想”，“乃何以欧洲犹有‘欲铸活脑力，当做巴黎游’之谚？兹说兹理，较然甚明”。[33]如此言说，在今天看来，仍属惊世骇俗之论。

在出入欢场之余，李叔同还时常粉墨登场，参与公子哥之间的“票演”。晚清时代的大都市，京剧票友多为纨绔子弟。早在天津时期，李叔同就与杨小楼、刘永奎等名角大腕时相往还。迁居上海以后，他曾一度将精力用在求学交友上，很少涉足剧院戏场，但在失意之时，这种亦真亦幻的笙歌管弦，也就再一次成了他排解郁闷的方便途径。李叔同票演的剧目，多为《叭蜡庙》《白水滩》《溪黄庄》之类的武生戏，扮演的人物也多是黄霸天、穆玉玑、褚彪一类的英雄形象。

声色与情感，戏剧与人生，在虚拟与现实之间，构筑起一个不大不小的空间，李叔同踯躅其间，忽而沉痛，忽而欢悦；忽而沉溺，忽而清醒。然而，声色不过是稍纵即逝的欢宴，戏剧也只是声歌悦耳的自慰，这一切都无法平复李叔同内心的波澜。没必要对李叔同声色场上的行迹作什么道德评判，也许正是这些痛并快乐着的人生经历，才使他在阅尽人间、历经繁华之后，品咂出世俗人生的千般况味，从而决然遁入空门，在沿门托钵的艰辛中，踏勘人类精神生活的终极路径。

六、沪学会

1904年春天，教育家马相伯及穆藕初[34]等人创办“沪学会”，他们提倡尚武精神，宣传讲究卫生、移风易俗等文明新风，开展民众文化教育。李叔同和黄炎培等人也先后参与其中，通过举办演讲会，组织音乐会，演唱文明新剧，开办文化补习学校等形式，提高社会青年的知识觉悟。

穆藕初在《五十自述》中，记述了李叔同在“沪学会”时期给他留下的深刻印象。他写道：“有某君者，二十年前创办沪学会之老友也，性聪颖而耿介，书、画、琴、歌、地理、金石靡不精通；富有辩才，尤工国语；雅度高致，轶类超群，律己谨严，待人谦和。当抵制美货时，慷慨激昂，于激发国民爱国天良，非常殷切。”

此时的李叔同，已从苦闷与彷徨中挣扎出来，以极大的热忱，投入到启发民智、教育民众的工作中来。他亲手撰写了一部《文野婚姻新戏册》[35]，宣传婚姻自由。在戏册写完之后，他题诗4首，以之作结。其中两首这样写道：

河南河北间桃李，点点落红已盈咫。自由花开八千春，是真自由能不死。

誓度众生成佛果，为现歌台说法身。孟旃不作吾道绝，中原滚地皆胡尘。[36]

对自由的歌赞，以及“誓度众生”的进取精神，无不闪烁着战士与圣者的光彩，这与诗酒声色的李叔同，俨然两人。

“沪学会”为帮助失学青年，还开设了文化补习班，李叔同担任音乐课的教师。对音乐一艺，李叔同很早就有浓厚的兴趣。在他天津的老宅中，就有一架外国人送的钢琴，课余闲暇，时常抚弄，因此对琴艺也有较多的了解。这次教授乐歌，复又激起了他对音乐的热情，他请沈心工来班开设乐歌课，讲授西洋乐理知识，自己也随同学生一起听讲。

沈心工1896年考入南洋公学师范班，是该校最早的一批学生。留学日本期间，于1902年与曾志忞创立音乐讲习会，在留学生中传布西方近代音乐知识，并尝试采用西方现代谱曲方法来编写学堂乐歌。西方现代曲谱通俗易懂，简单易学，完全不同于中国传统的工尺法，因而很快在留学生中传播开来。回国后，沈心工先后在南洋公学、龙门师范、上海务本女塾等校从事音乐教育，并采用简谱音乐教授“乐歌”，同时还编写出版了《学校唱歌集》初集。《学校唱歌集》共编成三集，出版于1904—1907年，是中国最早的唱歌教本。就在沈心工于“沪学会”教授音乐期间，李叔同看到了他的《学校唱歌集》和曾志忞在日本东京出版的《教育唱歌集》。这两部“唱歌集”均采用简谱来编写乐曲，曲调清新自然，形式简便易记，

穆藕初先生像

在当时上海的新式学堂中十分流行。李叔同便仿效这种谱写方法，采用民间流行的《老六板》的曲调，将《大国民》[37]一歌的歌词加以修改，为“沪学会”补习科编配了一首《祖国歌》。歌词是：

上下数千年，一脉延，文明莫与肩。纵横数万里，膏腴地，独享天然利。国是世界最古国，民是亚洲大国民。乌呼，大国民！乌呼，唯我大国民！幸生珍世界，琳琅十倍增声价。我将骑狮越昆仑，驾鹤飞渡太平洋。谁与我仗剑挥刀？乌呼，大国民，谁与我鼓吹庆升平！[38]

《祖国歌》是用民间曲调编配而成，歌词也很贴近，唱起来铿锵有力，朗朗上口。那时“抵制美货”“抵制日货”的运动初起，人民爱国主义的热情日渐高涨，因此，这首歌一经面世，迅即传遍全国，各地中小学纷纷把这首令人耳目一新的乐歌用作教材，李叔同也因此成了名满天下的乐歌作家。几年之后，13 岁的丰子恺在故乡小学堂读书时，他的老师金先生就教他们唱这首歌。他在《李叔同先生的〈祖国歌〉——回忆儿时的唱歌》一文中说：“那时候的有志青年，大家忧心忡忡，慷慨激昂地发挥他们的爱国热忱。李叔同先生这歌曲便是在那时候作的（《祖国歌》作于 1905 年）。……这歌曲在沪学会的刊物上发表之后，立刻不胫而走，全中国各地的学校都采作教材。我的故乡石门湾，是一个很偏僻的小镇，我们的金先生也教我们唱这歌曲。我还记得：我们一大群小学生排队在街上游行，举着龙旗，吹喇叭，敲铜鼓，大家挺起喉咙唱这《祖国歌》和劝用国货歌曲。”

李叔同手抄件《祖国歌》

自 1904 年开春以来，李叔同都在忙“沪学会”的事情，日子似乎也充实了许多。年底，次子李端出生。可惜这样的日子并没有持续多久，春节过后，母亲的肺病又加重了。李叔同四处延医诊治。3 月 5 日，其母终因病重不治，撒手而去，年仅 46 岁。母亲临终时，李叔同正在街上买棺木，回来的时候，母亲已经不在了。多年之后，李叔同讲到母亲去世的情形，还是禁不住悲从中来。

1905 年初夏，李叔同带着妻儿，扶柩北上，乘海轮返归天津。

这些年在上海，李叔同接受了许多新思想、新观念，诸如婚丧之类，他也是倡言革新的。于是，对母亲的丧礼，李叔同决定参照中外丧仪的惯例，略作变通，别定新的文明丧仪。先是于 7 月 23 日天津《大公报》发布题为“文明丧礼”的公告：“河东李叔同广平，新世界之杰士也。其母王太夫人月前病故，李君特定于本月二十九日开追悼会，尽除一切繁文缛节，别定仪式。”

7 月 29 日举行葬礼。追悼会上，来宾多达四百余人，共收挽联哀辞二百余首。仪式简朴而庄重，亲属一律着黑色衣服参加葬礼，并用致悼词的方式替代孝子跪地读祭文；李叔同亲自弹奏钢琴，请一班儿童合唱两首哀歌。

追悼会在亲朋中和社会上引起轰动，说是“李三爷办了一件奇事”。8 月 2 日，《大公报》以《记追悼会》为题，详细记述了李家追悼会的实况；3 日、4 日，又连续作了纵深报导。从舆论关注的程度可以看出，本次“文明丧礼”对社会的影响之大、对丧葬礼俗的冲击之强烈，是前所未有的。

送走母亲之后，李叔同的心里顿时空落落的。自从 5 岁失去父亲后，母亲就成了李叔同唯一的依靠。这几年，他羁旅上海，本想凭借自己的才智，打拼出一个新天地，好让母亲放心、舒心，安安生生地过几年舒坦的日子，孰料想“树欲静而风不止，子欲养而亲不待”。如今，母亲已去，他这颗没有兑现的孝心，将如何安置呢！很久以后，他对自己的弟子丰子恺表露心迹说，母亲死后，他“就是不断的悲哀与忧愁，直到出家”[39]。为了表达对母亲的痛悼，他还给自己改名李哀，字哀公。

孔子曰：“父母在，不远游。”而今，双亲都已长眠于新开河边的李氏祖茔，身为人子的李叔同，任凭怎样的悲伤愁苦，都不能起死者于地下。遗憾也好，无奈也罢，他这颗牵肠挂肚的心是到了该放下的时候了。1905 年 8 月，李叔同决定东渡日本留学。他把家眷留在天津老家，独自一人转道上海，搭上洋轮，浮海东行，开始了另一次更为遥远的天涯之旅。临行填《金缕曲》一阕，“留别祖国，并呈同学诸子”：

披发佯狂走。莽中原、暮鸦啼彻，几枝衰柳。破碎河山谁收拾，零落西风依旧，便惹得、离人消瘦。行矣临流重叹息，说相思、刻骨双红豆。愁黯黯，浓于酒。漾情不断淞波溜。恨年来、絮飘萍泊，遮难回首。二十文章惊海内，毕竟空谈何有。听画底、苍龙狂吼。长夜凄风眠不得，度群生、哪惜心肝剖。是祖国，忍孤负！[40]

/注释/

[1] 林子青：《弘一法师年谱》，宗教文化出版社 1995 年版。“器识为先，文艺为后”，始见《旧唐书·王勃传》。明末大儒刘宗周所著《人谱》(一本集录古代名言懿行的书）中亦收入此语。据说，李叔同在《人谱》封面上恭书“身体力行”四字，置诸案头，以为常备读物。

[2] 对南迁的原因，李叔同的儿子李端在《家事琐记》中作过这样的解释：“据说，因当时先父曾刻过‘南海康君是吾师’的闲章，此行有躲嫌避祸的意图。而实际上，据我家的老保姆王妈妈说，我父亲当时的南下，是想从此脱离开天津这个大家庭，去南方扎根立业。因当时我们家资富有，上海也有我家钱铺的柜房，可照顾我们一家的生活。”李端先生的话颇为实在，但也可能还有其他不便说明的缘由，比如由于身份的缘故，叔同的母亲有远离大家庭的意愿，而一向孝敬的叔同自然也愿意顺从母亲的心意，加上他两次落榜，事业无着，再说时局有变，况且他家在上海又有资财，生活上也无后顾之忧，如此这般，南迁也就在情理之中了。

[3] 丰子恺：《为青年说弘一法师》，引自金重编《丰子恺品佛》，作家出版社 2009 年版。

[4][5][26][27][30][31][32][36][38][40] 余涉编：《李叔同诗全编》，浙江文艺出版社 1995 年版。

[6] 方爱龙：《殷红绚彩：李叔同传》，上海书画出版社 2002 年版。

[7] 李叔同与俞氏夫人共生三子，第一个儿子乳名葫芦，早夭。文中所指为第二个孩子，名准；第三子，名端。

[8][9] 李莉娟：《李叔同诗文遗墨精选》，中国文联出版社 2003 年 10 月版。

[10][11][12][13][14][15][16] 李叔同：《辛丑北征泪墨》，载余涉编《李叔同诗全编》，浙江文艺出版社 1995 年版。

[17] 沈曾植（1850—1922），字子培，号乙盦，晚号寐叟，浙江嘉兴人。著有《海日楼文集》《海日楼诗集》等。

[18] “特科”是旧时非常规的选拔人才的科举考试。1897 年 10 月，贵州学政严

修奏请设立“经济特科”，因戊戌变法失败而未能推行。直到 1901 年，才由慈禧太后下诏，令保荐“洞达中外时务”人员，并于 1903 年举行考试，考试科目为“策”、“论”各一，共录取一等 9 人，二等 18 人。

[19] 冯自由：《革命逸史·初集》，转引自林子青《弘一法师年谱》。

[20] 原载《蔡元培先生纪念集》，转引自林子青《弘一法师年谱》。

[21] 尤惜阴，名秉彝，字雪行，别号惜阴，江苏无锡人。学者，精通周易。1903 年与李叔同同任上海圣约翰书院国文教授。离开学校后，在上海开办平民学校。后皈依佛门，法名演本。

[22] 姜丹书：《弘一律师小传》，转引自林子青《弘一法师年谱》。

[23][24][28] 林子青：《弘一法师年谱》。

[25] 李苹香，上海名妓。本名黄碧漪，原籍安徽徽州。1880 年生于嘉兴，天资聪颖，有志向学，擅作诗赋词，有“才女”之称。父母珍之，以为奇货可居。后为不良商人所骗，失足欢场。1901 年移居上海，改名李苹香，名居所为“天韵阁”，以诗妓之名，高树艳帜。沪上文人骚客因其能诗会画而纷纷捧场，遂声名大噪。著有《天韵阁诗选》、《天韵阁尺牍选》。

[29] 孤芳：《忆弘一法师》，载陈海量居士编《弘一大师永怀录》，大雄书局 1943 年版。

[33] 李叔同：《李苹香·序》，转引自金梅《李叔同影事》。

[34] 穆藕初（1876—1943），名湘玥，上海浦东人。1904 年与马相伯等组织“沪学会”，后赴美留学，1914 年回国，先后在上海、郑州等地创办大型棉纺厂、华商纱布交易所等现代企业，为中国实业界巨擘之一。

[35] 《文野婚姻新戏册》属当时刚刚兴起的文明新戏。1900 年前后，圣约翰书院、徐汇公学、南洋公学、民立中学等学校，纷纷排演“穿时装”“既无唱功又无做功”的与传统戏剧迥然有别的文明新戏，并很快在上海南城形成一种新风尚。李叔同置身其间，对这种艺术上尚显稚嫩的文明新戏十分熟悉，因而能在沪学会期间很快写出《文野婚姻新戏册》。这次新戏创作，也为他日后的戏剧活动积累了经验。

[37] 原作者不详。1904 年 7 月 17 日，“亚雅音乐会”（曾志忞等创办于东京，前身为“音乐讲习会”）为欢送留日毕业生回国，举行大会，会上演唱了《大国民》一歌。由于此歌曲调采用民乐，易学易唱，且歌词充满昂扬的爱国热情，故在留学生中影响很大，1904 年 9 月 1 日出版的上海《时报》和 9 月 26 日出版于日本的《新民丛报》均有刊载，后被收入《怡情歌集》。

[39] 丰子恺：《法味》，载金重编·《丰子恺品佛》，作家出版社 2009 年版。

第三章 负笈东瀛

一、音乐小杂志

1905 年李叔同摄于日本东京

李叔同漂洋过海，来到日本东京，准备投考东京美术学校。

东京，大致位于日本列岛中心，旧称江户。1603 年，德川家康在武士混战中获胜，在江户建立幕府政权，江户遂成为当时的全国政治中心。1868 年明治维新，德川幕府被推翻，明治天皇从京都迁到江户，改称东京，次年定为首都。在经过几十年的发展之后，东京迅速成为一个国际大都市。

初抵东京，李叔同先在上野不忍池畔租赁了一处私人小洋楼，购置了钢琴和大量美术、音乐书籍，把居室装点得雅致而富有艺术气息，并自取斋名“小迷楼”。新的环境，应该有新的面貌，新的生活。李叔同是一个凡事认真的人，这是他的个性。看他在上海时的装扮和言谈行止就会知道，他立意做翩翩公子，就做彻头彻尾的公子。这次亦如此，刚到日本，他立刻脱掉长衫马褂，换上一套全新的西装，果断地剪去辫子，改为三七分的西式发型。看他在日本时的照片：“高帽子，硬领、硬袖、燕尾服、史的克（手杖）、尖头皮鞋，加之长身、高鼻，没有脚的眼镜夹在鼻梁上，竟活像一个西洋人。”他“要做留学生，就彻底地做个留学生”。[1]

李叔同安顿下来后，一边去东京的一所学校补习日语，一边自修美术和音乐，为报考美术学校作准备，同时留心观察日本艺术界的动向。他发现，日本美术界正流行水彩画，许多杂志都在卷首用水彩画作插图，新近还创刊了《水彩画》杂志。与油画比较起来，水彩画的特点与日本画更为接近，因而在日本画界颇受欢迎。李叔同很快发现，水彩画与中国水墨画画法亦十分接近，且由水彩而油画也是最为便捷的技法修习的途径。于是，他开始学习水彩画，或临摹，或默写，或写生，因为有较好的中国画基础和极高的艺术天分，时间不长，其画就颇具水准了。李叔同这段时间的水彩画习作，已被发现的有3件。一为绘在明信片上的《山茶花》，绘于赴日后的第一个冬天。此作虽以水彩作材料，但其技法颇类中国工笔花鸟。画面下方有题词及附记：“回阑欲转，低弄双翅红晕浅。记得儿家，记得山茶一树花。乙巳冬夜，息霜写于日京小迷楼。”[2]后钤朱文小印“三郎”。一为水彩写生《沼津风景》，也画在明信片上，是当年旧历十一月寄给国内老友徐耀廷的。画的是东京都西南、横滨与静冈之间的骏河湾畔度假胜地沼津的自然风光，画面上亦有题记：

> 沼津，日本东海道之名胜地。郊外多松柏，因名其地曰：“千本松原”。有山耸于前，曰爱鹰。山岗中黄绿色为稻田之将熟者，田与山之间有白光一线，即海之一部分也。乙巳十一月，用西洋水彩画法写生，奉月亭老哥大画伯一笑。弟哀，时客日本。[3]

第3件名为《罂粟》，后来用在《音乐小杂志》第1期的封面上。

在补习日语和学习水彩画的同时，李叔同还以极大的热情，为中国留学生高旭[4]主编的《醒狮》杂志设计封面和撰写文稿。先是在《醒狮》第2期上发表了他在编写《文野婚姻新戏册》时创作的4首七绝，继而又参阅日本画册画论等资料撰写美术文章，介绍绘画教学的理论和水彩画的做法，以向国内输入新知，传播西洋美术知识。其中，《图画修得法》3章和《水彩画法说略》的部分章节，均以连载或选载的形式刊登在《醒狮》杂志2、3、4期上。

《图画修得法》一文，旨在向国内读者介绍一种完全不同于中国传统绘画教授模式的新教法。在文前小序中，李叔同这样写道：

> 我国图画，发达盖早。黄帝时史皇作绘，图画之术，实肇乎是。有周聿兴，司绘置专职，兹事浸盛。汉唐而还，流派灼著，道乃烈矣。顾秩序杂沓，教授鲜良法，浅学之士，靡自窥测。又其涉想所及，狃于故常，新理眇法，匪所加意，言之可为于邑。不佞航海之东，忽忽逾月，耳目所接，辄有异想。冬夜多暇，掇拾日儒柿山、松田两先生之言，间以己意，述为是编。夫唯大雅，倘有取于斯欤？[5]

此文已发表的3章，内容依次为“图画之效力”、“图画之种类”和“自在画概说”。到日本不过月余，就对日本绘画有如此深入而广泛的了解，足见李叔同学习的热情之高。更为可贵的是，他把自己的所见所闻，转换成文字，在第一时间告诉国内的读者，以促进中国美术的发展。这种引介新知识的意识和急切的心情，令人感佩。

值得注意的是，此时的李叔同虽然还没有系统地学习西方绘画理论，但对图画的功用已经有了相当全面和透彻的认识。在“图画之效力”一章中，作者认为，和手势语言、音响语言、文字语言一样，图画语言也是人类创造的反映与备考客观世界、交流认识思想情感的符号形式，是人类不断突破自身局限的努力的结果。这些符号形式，各有优长，亦各有不足。比如要状写人与物的形貌，图画则较语言文字更经济，也更具优势。可见，随着社会的不断发展，人类就要不断创造新的符号形式，以适应日益多样化的交流的需要和日益复杂化的思想情感的表达。至于说到“图画”的具体功用，则“图画者可以养成绵密之注意，锐敏之观察，确实之知识，强健之记忆，着实之想象，高尚之审美心”。可以促进“图画者”在德育、智育、体育等方面的发展。[6]

《水彩画法说略》则以向国人绍介水彩画为目的，在文章的引言部分，李叔同已说得明白：

西洋画凡十数种，与吾国旧画法稍近者，唯水彩画。爰编纂其画法大略，凡十章。以浅近切实为的，或可为吾国自修者之一助焉。[7]

可惜的是，随着高旭回国，《醒狮》移师国内，李叔同这两篇文章的刊载也随告中断。

《音乐小杂志》书影

还在刚抵日本时，李叔同就与留日友人商定，打算筹办一份包括音乐在内的《美术杂志》。毕竟美术和音乐，都是李叔同的最爱，二者是不能偏废的。正当他认真筹备第一期稿件的时候，发生了一件意想不到的事情。当时，在日的中国留学生反清情绪强烈，日本政府应清政府的要求，对中国留学生的行动严加限制，颁布了《取缔清韩留日学生规则》，引发抗议风潮，大批留学生罢课回国。筹办中的《美术杂志》，也因友人星散而作罢。但李叔同心有不甘，在"留滞东京，索居寡侣"的艰难情况下，居然独自办了一份音乐刊物——《音乐小杂志》。

《音乐小杂志》的确很小，它的规格为64开，只有30页，但它却是中国第一份音乐刊物，在中国近现代音乐史上具有里程碑意义。在杂志创刊号的序言中，李叔同以优雅的语言着重阐述了音乐的社会功用。他这样写道：

闲庭春浅，疏梅半开。朝曦上衣，软风入媚。流莺三五，隔树乱啼；乳燕一双，依人学语。上下宛转，有若互答，其音清脆，悦魄荡心。若夫萧辰告悴，百草不芳。寒蛩泣霜，杜鹃啼血；疏砧落叶，夜雨鸣鸡。闻者为之不欢，离人于焉陨涕。又若登高山，临巨流，海鸟长啼，天风振袖，奔涛怒吼，更相逐搏，砰磅訇磕，谷震山鸣。懦夫丧魄而不前，壮士奋袂以兴起。呜呼，声音之道，感人深矣！惟彼声音，佥出天然；若夫人为，厥有音乐。天人异趣，效用靡殊。

> 繄夫音乐，肇自古初。史家所闻，实祖印度；埃及传之，稍事制作；逮及希腊，乃有定名，道以著矣。自是而降，代有作者，流派灼彰，新理泉达，瑰伟卓绝，突轶前贤。迄于今兹，发达益烈。云滃水涌，一泻千里，欧美风靡，亚东景从。盖琢磨道德，促社会之健全；陶冶性情，感精神之粹美。效用之力，宁有极欤？

李叔同从自然界不同音响对人的心理情绪所产生的影响，形象地说明“声音之道，感人深矣”。进而指出：自然万物的音响毕竟出自天然，如果人有意识的创作，其效用也与天籁之音一般无二。接着又从中外音乐的发展历程，阐明音乐对社会及人的精神、思想所能产生的无可估量的作用。序言最后写道：

> 呜呼，沉沉乐界，眷予情其信芳；寂寂家山，独抑郁而谁语？矧夫湘灵瑟渺，凄凉帝子之魂；故国天寒，鸣咽山阳之笛。春灯燕子，可怜几树斜阳；玉树后庭，愁对一钩新月。望凉风于天末，吹参差其谁思？瞑想前尘，辄为怅惘。旅楼一角，长夜如年。援笔未终，灯昏欲泣。时丙午正月三日。[8]

写此序时，恰逢中国新春岁首，想到家山寂寂，故国天寒，而自己则羁旅异国，独守昏灯，李叔同不免心生怅惘，抑郁悲戚。然而，正是音乐的支撑，使他在这样寂冷的寒夜里，以“个人绵力”编出了这份改写历史的音乐杂志。

《音乐小杂志》第1期于1906年1月15日在东京三光堂印刷，20日寄回上海，由尤惜阴代办发行。杂志的容量虽然有限，但却有19项内容，如表纸、图画、插图、社说、乐史、乐典、乐歌、杂纂、词府等等，分类甚详。共计有木炭画1幅、木版画两幅、文章7篇、乐歌3首、词章5阕。其中除田村虎藏、堤正夫、村岗范为驰等几位日本音乐家的作品，其余音乐、美术和相关著述等九项，均出自李叔同一人之手。

《音乐小杂志》封面为李叔同设计，配图是他手绘的水彩画《罂粟》，中间的五线谱是著名的法国《马赛曲》片段。有研究者认为：“罂粟花象征了中华帝国在鸦片战争之后的衰落，而《马赛曲》则在呼唤民族的奋起。这两行乐谱，在原曲中并不相连，是设计者把它们编织在一起的。如果把原来和乐谱相应的歌词填出并连接起来，就鲜明地表达了设计者的主题思想：‘前进前进祖国的儿郎，我们祖国鲜血遍地’；‘我们在神圣的祖国面前，决心为自由而战斗’；‘当父兄们在路上倒下，追随他们的足迹前进。’”[9]

翻开杂志的第一页，赫然在目的是李叔同的木炭画贝多芬肖像。此画是如今可见的李叔同最早的西画作品，更是第一次出现在中国刊物上的西欧音乐家肖像画。在“乐史”一栏里，还配有李叔同根据石原小三郎《西洋音乐史》改写而成的《乐圣比独芬传》(后通译为贝多芬)。此文只三百多字，除对贝多芬的生平、创作略作介绍外，着重评述了这位音乐家的创作态度：“天性诚笃，思想精邃。每有著作，辄审订数四，兢兢以遗误是懔。旧著之书，时加厘纂，脱有错误，必力诋之，其不掩己短有如此!”与其音乐成就相比，李叔同似乎更推重这位乐圣认真而严谨的治学态度，这当然与李叔同一贯注重人品和器识的主张相契合，也与他一向较真的行事风格不谋而合。

在“杂纂”栏中，刊有李叔同的《昨非录》和《呜呼！词章》两文。在前文中，他写道：“十年前日本之唱歌集，或用1234之简谱者。今则自幼稚园唱歌起，皆用五线音谱。吾国近出之唱歌集与各学校音乐教授，大半用简谱，似未合宜。”他敏锐地觉察到国内音乐发展的落后状况，因此力倡乐歌创作应弃简谱而用五线谱，唱歌者当先练习音阶与音程，学琴者当先练习基础教程，并为自己先前未能身体力行而深自痛悔。他这样写道：“去年余从友人之请，编《国学唱歌集》，迄今思之，实为第一疚心之事。前已函嘱友人，毋再发售并毁版以谢吾过。”[10]在《呜呼！词章》一文中，李叔同深为我国留学生不重视传统文化而担忧。他写道：“予到东后，稍涉日本唱歌，其词意袭用我古诗者，约十之九五。（日本作歌大家，大半善汉诗)”而反观“我国近世以来，士习帖括（指科举应试类的文章——引者注）、词章之学，佥蔑视之。晚近西学输入，风靡一时，词章之名辞，几有消灭之势。不学之徒，习为蔽冒，诋诋故典，废弃雅言。”他还举例说：“昔有日本人举史汉事迹，质诸吾国留学生，而留学生茫然不解所谓，且不知《史记》、《汉书》为何物，致使日本人传为笑柄。”[11]

对中国音乐发展的滞后，李叔同不仅仅是批评，他还身体力行，在率先毁掉自己用简谱编写的《国学唱歌集》的同时，他改用现代作曲法创作。在“乐歌”一栏里，就刊出了李叔同用五线谱谱曲的《隋堤柳》《我的国》《春郊赛跑》等3首乐歌。其中《隋堤柳》的歌词还是用仿词体创作而成的，题前特别标明“别体唱歌”字样。歌词是：

甚西风吹醒隋堤衰柳，江山非旧，只风景依稀凄凉时候。零星旧梦半沉浮，说阅尽兴亡，遮难回首。昔日珠帘锦幕，有淡烟一抹，纤月盈钩。　　剩水残山故国秋，知否，知否？眼底离离麦秀。说甚无情，情丝踠到心头。杜鹃啼血哭神州，海棠有泪伤秋受，深愁浅愁难消受，谁家庭院笙歌又？

上面提到，李叔同对蔑视词章之学的现象深为忧虑，因此，这首歌以词体的形式呈现，也就有了别样的意味。

《我的国》后来成了流传甚广的爱国歌曲，一再出现在清末民初的各种唱歌集里。

《音乐小杂志》第1期出版后，原拟续出第2期，且刊登编辑部征稿启事：

本社创办伊始，资本微弱，撰述乏人，故第一期材料简单，趣味阙乏，至为负疚。自第二期起，当竭力扩充，并广征文艺，匡我不逮。凡论说、杂著与新撰唱歌、诗词、谣曲等，倘蒙赐教，至为欣幸。（惟已登入报章或刊于书籍者，毋再寄来）他日登出后，当以李叔同氏水彩画、油画或美术音乐书籍等奉酬（寄稿限五月底为止）。编辑部谨白。[12]

同时登出的还有一则征求沈心工肖像的启事：

沈氏为吾国乐界开幕第一人，久为海内所钦仰。今拟将沈氏肖像登入本杂志，如诸君有收藏此肖像者，请邮寄下。他日登出者，赠水彩画一张、第二期杂志一册、《日本唱歌》一册。[13]

沈心工在留学日本时接触了西方现代音乐，并把流行于日本中小学的学堂乐歌引入国内学堂，为中国现代音乐的发展作出了卓越贡献。李叔同也正是在“沪学会”期间，见识了这一现代音乐形式，并敏锐地意识到了乐歌的艺术价值和现实意义。可以说，正是沈心工的引介，才激发了李叔同对乐歌的兴趣，从而使其成为乐歌创作的大家之一。刊载沈氏肖像，反映了李叔同对这位先达的钦敬与推重。可惜的是，李叔同的这些美好愿望，都因人手、经费的不足而最终未能实现。尽管《音乐小杂志》仅出版了一期，但它在中国音乐史上，终究还是留下了浓墨重彩的一笔。

二、随鸥吟社

出国之前，李叔同在诗、书、画、乐、印诸方面，已多有成就，诗集、印谱、唱歌集等都有出版，是名副其实的诸艺皆善的才子。此番留学日本，李叔同本拟主修美术，兼修音乐，但一俟机缘巧合，他是不会放过任何一个交流学习、展示才华的机会的。

当时日本正是明治末叶，经过几十年的变革，社会已相对繁荣。大概是受中国传统文化的长期影响，这时候汉诗又开始兴盛起来，其作歌大家，皆善汉诗，诗社先后崛起。诗社中最有名的是“随鸥吟社”，参加者多为日本朝野名士。该社创办于明治三十七年（1904），由日本著名诗人大久保湘南（1865—1908）和森槐南（1863—1911）等人发起，社名取自唐代诗人李白《江上吟》一诗中的名句“海客无心随白鸥”。“随鸥吟社”以“研钻诗道，且期振作之”为旨归，其主要活动有：每月开例会一次，每年开大会一次；每月发行《随鸥集》一期，刊载社中同人的诗文及例会讲稿等。

“随鸥吟社”汇聚了一大批汉诗精英。除大久保湘南、森槐南两位发起人，还有日下部鸣鹤、永坂石埭、本田种竹等人。这些人大都受过严格的汉学训练，对中国传统文化情有独钟。他们共同的爱好是汉诗，但在书、画等领域也各擅胜场。其中不少人都与中国名流学者有过交往，或曾到中国游历，受中国传统文化的濡染较深。森槐南是明治初期汉诗泰斗森春涛之子，他曾与出使日本的中国学者李庶昌等人多有交往，后又两次随伊藤博文首相访问中国，与李鸿章、荣禄、袁世凯等相识，还曾与到日本考察学务的桐城派古文大家吴汝纶诗词唱和。与森槐南、国分青崖并称为日本汉诗“三大家”的本田种竹，曾用一年的时间到中国研究中国历代绘画和文学，还曾与到日本考察学务的严修有过交往。日下部鸣鹤以书法名世，1891 年游历中国，探寻中国书法的源流，与吴昌硕等名家交往，回国后倡导汉魏六朝书风，书名更隆，成为“一代书圣”。对这样一个以研习汉诗为宗旨的诗社，对这样一群颇具中国传统文人气息的诗人，李叔同自然不会放过与他们诗词唱和、书画交流的机会。

1906年7月1日，“随鸥吟社”在神田八町堀偕乐园举行“副岛苍海以下十名士追荐会”，李叔同以李哀之名，首次参与诗社的活动，并即席赋七绝两首：

苍茫独立欲无言，落日昏昏虎豹蹲。
剩却穷途两行泪，且来瀛海吊诗魂。

故国荒凉剧可哀，千年旧学半尘埃。
沉沉风雨鸡鸣夜，可有男儿奋袂来。[14]

独立苍茫，面对昏昏落日，想到自己孤身游学东瀛，此刻竟神情庄重地站在这里追荐异国名士，作为有数千年文化积淀的古国子民，诗人自然心绪难平，不由得忧思故国荒凉，旧学零落。在这“沉沉风雨鸡鸣夜”，又有谁能却弊振衰、兴亡继绝呢？“可有男儿奋袂来”，这既是诗人对英雄的呼唤，也当是对自己的一份期许吧。很显然，李叔同此时的诗作，与“城南草堂”时期三五知己的诗酒唱和之作比起来，其感悟之深微，寄托之沉重，都已有很大的不同。如果说李叔同那时的诗作，多了些才子的率性，公子的风流，那么此时的诗作，则更多地体现出一个文人的忧愤和担当。在发表于《随鸥集》上的七律《凤兮》(又名《醉时》）里，诗人这样写道：

醉时歌哭醒时迷，甚矣吾衰慨凤兮。帝子祠前芳草绿，天津桥上杜鹃啼。空梁落月窥华发，无主行人唱大堤。梦里家山渺何处，沉沉风雨暮天西。[15]

这里有孤旅乡愁，亦有家国之忧。

当然，即是诗人兴会，文人的风雅也是少不了的。一日，日本著名诗人玉池先生在星舫酒家宴请李叔同，梦香、藏六等人作陪。席间，玉池先生偶书在大阪滨寺时的旧作，众人赏玩已过，便依其原韵，赋诗唱和。李叔同略作沉吟，赋得七绝一首：“昨夜星辰人倚楼，中原咫尺山河浮。沉沉万绿寂不语，梨叶一枝红小秋。”[16]酒酣之后，李叔同即席挥毫，点染水彩一幅。玉池先生为其作题画诗一首：“古柳斜阳野寺楼，采菱人去一船浮。将军画法终三变，水彩工夫绘晚秋。”[17]观书赏画，诗酒唱和，这样的文人雅集，本来是轻松舒畅的，但在吟哦之中，李叔同还是掩不住身处异国的孤寂之情。

次年4月6日，“随鸥吟社”召开第三次年会。来自日本全国各地的汉诗诗人八十余人参会，李叔同和留日同学陆玉田、何士果也参加了这次盛会。会上请森槐南先生讲诗学。永坂石埭特设茗筵招待与会诗人。

酒宴茶会之际，令人朗诵本次大会收录的唱和之诗，每人一篇，其声琅琅，响彻楼宇。又以抽签方式，颁发书画各数十幅，石章数枚，以为纪念。其事完毕，依例行“柏梁体”[18]联句，共得82句。吟到第50句，轮到李叔同，他不假思索，朗声诵道：“余发种种眉髟髟”。大会从早开到晚，尽兴而散，李叔同回到住处时，已是深夜。这也是李叔同最后一次参加“随鸥吟社”的活动。

在前后不到一年的时间里，李叔同多次参与“随鸥吟社”的活动，并将自己的旧作新咏，以息霜或李哀之名刊载于《随鸥集》上。1906年《随鸥集》第27编所载的《朝游不忍池》，就是其中的一首。其诗曰：

凤泊鸾飘有所思，出门怅惘欲何之？晓星三五明到眼，残月一痕纤似眉。秋草黄枯菡萏国，紫薇红湿水仙祠。小桥独立了无语，瞥见林梢升曙曦。[19]

李叔同发表在诗社《随鸥集》上的诗作，还有《春风》《前尘》等。日本汉诗诗人和学者对他的这些诗评价甚高。《随鸥集》主编大久保湘南，常常于其诗后附二三评点之词，语多赞赏。如评《春风》一诗：“李长吉体，出以律诗，顽艳凄丽，异常出色。而其中寄托自存。”评《前尘》一诗：“奇艳之至，其绣肠锦心，令人发妒。李君自谓‘此数年前旧作，格调卑弱，音节曼靡，殊自恶也’，夫然岂其然乎?”又评《朝游不忍池》：“如怨如慕，如泣如诉，真是血性所发，故沉痛若此!”再评《凤兮》：“所见无非愁景，所触无非愁绪，侘傺悲郁，此无可奈何之辞。”[20]至于李叔同此一时期诗作的风格，后来的日本史学家中村忠行亦有与大久保湘南相近的看法，他认为：李叔同的“诗风在妖艳里仿佛呈现沉郁悲壮的面影”[21]。

三、东京美术学校

1906年夏，在度过了一年紧张忙碌而又自由充实的生活之后，李叔同考入了东京美术学校油画科。入学前，先行回国度假。

离国一年，今番能与妻儿亲友团聚，心中自然高兴。然而，当他踏进天津城区，看到的却是民生凋敝的景象，这与充满现代化气息与活力的日本东京，形成了巨大的反差。面对满目疮痍、死气沉沉的景象，李叔同百感丛生，发而为诗，写下了《喝火令·哀国民之心死也》一词：

> 故国鸣鹎鵊，垂杨有暮鸦。江山如画日西斜。新月撩人，透入碧窗纱。　　陌上青青草，楼头艳艳花。洛阳儿女学琵琶。不管冬青一树属谁家，不管冬青树底影事一些些。[22]

词中“冬青一树”，事见《元史》《辍耕录》等书。宋亡后，南宋皇帝陵墓为杨琏真迦盗掘，宋遗民唐珏等人冒死掇拾帝后遗骸合葬，上植冬青树。清代戏剧家蒋士铨将此事演为《冬青树》传奇。作者借此典故，隐喻异族入侵，祖国备受欺凌的景象。《庄子·田子方》云：“哀莫大于心死。”故国鸣杜鹃，垂杨点暮鸦，江山虽美，却是“日已西斜”。然而现实的情景照旧是“陌上青青草，楼头艳艳花，洛阳儿女学琵琶”。“冬青一树”的历史悲剧谁人在乎，祖国的前途和命运又有多少人忧心呢？败亡尚未知，国人心已死，哀有大于此者乎？透过这首词，我们可以真切地感受到李叔同内心的忧愤之情。

九月底，李叔同怀着抑郁的心情返回日本。十月初，以“李岸”的名字报到注册，进入东京上野的美术学校。同学中有曾孝谷等人。

东京美术学校，成立于1887年，是当时日本国内唯一的国立美术学校，共设有西洋画、日本画、雕塑、铸造、木雕刻、牙雕刻、石雕刻、图案等十多个专业。1896年该校始设西洋画科，以留法美术家黑田清辉、久米桂一郎等为首批教员。1901年正木直彦任校长后，确立了西洋美术与东方传统美术并举的办学方针，成为20世纪上半叶日本美术教育最完备的高等学府。

西洋画科主任黑田清辉以及主要教员，都有长期留学法国的背景，他们仿效巴黎美术学院的教育方法，用西洋美术的最新理念进行教学指导，使西洋画科成为最受学生欢迎的学科，报考的学生人数急剧增加，规模很快超过了其他学科。当时，按日本《文部省直辖学校外国人特别入学规定》，李叔同只能入西洋画科撰科学习。“撰科生”只有在正规生缺员时才能进入本科教室学习，但在实际接受的学习训练上与正规生没有根本性的区别；而且撰科入学考试竞争非常激烈。据《东京美术学校校友会月报》记载，李叔同报考的这一年，报考西洋画科撰科的共有 30 人，而最终获得本科生资格的，却仅有 5 人（其中日本 2 人，中国 2 人，印度 1 人），录取比例不到 17%。被西洋画科撰科录取的两名中国学生，除李叔同外，另一位就是后来参与“春柳社”演艺活动的曾延年。在如此激烈的竞争中能够脱颖而出，这反映了李、曾二人在美术方面的天分和实力。不同的是，李叔同是“私费”留学生，而曾延年却是“官费”留学生。

李叔同（中）东京美术学校毕业照

西洋画科的教学，首先从写生课入手。教学的主要内容，有木炭素描和彩色写生。素描对象以石膏像、人体为主，写生对象以裸体模特儿为主，另外还有服饰人物和室外风景写生。选修课程有解剖学和透视学等。有这样一则资料，见证了李叔同等中国留学生在校学习的具体情境。时间是 1906 年 10 月 13 日，也就是李叔同入学后的一两个星期内，由山西省派赴日本考察工艺、医学的程淯，来东京美术学校参观，后将所见所闻，写进他的《丙午日本游记》中。其中一段记述道：“西洋画科之木炭画室，中有吾国学生二人，一名李岸（叔同），一名曾延年。而画亦以人面模型遥列几上，诸生环绕。”[23]

西洋画科的主任教授黑田清辉，是当时日本的新派画家，他在教学中推崇欧洲学院派的教学模式，在技法上又以“外光画派”为指导。所谓“外光画派”，是指 19 世纪中后期在欧洲兴起的一个现代画派，崇尚直接面对自然，反对传统的室内作画方法，主张以户外写生为主要创作手段，在绘画观念和技法上都颇具创新意味。黑田清辉还强调人体写生的重要性，认为“人的身体能传达各种各样的情感”。还说“大海是赤裸的，太阳是赤

李叔同自画像

裸的，无牵无挂。你看大自然没有给自然界的万物披上罩衣”[24]。在他的影响下，李叔同不仅在课堂上对人体写生格外用功，还在课外雇佣了模特儿。其中一位姑娘，在给李叔同做模特儿的过程中，与他产生了感情，最后两个人走到了一起，并于 1911 年随李叔同来到中国。据李叔同次子李端回忆说，他家里曾挂过一张父亲画的油画，署名 L，即“李”字的英文开头字母。画中是一位日本女人的头像，梳着高髻的“大阪头”，可能就是他父亲从日本带回上海的那位日籍夫人。

李叔同在绘画上是很勤奋的，从已知资料来看，他在东京美术学校期间，创作了大量的作品。这些作品大多在他出家时送北平国立艺专保存，可惜后来全部遗失了。现今只能看到很少的几件作品。

在诸画种中，李叔同对油画用功最多，成就也最高。据说，李叔同在美术学校画的第一幅油画习作，是一个拄着拐杖的老人，背景是大海。此画后来由李叔同的学生李鸿梁收藏。据他介绍，画中人物的意态神韵颇似 19 世纪画家米勒的名作《晚祷》，只是比《晚祷》的调子更柔和一些，色彩更静淡一些。从现存油画作品来看，李叔同的油画风格，更接近于印象派，而兼有写实之长。这从现藏于东京艺术大学资料馆的《李叔同自画像》中，可以明确地看出这一特点。这幅作品是李叔同的毕业创作之一。按当时东京美术学校不成文的规定，每个西洋画科的毕业生，在离校之前，都应给母校留下一幅自画像。在这幅自画像中，李叔同综合运用了后期印象派和点彩派用笔着色的技巧，在写实的基础上，结合线描和点彩的技法，既有点彩派的光色表现，又不失物象形体的真实。

按东京美术学校的规定，在前一学年中，凡精勤学业者，由本校授予精勤证书。李叔同对待学业的勤奋与刻苦，使他获得了 1910 年的精勤证书，成为该学年唯一获得这一证书的留学生。李叔同在专业学习上的优异表现，也为他争取到了展现才华的机会。1909 年和 1910 年，李叔同连续两次参加了“白马会”年展。“白马会”是由黑田清辉于1896年创立的油画创作团体，成员多来自东京美术学校有留法经历的教师。它所展出的作品，代表了当时日本油画的最高水准，参展者也都是教授和著名画家。作为一名留学生，能在顶级展会上与教授名家同台亮相，这既是难得的机遇，也是很高的荣誉。在1909年“白马会”第12回年展上，李叔同的油画《停琴》获选参展，引起了当时日本媒体和美术评论界的关注。1910年5月，在第13回年展上，李叔同竟有3幅油画获选参展，分别是《朝》、《静物》和《昼》。其中《朝》是李叔同此一时期最具代表性的作品，当时的标价是《昼》的十倍，被收录进《庚戌白马会画集》。《都新闻》报记者评论说：“47号李岸氏的《朝》，用笔、用色都很大胆，只是用笔原非清国人所擅长的笔法，好像是刚刚学来的。然而，作为新时代第一个清国人，如此新奇独特的画法，倒是很有意思的。”[25]

1911年3月，李叔同以优异的成绩毕业于东京美术学校。在现东京艺术大学档案馆里，仍保留着李叔同当年的毕业成绩单，上面清楚地写着，李岸的毕业成绩是：实技平均分76，总平均分76，在当时一同考取撰科的同学中，名列第一。通过5年的勤奋努力，李叔同在油画、水彩画等方面，都取得了很好的成绩，显示了不同一般的艺术天赋。20世纪30年代中期，日本友人内山完造在评价李叔同的艺术成就时说：“直到今日，油画的造诣尚无出他之右者。”[26]

四、春柳社

还在少年时期，李叔同就显示出广泛的艺术兴趣，除了应付科考的功课之外，诗书画印、金石古玩以及戏剧，几乎无所不涉。寓居上海期间，他的这些艺术趣好都得到了充分的发展与展示。到日本之后，身处异邦的文化氛围之中，他对各种艺术形式的兴趣也越来越浓烈了。在入东京美术学校攻读西洋画的同时，他又在校外另从上真行勇学习音乐。1906年11月，他还加入了以改良文学、美术、音乐、戏剧为宗旨的日本文艺团体“文艺协会”，并参与该会的活动。这年冬天，他又与同班同学曾孝谷（延年）、校友黄二南等，仿效“文艺协会”创立了“春柳社文艺研究会”。

“春柳社文艺研究会”是一个以中国留学生为主体的组织，它以研究各种文艺为宗旨，先后加入该社的有吴我尊、李涛痕、马绛士、谢抗白、庄云石、陆镜若、欧阳予倩等人。研究会下设演艺、音乐、绘画、诗文四部。

“春柳社”最先成立的是“演艺部”。当时，日本正兴起一种“新派剧”，完全用普通说话的形式演出，是传统歌舞伎向现代话剧转型期的一种戏剧形式。新派剧在日本维新改良及随后的自由民权运动中，都发挥了重要的作用。1903年，梁启超在观看了新派剧后作过这样的描述：“观其所演之剧，无非追绘维新初年情事。”而日本人在看戏时，则是“且看且泪下，且握拳透爪，且以手加额，且大声疾呼，且私相耳语，莫不曰我辈得有今日，皆先辈烈士为国牺牲之赐，不可不使日本为世界之日本以报之。记者旁坐默默而心相语曰：为此戏者，其激发国民爱国之精神，乃如斯其速哉？胜于千万演说台多矣”！[27]

李叔同一向对戏剧艺术抱有浓厚的兴趣，前几年还在上海参与了文明新戏的编演，当他观看了日本新派剧，尤其是川上音二郎夫妇所演的歌颂爱国志士的“浪人芝居”（日语“芝居”即戏剧），立刻为这种新颖的艺术形式所吸引，意识到了这种戏剧特有的社会功效。凑巧的是，同学曾孝谷也是一个戏剧爱好者，于日本新派剧早有接触，且和著名新派名优藤泽浅二郎是朋友。于是，二人随即拜访了藤泽浅二郎先生，表明成立演艺部的想法，并希望得到先生的帮助与支持。这样，“春柳社”演艺部就于1906年底正式成立了。

“春柳社”演艺部成立这年（1906）秋天，国内徐淮地区发生水灾，数十万民众流离失所。消息传到海外，留日同学立即行动起来。1907年2月11日，日本东京中国青年会在东京骏河台中华基督教青年会的礼堂，为国内徐淮水灾举行了一个赈灾筹款游艺会。就在这个大会上，春柳社首次上演了法国小仲马的名剧《茶花女遗事》。因为是游艺会性质，又是第一次尝试，只演出了该剧第三幕中的第四、五两场和第五幕第八场，虽不是完整的一部戏，但它拉开了中国现代话剧的第一幕。

《茶花女》一剧的排演，曾得到藤泽浅二郎等新派剧名家的指导。剧中女主角玛格丽特由李叔同扮演，阿芒的父亲杜法尔由曾孝谷扮演，阿芒由学政治的唐肯扮演，配唐由一位北京来的姓孙的留学生扮演。

对“春柳社”的首次演出，李叔同作了极其认真的准备，为此不仅剃掉蓄了多时的胡须，还结结实实地饿了几顿饭，把腰束得细细的。剧中的李叔同，头戴插花便帽，上穿粉红女式西装，下着一袭白色拖地长裙，腰肢细细，面容清丽，真个是风姿绰约的俏佳人。至于扮演杜法尔的曾孝谷，本是一个地道的戏迷，早在国内时，就会唱些二黄，对日本新派戏也接触最早。剧中，他着一身西装，戴一顶礼帽，其扮相的确有几分法国贵族的派头。既是新派剧，除辅以必要的舞台布景外，主要靠演员的对白、表情和动作来传情达意。李叔同的对白是标准的国语，而曾孝谷曾在北京生活多年，国语自然也不差。两个人演的又是对手戏，配合起来十分默契，正可谓珠联璧合，相得益彰。首演获得了意想不到的成功。藤泽浅二郎和著名戏剧评论家松居松翁看完演出之后，当即走到后台，向他们表示祝贺。

李叔同(左)《茶花女》剧照

这次演出，只上演了《茶花女》两幕中的3场，又是作为赈灾游艺会中的节目之一，应该说并不是一次完整而隆重的展示，但由于这是中国人的第一次话剧实验，所以还是在中国留学生中激起了强烈的反响，也引起了东京社会各界的关注。日人惊为创举，啧啧称道，当地媒体亦好评如潮。中国早期话剧的参与者徐半梅先生，在观看了《茶花女》的首演之后评论说：“这第一次中国人正式演的话剧，虽不能说好，但比国内已往的素人演剧，总能够说像样的了。因为既有了良好的舞台装置，而剧中人对白、表情、动作等等，绝对没有京剧气味，创造出一种新的中国话剧来了。”[28]这样的评价是理性的，也是中肯的。

对于扮演女角的李叔同的演技，日本戏剧界也给予了格外的赞许，以至隔了十多年后，松居松翁还在《芝居》上发文回忆当时的观感，并再次给予高度评价。他说：

中国的俳优，使我佩服的，便是李叔同君。当他在日本时，虽仅仅是一位留学生，但他所组织的“春柳社”剧团，在东座上演《椿姬》(即《茶花女》)，实在非常好，不，与其说这个剧团好，宁可说，就是这位饰椿姬的李君演得非常好。这个脚本的翻译非常纯粹。化装虽然简单一些，却完全是根据西洋风俗的。尤其是李君的优美婉丽，决非日本的俳优所能比拟。我当时看过以后，顿时又回想到孟玛德小剧场所见裘菲列表演的椿姬，不觉感到十分兴奋，竟跑到后台和李君握手为礼了。……虽则这个剧团后来便消灭了，但也有许多受他默化的留学生们立刻抛弃了学业，而回国从事新剧运动的。可知李叔同君，确是在中国放了新剧最初的烽火。……”[29]

松居松翁曾亲自到西欧考察过西方新剧，并观看过西方人演出的最高水准的《茶花女》，作为一个眼界颇高的剧评家，对李叔同的演艺给予如此之高的评价，恐怕不是溢美之词吧。

这次演出之后，许多中国留学生对话剧产生了兴趣，于是“春柳社”的社员也一天天多起来。欧阳予倩看了演出之后，格外兴奋，四处打听“春柳社”的情况，并通过一位四川同学的介绍，加入了“春柳社”。

李叔同是“春柳社”的发起人和组织者之一，是剧社的中坚。这段时间，他对演戏的热心，几乎到了痴迷的程度。他自己掏钱购置了许多漂亮的女装、头套等，并从西洋绘画里寻找材料和灵感，一个人在房间里打扮起来，照着镜子琢磨剧中人物的姿势，自己当模特儿供自己研究，得了结果，就根据这结果，设法到台上去演。他做什么事情，都是那么的认真和投入，不干则已，干就干出个样子。为了研习话剧，他几乎断绝了与外面朋友的交往，约定的时间之外，绝不会客。有一次，他约欧阳予倩早晨8点见面。由于欧阳予倩住在相距较远的牛込区，赶电车又不免有些耽搁，等欧阳予倩赶到时，已晚了5分钟。名片递进去，不多时，他打开楼窗，对欧阳予倩说：“我和你约的是8点钟，可是你已经过了5分钟，我现在没有工夫了，我们改天再约吧。”说完他便点点头，关起窗门进去了。欧阳予倩知道他的脾气，只好回头就走。

《茶花女》的成功，使“春柳社”同人信心满满，接着他们又紧锣密鼓地筹划起新的演出计划。这一次，他们排演的是5幕大型话剧《黑奴吁天录》。这部戏是根据美国女作家斯陀夫人的长篇小说《汤姆叔叔的小屋》改编而成的。内容描写美国黑奴在白人统治下所过的非人生活，以及他们的反抗。剧本依据林纾、魏易的小说译本，由曾孝谷编剧。1907年3月，5幕脚本完成，在进行了近三个月的排练和十余次的汇演之后，终于迎来了公演的时刻。

1907年6月1日，“春柳社”在日本东京卜地本乡座举行了“丁未演艺大会”，连续两天上演5幕话剧《黑奴吁天录》，票价五角。在本剧中，李叔同再次男扮女装，饰演解而培之妻爱美柳夫人，同时还客串男角跛醉客。曾孝谷饰演黑奴汤姆，兼饰韩德根。齐裔饰演汤姆夫人，黄二南饰演解而培，谢抗白饰演哲而治，吴我尊饰演威立森，李涛痕饰演海雷，欧阳予倩饰演小海雷。说明书中，还特意注明脚本著作主任存吴（曾孝谷）、布景意匠主任息霜（李叔同）等信息。

这是一次无论在思想表达还是形式探索上都更为自觉的演出。《黑奴吁天录》描写黑奴哲而治被主人转借他人，他替人发明了机器后，受到原主人的嫉恨，因而被召回备受虐待。他的妻子和孩子是另一家农奴主的奴隶，由于主人要以奴隶抵债，也面临母子分离的悲惨命运。后来，他们都逃跑出来，得以团聚。值得一提的是，在这部戏的最后一场中，改编者将原著中解放黑奴的情节，改为黑奴杀死奴隶贩子后逃跑，强化了黑奴的反抗精神。该剧表现了被压迫者的反抗精神，在思想内容上具有明确的现实针对性。当时，国内正值资产阶级民主革命的前夜，反帝反清的呼声也日渐高涨，剧中的黑人由中国学生演来，正是通过艺术的形式发出的强有力的一声呐喊。因此，对李叔同他们来说，演出《黑奴吁天录》，不仅是对一种崭新的戏剧形式的探索，而且也是一种爱国激情的强烈抒发。

《黑奴吁天录》的上演，标志着中国话剧的诞生。剧本按照现代话剧的形式分幕，以对话和动作演绎故事，并辅之以舞台布景，展示接近生活真实的舞台形象。这些开创性的探索和努力，无不显示着中国前所未有的新剧形态的确立，即后来才定名的话剧艺术形态。欧阳予倩认为，《黑奴吁天录》是中国话剧的第一个创作剧本，而后来的戏剧研究者也认为，李叔同是中国写实性舞台美术的最早尝试者。

《黑奴吁天录》的演出吸引了大批中国留学生和日本当地观众，日本戏剧界也高度关注。著名戏剧家、剧评家坪内逍遥、小山内薰、土肥春曙、伊原青青等均到场观看。剧评家土肥春曙在《戏剧记》一文中认为，

“春柳社”同人对西洋生活的研究以及扮演外国人等方面，远远超过了伊井蓉峰、藤泽浅二郎、河合武雄、藤井六助等著名日本演员。[30]伊原青青还在《早稻田文学》上发表了长达二十多页的戏剧评论，认为中国青年的这种演出，象征着中国民族将来的前途。其中，对李叔同的演艺也给予高度评价：在第二幕中，“爱美柳夫人走向舞台一边弹奏西洋音乐……身材细长，敷着白粉，颇具风采，其穿洋装的样子和走动的姿态，俨然一幅西洋妇人的派头。他以擅长音乐闻名，这次刚好用上。”“如息霜氏的美国贵夫人，肩颈柔软地动着，颇具爱娇之态的举动，极为巧妙。”[31]

《黑奴吁天录》之后，许多社员有的毕业，有的归国，有的因恐妨学业退出了，只有李叔同、曾孝谷、吴我尊、李涛痕、谢抗白和欧阳予倩等几个人，始终还是坚持着。1907年冬天（一说1908年春天），他们又借日本常磐馆，演出了《相生怜》和《画家与其妹》两个独幕剧。演出《相生怜》一剧时，李叔同参考西洋古画，制了一个鬈而长的头套，一套白缎子衣裙。他扮女儿，曾孝谷扮父亲，还有个会拉小提琴的广东同学扮情人。谁知台下看不懂，李叔同本来就瘦，就有人评量他的扮相，说了些应肥、应什么的话，他颇不高兴。后来，社中也有一些人与他的意见不能一致，他便失去了演剧的兴趣，把精力集中到弹琴画画上去，从此懒得登台了。

《黑奴吁天录》的上演，也引起了清廷驻日使馆的注意，他们从该剧激起的巨大反响中，觉察到了一点弦外之音，于是下令凡今后参与此类演出活动者，一律“取消留学费用”。如此一来，“春柳社”的活动不得不被迫中止了。后来，欧阳予倩、陆镜若等人，集合“春柳社”的部分成员，另行组织了一个戏剧社团“申酉会”，并在1909年初夏，公演了法国剧作家萨都的《热血》，但李叔同并未参加这些活动。

“春柳社”轰轰烈烈的演剧活动，虽已曲终人散，但由他们开创的现代话剧运动，却浩浩荡荡不可逆转。此后几年间，以上海为中心的话剧活动，如雨后春笋般地次第出现。1907年9月，革命党人王熙普（字钟声）在上海组织了国内第一个话剧剧团“春阳社”，上演的第一个剧目就是《黑奴吁天录》。而原“春柳社”中的陆镜若、马绛士、吴我尊、欧阳予倩等回国以后，也全身心地投入话剧运动。他们组织的新剧同志会，在上海演出时，将租来的“谋得利”小剧场，称为“春柳”剧场，并在开幕宣言中明确宣告，它以直承“春柳社”开创的事业为己任。

1911 年 3 月，李叔同从东京美术学校毕业。不久，偕同日籍夫人回到上海，结束了他长达 6 年的留学生涯。这一年，李叔同 32 岁。

/ 注释 /

[1] 丰子恺：《为青年说弘一法师》，载金重编《丰子恺品佛》，作家出版社 2009 年版。

[2][3][7][12][13][23] 林子青编著：《弘一法师年谱》，宗教文化出版社 1995 年版。

[4] 高旭（1877—1925），字天梅，江苏金山（今属上海市）人。留学日本东京帝国大学，曾任中国同盟会江苏分会会长。南社创始人之一。先后编辑出版《觉民》、《醒狮》等刊物，有《天梅遗集》存世。

[5] 李叔同：《李叔同谈艺录》，行痴编，陕西师范大学出版社 2007 年版。

[6] 李叔同：《图画修得法》，见行痴编《李叔同谈艺录》，陕西师范大学出版社 2007 年版。

[8][14][15][16][19][22] 余涉：《李叔同诗全编》，浙江文艺出版社 1995 年版。

[9][25][31] 方爱龙：《殷红绚彩：李叔同传》，上海书画出版社 2002 年版。

[10] 李叔同：《昨非录》，载行痴编《李叔同谈艺录》，陕西师范大学出版社 2007 年版。

[11] 李叔同：《呜呼！词章》，载余涉编注《李叔同诗全编》，浙江文艺出版社 1995 年版。

[17] 金梅：《李叔同影事》，百花文艺出版社 2005 年版。

[18] 亦称“柏梁台体”。汉元封三年，汉武帝在长安未央宫内筑柏梁台，台筑成后，大会群臣，令席上联句，各作七言一句，每句押韵。后世仿此体联句，称为“柏梁体”。

[20] 以上引语均出自林子青《弘一法师年谱》。

[21] 中村忠行：《春柳社逸事稿》，载日本《天理大学学报》第 23 辑（1957 年）。

[24] 陈星：《天心月圆·弘一大师》，山东画报出版社 1998 年版。

[26] 内山完造：《弘一律师》，载《弘一大师永怀录》，上海大雄书局 1943 年版。

[27] 梁启超：《观戏记》，载《晚清文学丛钞》第 1 卷《小说戏剧研究卷》。

[28] 金梅：《悲欣交集：弘一法师传》，福建教育出版社 2010 年版。

[29] 孟忆菊：《东洋人对李叔同的印象》，载 1927 年 1 月《小说世界》第 212 期。

[30] 秦启明：《李叔同生平活动系年》，《弘一大师李叔同讲演集》，中国广播电视出版社 l993 年版。

第四章 艺术人生

一、北归故里

李叔同归国后，先将日籍夫人安置在上海，只身一人回到了天津老家。

一到家，李叔同就将“意园”旁边的洋书房布置一新。添置了一套红木家具，摆上一架钢琴，还将在日本留学时画的裸体女人的油画挂起来，一时被亲友们传为奇事。

安置妥当之后，李叔同应老友周啸麟主事的直隶模范工业学堂之聘，担任了该校的图画教员。此时，辛亥革命尚未爆发，作为直隶总督衙门和北洋大臣署所在地的天津，尚处于风暴来临的前夜。执教之余，李叔同也常与友人聚首洋书房，或谈文论艺，或共话时事，日子倒也过得平静而惬意。常来常往的，除了赵元礼、徐耀廷、王吟笙等青少年时期结交的津门师友，还有“天涯五友”之一的袁希濂。据李端回忆，许幻园也曾来过多次。

天津是畿辅重地，又是近代以来维新改良运动的重镇，在历史巨变的前夜，这里其实并不平静。早在1906、1908两年，孙中山就曾派廖仲恺来津秘密活动，酝酿革命的风暴。资产阶级立宪派也在这里聚集，以和平请愿的方式，逼迫清政府召开国会，实行宪政。在李叔同回津任教这段时间里，正是主张立宪的各方代表纷纷请愿之时。先是各省代表齐集天津，进行第三次请愿，继而东三省代表经天津前往北京，进行第四次请愿。天津学界为配合各地代表的请愿活动，频频集会，发表演说。时常有演说者说到沉痛处，忧国忧民之情不能自已，当即断指割股，写下血书，以明心志。然而这些请愿活动，无一例外地遭到了清政府的拒绝和镇压，最终以失败而告结束。

与此同时，革命党人惨烈的革命斗争，也在津城不断地上演，其中两个英雄般的人物，还与李叔同有着某些间接的关联。一位是极力推重“春柳社”的王熙普（1881—1911）。1907 年 9 月，他在上海建立了话剧团体“春阳社”，并首次在国内上演《黑奴吁天录》，将李叔同、曾孝谷开创的话剧运动引向国内。也正是他的努力，学术界才把 1907 年看做是中国新兴话剧的诞生年。王熙普不只在上海，也在天津下天仙戏院和南市同乐茶园，演出过《黑奴吁天录》等剧目，以戏剧为武器宣传革命思想，在社会上产生了广泛的影响，他本人也因此在津门名声大振，广受瞩目。上海光复后，王熙普曾担任沪军都督陈英士的参谋。1911 年 11 月间，他再次来到天津，秘密召集戏剧界同行故旧，准备举事，不料为袁世凯次子袁克文察觉，被捕后判处死刑。临刑前王熙普高呼“驱除鞑虏，光复大汉”，慷慨赴死。

另一位是李叔同曾就学过的南洋公学教员白雅雨（1868—1912），时任天津政法学校教员，是李大钊的老师。白雅雨为了响应南方革命军，在北方发动武装起义，最后因滦州兵谏失败，而被残酷杀害。

王熙普和白雅雨的牺牲，是当时震动津门的两大事件。就公开的身份来讲，一位是戏剧界的领军人物，一位是先后任教沪、津的老师，且都与李叔同有些间接的关联。李叔同与这二人似乎应该有些接触或了解，至少对他们的死应该有所耳闻，但迄今为止，尚未见到这方面的资料。

一边是立宪派轰轰烈烈的请愿，一边是革命党人的惨烈牺牲，这一切就发生在李叔同身边。而今天的人们透过零星的历史资料，看到的只是他教书与会友的事迹，却不见他对革命风暴中的景象有过怎样的观感。按理说，李叔同早在青少年时期，就服膺新学，从对严修的追随，到“南海康君是吾师”的铭章；从与李鸿章、王文韶等洋务派大员的交往，到师从蔡元培接受思想启蒙，再到参与“沪学会”开启民智的运动，这一切都表明，他与当时以各种面目和方式出现的社会变革力量，有着较为密切的联系和默契。而当时的立宪派，大都是开明的官绅和康梁改革派的人物，就李叔同的家世、交往与思想成长来看，理应与这一派有着近乎天然的联系；对他们的请愿运动，也理应表示赞许与支持。但是，我们看不到李叔同当时的具体表现。

对于更为激进的革命党，李叔同的态度亦颇值得玩味。还在日本留学时，李叔同就发起组织“春柳社”，上演《茶花女》《黑奴吁天录》等新剧。《茶花女》是对底层民众备受凌辱的不合理社会的血泪控诉，而《黑奴吁天录》则借种族歧视与压迫这一题材，控诉外族统治和压迫的罪恶，唤起民众推翻清政府残暴统治的意识。这些活动，与革命党人以“驱除鞑虏”为口号，激发大众强烈的民族主义情绪，以达成革命之目的的斗争策略紧密呼应，因而引起了清政府的注意，进而清政府对留日学生的活动施加种种限制。但迄今仍未发现，李叔同与革命党人有什么直接的联系。当时，孙中山、章太炎都在日本，而那时的日本又是革命党人海外活动的中心，中国留日学生中亦有许多同盟会员，但李叔同并没有直接参与他们的革命活动，有人说，李叔同在留日期间，也加入了同盟会，只是很少参与活动，但此说缺少确凿的史证。

倒是有一个人，从他与李叔同的交往中，似乎可以看出这些问题的眉目。此人就是李叔同的学兄和“春柳社”同人黄二南。据欧阳予倩回忆，黄二南是一个十分有趣的人，他平日里爱着欧洲的古装，头发留长，胡子拧得往上，修饰得非常整齐。上衣用薄天鹅绒缝制，白绒短裤，有结子的漆皮鞋，大领结，最招眼的是特意定做的高硬领，其高异乎寻常，又故意把硬领的两个前角伸长，更显得格外地高，再与头上的软绒大扁帽搭配起来，便显得格外有形。走在路上或上到电车里，许多人争相看他，纷纷议论，有说他是疯子的，有说他是西班牙贵族的，他却若无其事，处之泰然。在“春柳社”期间，黄二南与李叔同建立了非常亲密的关系。有时，一向不苟言笑的李叔同也会和他开一些十分随意的玩笑，说他不是二南（黄二南又名“二难”），简直就是万难。[1] 就是这个有趣的黄二南，在1905年考入东京美术学校之后，便加入了同盟会。据说，黄二南在毕业前一年（1908）突然不辞而别，离开美术学校，很有可能是去从事秘密反清斗争了。1911年，黄二南回到上海，继续从事戏剧活动。李叔同在上海《太平洋报》任职时，二人仍有一些接触，缘由也和戏剧有关。但无论是在日本，还是在上海，李、黄二人的交往都未见有革命活动的内容。如果他们两个都是同盟会员，又是声气相投的朋友、同人，相信他们的交往不大可能仅仅局限于戏剧方面。由此是否可以作出这样的推测：李叔同压根就没有直接参与革命党人的活动，至少在音乐、美术、戏剧之外，没有与革命活动有什么关联。如果这一推测成立的话，那么，李叔同对天津的反清斗争置身事外，也就不难理解了。

至于深层的原因，大概与李叔同自我身份的认同有关。李叔同是一个具有深厚传统文化修养，同时又接受了那个时代先进的文化与理念的文人。在他身上，有许多矛盾的因子，比如他既对传统文化抱有深深的眷恋，对某些传统道德谨小慎微地遵从，又敢于打破传统俚俗的陈规，拥抱新事物，接纳新思想；他既对金榜题名渴慕不已，又对承载着这一科举制度的体制与政权，充满了怨恨与批判，并以他满腔的爱国热情，呼唤祖国的新生；他一辈子都在使用文言文，甚至对“词章”的衰微深表惋惜，而又致力于西方文化和艺术的传播。也许，正是这些相互矛盾的文化心理，使他在那个混乱的世道里，看到古旧的传统文化的坛坛罐罐一地狼藉，而所谓先进的西方文化也无所作为。在左右失据中，他找不到自己的位置，丧失了自己的身份，看透了文化艺术的无力与无奈，从而撇下苦心经营的半世辉煌，投向了空寂的佛门。

但不管有怎样的矛盾，李叔同的文人身份是毋庸置疑的，而且他自己对这一角色的社会作用也充满了期待。在留日期间，他不遗余力地向国内推介西方文化艺术，企图通过这一努力，提高国民的素质，改变国人的观念。这种“文艺救国”的理念似乎是那个时代的风尚，鲁迅的弃医从文，简直就是李叔同“艺术救国”的翻版，所不同的是，李叔同一开始就选择了艺术。那个时代的知识分子，普遍对文艺改变社会的作用估计过高，究其原因，大概是受了梁启超文艺观的影响。不管怎么说，李叔同那时的气质、禀赋、兴趣和艺术观，都不可能让他彻底放下文人的身段，直接投身于风云激荡的革命活动。

当然，不直接投身革命党人的活动，并不表示不接受革命的成果。1912年，当中华民国成立的时候，李叔同还是按捺不住激动的心情，写下了一曲气势豪迈的壮美词章——《满江红·民国肇造志感》。词曰：

皎皎昆仑，山顶月、有人长啸。看囊底、宝刀如雪，恩仇多少。双手裂开鼷鼠胆，寸金铸出民权脑。算此生、不负是男儿，头颅好。荆轲墓，咸阳道；聂政死，尸骸暴。尽大江东去，余情还绕。魂魄化成精卫鸟，赤血溅作红心草。看从今、一担好山河，英雄造。[2]

就在李叔同居留天津的这一年，由于时局的混乱，李家义善源和源丰润两家钱庄先后倒闭，百万家资倏忽间荡然无存。家道败落，再加上上海还有让他牵挂的日籍夫人，李叔同终于在1912年春节前，离开了故土，再一次踏上了南下之路。此一去，整整30年，他再也没有回过天津。

二、太平洋画报

在上海过完春节之后，李叔同应好友杨白民之请，担任“城东女学”的国文、音乐教员。

杨白民（1874—1924），江苏松江人，秀才出身，醉心于兴办教育。1902年，杨白民自费赴日本考察教育。在一年多的考察中，他发现日本女子就学率很高，多数女子都接受过保姆、烹饪、工艺等方面的知识训练。正因为这些女子具有较高的文化素养和专业技能，她们教养出来的孩子素质也普遍提高。日本女子教育的发达，对杨白民震动很大，回国后他说服家人，腾出自家的宅院厅堂，筹办了城东女学。

杨白民先生全家合影

“女学”是世纪之交出现的思想解放运动的一个组成部分。就全国而言，上海的女学兴办较早。先有教会主办的女塾学校，1902年蔡元培、蒋观云、黄宗仰等又开办了“爱国女学”。这些女学的创设，为女子教育的兴起提供了条件。城东女学创办伊始，杨白民就延揽黄炎培、刘季平、包天笑、雷继兴、吕秋逸等一批社会名流任教。由于师资力量雄厚，加上学校备有宿舍，江浙一带如松江、苏州、无锡、嘉兴等地均有女生来校就读。学生入学不设门槛，年龄、学历一概不论，凡有志向学者均可入校学习，以至出现了这样的佳话：黄炎培是老师，夫人王纠思则成了他的学生，且和两个女儿同班。“女学”中设有幼稚科、初等小学科、预科、本科、艺科等；开设的课程除国文、算术、史地外，还有书法、绘画、刺绣、烹饪、手工等等，在提高学生文化素质的同时，注重各种技艺的培训。此外，“女学”的教学方式，也灵活多样，书画课时常请社会上的名家来校举行讲座，并评定学生习作的等级；烹饪课每周实习一次，请嘉宾和家长来校品评学生烧制的饭菜。城东女学虽为私人办学，但有自己的特点，因而充满生气。

李叔同早在“沪学会”任事时，就结识了杨白民，并在“女学”中短暂任教，后因母丧，辞职北归。但李叔同一直关注着这位朋友的“女学”事业，联系不断。他刚到日本留学时，还写信介绍杨白民赴津考察学务。1907年8月，杨白民二次考察日本，两人一起商讨“女学”师资和学制等发展大计，李叔同还主动提出代谋金工教师。杨白民回国后，定期将“女学”的会报、校刊寄到日本，请李叔同批评指导，李则把自己的作品寄到“女学”交流展示，或在校刊上刊出。李叔同回国任教直隶模范工业学堂时，还曾写了《焦画法》《炭画法》两文，连同附图一起，交由杨白民刊登在“女学”校刊上。据说，前文是目前发现的最早介绍“焦画法”的文章。李叔同此番任职“女学”，自然会把整个身心都投入其中，教课之余，还题字、书联、写广告，同时指导学生的艺术活动。在他任职《太平洋报》期间，还经常报道城东女学的消息。据研究者统计，在短短几个月里，李叔同就刊发了二十多篇有关城东女学的消息。此后无论在俗之时还是出家之后，只要一有机会，李叔同总是不遗余力地支持和帮助杨白民的“女学”事业。

上海曾是李叔同挥洒青春的地方，留日之前，他在此生活了七八年时间，纵横文坛艺苑，走马歌榭艺馆，结识了众多的诗朋艺友，积累了丰富的人脉。大约是这个缘故，李叔同很快认识了一批“南社”的朋友。

“南社”是1909年由高旭、陈去病、柳亚子等发起成立的一个文学社团。命名“南社”，意在与“北廷”（清政府）相对，其宗旨是通过文学传播民族主义思想，主张推翻清政府。当时“南社”社员尚不过二百余人，大部分在上海，其余散居东南各省。1912 年 3 月 13 日，“南社”社员四十余人，在上海豫园举行第六次雅集，参加者有柳亚子、朱少屏、黄宾虹、胡朴安、雷铁崖、叶楚伧、黄季刚等人。曾孝谷 1911 年在东京美术学校毕业后，继续攻读研究生课程，后不知何故退学返国，此时正在上海，与李叔同一起参加了这次集会。这也是曾、李二人首次参与“南社”的雅集。与会者先是在豫园举行茶会，之后到影楼拍照留影，再到杏花楼晚宴。这次雅集是民国成立后的第一次聚会，大家为民国的创立兴奋不已，纷纷赋诗作画，你唱我和，尽欢而散。

豫园雅集之后，李叔同便加入“南社”。这期间，“春柳社”同人黄二南，也以“黄喃喃”之名加入了南社。五月，李叔同为“南社”设计了《南社通讯录》。“通讯录”为粉红色封面，图案画与题签新颖别致，看上去古色古香，赏心悦目。

在此期间（同年 4 月 1 日），《太平洋报》创刊。李叔同又应叶楚伧、柳亚子、朱少屏等人的约请，入盟《太平洋报》。

《太平洋报》为沪军都督陈其美（字英士，1878—1916）创办。此人 1906 年留学日本，同年加入同盟会，先后在东京警监学校、东斌陆军学校学习军事，1908 年回国。次年，为宣传革命的需要，曾先后在上海创办了《中国公报》《民声丛报》等。因此，他十分懂得舆论宣传的重要性，办报的热情极高。报社的骨干成员都是同盟会会员和“南社”社员。编辑部的阵容也是少有的强大：社长姚雨平（时任粤军北伐军总司令），总主笔叶楚伧（姚雨平军部参谋），总经理朱少屏（时任沪军都督府总务科长、南京临时政府总统府秘书），顾问陈陶遗（时任南京临时参议院副院长）。在该报负责某一编辑业务者，统称为主编或主笔，当时在报社里担任主编的，都是“南社”中的著名文人。如“南社”掌门人柳亚子（时任南京临时政府总统府秘书），就是主编之一。其他主编还有胡朴安、胡寄尘、姚鹓雏、陈无我、李叔同、苏曼殊等。这样一批同事，这样一份以宣传新思想、新文化为旨趣的报纸，对李叔同来说，可谓是一个施展拳脚的好去处。

《太平洋报》特辟文艺副刊，名为《太平洋画报》，作为《太平洋报》的附刊，不定期出版，有时三五天一期，有时一连几天都出。“画报”用连史纸印刷，随报附送。这份副刊的主编就是李叔同。上任伊始，李叔同就在副刊上开辟了一个“西洋画法”专刊，连载木炭画石膏写生教授法。在此之前，国内报刊尚无介绍西洋绘画理论的先例，李叔同此举，为陈陈相因的中国画坛，送来了一股新鲜的春风。李叔同同辈画家吕凤子曾有这样的说法：“严格地说起来，中国传统绘画改良运动的首倡者，应推李叔同为第一人。根据现有的许多资料看，李先生应是民国以来第一位正式把西洋绘画思想引介于我国，进而启发了我国传统绘画需要改良的思潮，而后的刘海粟、徐悲鸿等在实质上都是接受了李先生的影响，进而成为中国传统绘画改良运动的推行者。”[3]

李叔同设计的广告

除了《太平洋画报》的主编之责外，李叔同还兼任报纸版面的美工和广告设计工作。那时中国报纸的广告，除了文字之外，没有任何图案，李叔同觉得这既单调乏味，又难以引起读者的注意。于是他便亲手用各种字体撰写文字，绘制图案，有的还加木刻。由于他有着深厚的书法和绘画功底，他设计的广告、文字和图案，既简单明快，又非常美观，极具视觉效果，且没有半点市侩气。比如他为《广东太平洋报》所作的广告，图案为斜立在画面中的剪影式高大树干，在大块留白中嵌入几个字，十分醒目。再如他设计的另一幅《太平洋报》的广告：画面中心是三个奔跑叫卖的漫画式人物，身上都写着“太平洋”三字；他们各自举着牌，牌子上均写着有关《太平洋报》的广告词，构思巧妙生动，极有意趣，有令人耳目一新之感。

李叔同的广告设计之所以这么出色，是与他对广告的深入研究分不开的。他曾写过一篇专论广告的文章——《广告丛谈》，对广告的历史、特点、功用、分类等，作了细致的分析和论述。单就李叔同做事的认真和严谨而言，着实令人钦佩。任何创新，单凭热情是不够的，才气也不是百用不爽的灵丹妙药，必须有扎实的知识根基，当然还要有对当下广告现状的透彻了解。

李叔同的广告不仅花样翻新，而且种类也很多。既有书刊、报纸广告，也有个人广告。如“李梅庵先生画扇”“曾存吴（曾孝谷）书例”等

苏曼殊僧装像

等，其中也有自己的“书例”。

《太平洋报》创办之初，叶楚伧、柳亚子、朱少屏、曾孝谷、李叔同等人，还发起成立了“文美会”，以研究文学、美术为目的。会所就设在太平洋报社楼上。会刊《文美》杂志，由李叔同设计和编辑，内容以会员所作书画及印章拓本等为主，会员的文字作品则由汪燮卿等人手抄。杂志纸张大小一律，设计编排极为精美，可惜并未印行，只在会员中彼此传观。“文美会”成员每月雅集一次，展览会员创作的文学、美术作品，传观会刊《文美》杂志，还有联句、名家演说、当筵挥毫、展览品拈阄交换等，活动内容十分丰富而有趣。1912 年 5 月 14 日下午，“文美会”组织了第一次雅集。李叔同、曾孝谷、柳亚子等出席，与会者还有黄宾虹、吴昌硕及来沪不久的陈师曾等一代书画名家。会上，李叔同展示了自己的书法作品，而曾孝谷则除了自画的花卉团扇外，还将所藏日本文部省美术展览会作品，及日本油画家的作品集一并拿来展示。在会上交流传阅的《文美》杂志中，刊载有李叔同《李氏印谱序》及画作《昐》，曾孝谷的《与某记者论西洋画书》一文和画作《马》，也同期刊载。

李叔同供职《太平洋报》的时间虽短，却留下了许多为人们津津乐道的佳话。其中之一是李叔同与苏曼殊的交谊。李、苏是“南社”中的两位“奇人”，二人都才华横溢，也都与佛有缘。不同的是，苏曼殊三度入佛，最终却到人间世里寻快乐；李叔同却是浊世挣扎，中年遁迹佛门，持戒苦修了生死。当时，二人都供职于《太平洋报》，但在这之前究竟何时相识，有过什么交往，至今仍搞不清楚。有资料证实，1907 年，苏曼殊曾在东京看过“春柳社”李叔同等人的演出，且评价似乎不高。但李叔同对苏曼殊的创作却相当看重。

在《太平洋报》期间，曾发生过这样一件趣事。一天，叶楚伧向苏曼殊索画，苏曼殊则以无画具和清静的画室为由推脱。报馆三楼有李叔同的一个房间，布置甚精，画具也完备，李叔同这天又恰好不在报社。于是叶楚伧就连请带扯地把苏曼殊弄到李叔同的房间里，关了门让他立刻就画。苏曼殊再无托辞，不能不画了，这便是《汾堤吊梦图》一画的由来。后来，叶楚伧曾在诗序中记述了这幅画的诞生经过，只是没有说明此事发生在李叔同的房间。诗序中说："余访午梦堂旧址后，归抵海上，曼殊适自日本来。余于《太平洋报》楼上，供养糖果，扃置一室，乃为余画《汾堤吊梦图》。及今展观，无异玮宝。"[4]

李叔同对这幅《汾堤吊梦图》十分欣赏，很快就铸版发表在《太平洋画报》上。同时刊出的还有李叔同以隶书笔意题写的《莎士比亚墓志》。李、苏的书、画，相映成趣，时人称这两件艺术作品为"双绝"。

苏曼殊真正享誉文坛的作品，是他的中篇小说《断鸿零雁记》。小说写一个孤儿飘零的身世和悲剧性的爱情，带有自传的性质。作品写得凄楚动人，被称之为"哀情小说"。这部小说曾在南洋爪哇的华文报纸刊载过开头部分，这次李叔同将小说以连载的形式全文发表在《太平洋画报》上。为了吸引读者的注意，李叔同还特意请刚到上海的画家陈师曾画了几幅插图。小说发表后，引起极大反响。

苏曼殊一向如闲云野鹤，行踪不定，他虽为《太平洋报》的主编之一，却很少参与报社的编务工作，只是在报上发表了一些自己的诗文信札，交上早在爪哇时写成的《断鸿零雁记》，便于五月初赴日探母去了。回国后待了一个月，又再度赴日，及至十一月间回到国内，《太平洋报》早已关门大吉，报社同仁星散，李叔同也去了杭州。此后，李、苏之间好像再无联系。1918 年 5 月 2 日，苏曼殊在上海病逝，3 个月后，李叔同在杭州出家。

陈师曾像

《太平洋画报》虽然容量不大，但李叔同充分利用这一有限的舆论空间，传播新知，革故鼎新，淋漓尽致地展示了他对艺术的执著精神和卓异识见。他善于发现优秀的作品，也不吝举荐优秀的艺术人才。他对陈师曾的赏识与推重，就称得上是一段美谈。

陈师曾（1876—1923），原名陈衡恪，号槐堂、朽道人，江西修水人。晚清维新派名臣陈宝箴之孙，著名诗人、“维新四公子”之一陈三立（散原）长子，国学大师陈寅恪长兄。陈师曾早年留学日本。善诗文、书法，尤长于绘画，喜绘园林小景、写意花鸟和风俗人物。作画重创造，喜生动，求意趣，师造化。其花鸟画多大笔写意，人物画多取材市井生活，带有速写和漫画的情趣。李叔同与陈师曾在日本留学时相识，还曾一起参加过文艺团体“淡白会”。1912 年 5 月初，陈师曾由北京南下上海，《太平洋报》特意对此作了报道，并刊出陈师曾大幅半身照片，外框裁为椭圆形，题曰“朽道人像”；还报道了“文美会”欢迎陈师曾的消息。与此同时，又在报上连续发表了陈师曾的十多幅作品，每幅都放在版面中央，且画幅之大，也超过常规。李叔同如此用心地宣传陈师曾及其作品，其用意显然不仅仅是表达对陈氏的敬重。那时还在溪西小学堂读书的 15 岁少年丰子恺，在 1947 年所写的《我的漫画》一文中回忆说：“我小时候，《太平洋画报》上发表陈师曾的小幅简笔画《落日放船好》、《独树老夫家》等，寥寥数笔，余趣无穷，给我很深的印象。”在丰子恺的心目中，陈师曾可以称得上中国漫画的开山鼻祖了。

在主持《太平洋画报》期间，李叔同也偶尔将自己的作品刊发报上。如七律《咏菊》：

姹紫嫣红不耐霜，繁华一霎过韶光。
生来未藉东风力，老去能添晚节香。
风里柔条频损绿，花中正色自含黄。
莫言冷淡无知己，曾有渊明为举觞。

《题丁慕琴绘黛玉葬花图二绝》

收拾残红意自勤，携锄替筑百花坟。
玉钩斜畔隋家冢，一样千秋冷夕曛。

飘零何事怨春归，九十韶光花自飞。
寄语芳魂莫惆怅，美人香草好相依。[5]

这些诗作坦露出作者自甘淡泊、以清高自标的心态。

表面看来，李叔同的这段生活是热闹的，然而细读他此一时期的诗作，会明显地感到，面对云谲波诡的社会变迁，李叔同的内心深处，其实更多的是孤独和落寞。

1912 年夏末，随着报社后台老板陈其美的离职，《太平洋报》立刻陷入财政危机，并很快因负债而停刊了。李叔同短短几个月的办报生涯，也随之戛然而止。

经亨颐像

三、执教生涯

《太平洋报》停刊，报社同人各自东西，李叔同也面临着新的选择。正当他去向未定之时，浙江官立两级师范学堂（越年改为省立第一师范学校）校长经亨颐，以留日同学之谊，力邀李叔同来校任音乐、图画教师。

经亨颐提倡“德、智、体、美、群”五育并重的办学理念。当时国内的艺术师资异常匮乏，绘画一门，偌大中国，只有南京两江师范学堂设有图画科，且只授临摹和静物写生，西画课教员只得延聘外国传教士；至于音乐一门，师资更是稀缺，有条件的学校只好聘请日本教习。经亨颐要提升美育教育，改变艺术人才培养的落后局面，像李叔同这样诸艺皆精的艺术家，自然是求之若渴了。李叔同归国之后，也曾有过短暂的从教经历，能得天下英才而教之，似乎也是一件不错的事情，尽管他从来就没有想到自己会当一名艺术教师；况且，杭州城如画的风光，也是他心向往之的。[6]

仿佛是命运的安排，10 年前的秋天，李叔同第一次来到杭州，是以一个士子的身份应考乡试。那次他住了约莫一个月，最后空手而归。此番再来，却是以教师的身份来谋生计。没想到的是，这次他竟一住 10 年，并且在这个回荡着梵呗钟声的地方，完成了他生命中最惊世骇俗的华美转身。

当时的浙江两级师范学堂，可谓群英荟萃。校长经亨颐（1877—1938，字子渊），毕业于日本东京高等师范学校，1908 年回国后先后任浙江两级师范学堂教务长、校长，兼省教育会会长。他主张“人格教育”，与提倡职业教育的黄炎培齐名当时。教师中有马叙伦、夏丏尊、钱均夫、姜丹书、单不庵、堵申甫等等。其中夏丏尊留学日本，回国后于 1908 年应前任校长沈钧儒之聘来校任教；姜丹书于南京两江师范学堂图画手工专科毕业后，先于李叔同一年来校任图画、手工教员，他的前任则是一位日本老师。李叔同的加盟，无异使学校艺术教育师资力量得到空前的加强。

李叔同是个一向认真的人。他认为，教授艺术，不能只凭一张嘴，否则不如不做。他答应来校任教，但同时也向经亨颐提出了一个近乎苛刻的条件：每个学生要有一架风琴，绘画室石膏头像、画架等不能有缺。这对经亨颐来说，是一个相当棘手的难题。一来学校缺钱，二来市上缺货，每人一架风琴的要求，实在太高。而李叔同却回答说，同学出去要教唱歌，不会弹琴不行。教授时间有限，练习全在课外，你难办到，我怕难以遵命。经亨颐知道李叔同的脾气，只好想尽办法，弄到大小风琴五六十架（仅够要求的半数），排放在礼堂的四周、自修室、走廊，再请李叔同看过，李叔同方才点头应允。

做教师，就像一个教师。李叔同脱下了漂亮的洋装，换上灰色粗布袍子、黑布马褂、布底鞋子，金丝边眼镜也换成了黑的钢丝边眼镜。看到他布衣布履、整洁朴素的样子，谁会想到他当年的风流倜傥。在校园里，很少见到他的影子，就是同事房里也很少去走动，教员休息室里也不常去；他走路脚步重，但很迅速，从不左顾右盼；到上课时，总是挟了书去上课，下课直接回到自己的房间。

那时的学校里，最看重的是英文、国语和算术，而图画、音乐课是向来不受重视的，同学们上课时很随便，把它当做游戏。而李叔同初次上课，就使学生立刻产生了一种特殊的感觉：严肃。

对李叔同初次上课的情景，丰子恺曾有过详细的描述："摇过预备铃，我们走向音乐教室（这教室四面临空，独立在花园里，好比一个温室）。推进门去，先吃一惊：李先生早已端坐在讲台上。以为先生还没有到而嘴里随便唱着、喊着，或笑着、骂着而推进门去的同学，吃惊更是不小。他们的唱声、喊声、笑声、骂声以门槛为界限而忽然消灭。接着是低着头，红着脸，去端坐在自己的位子里。端坐在自己的位子里偷偷地仰起头来看看，看见李先生的高高的瘦削的上半身穿着整洁的黑布马褂，露出在讲桌上，宽广得可以走马的前额，细长的凤眼，隆正的鼻梁，形成威严的表情。扁平而阔的嘴唇两端常有深涡，显示和蔼的表情。这副相貌，用

‘温而厉’三个字来描写，大概差不多了。讲桌上放着点名簿、讲义，以及他的教课笔记簿、粉笔。钢琴衣解开着，琴盖开着，谱表摆着，琴头上又放了一只时表，闪闪的金光直射到我们的眼中。黑板（是上下两块可以推动的）上早已清楚地写好本课内所应写的东西（两块都写好，上块盖着下块，用下块时把上块推开）。在这样布置的讲台上，李先生端坐着。坐到上课铃响（后来我们知道他这脾气，上音乐课必早到。故上课铃响时，同学早已到齐），他站起身来，深深地一鞠躬，课就开始了。这样地上课，空气严肃得很。”[7]

在学生王平陵的眼里，李叔同的生活极简单，爱穿洁净的长袍，即在隆冬严寒的天气，也喜欢摇着一柄尺许长的白纸扇。然而，这种名士的做派，并没有给人以孤傲不群、拒人于千里之外的感觉，大家反倒觉得他的“眼睛里永远含着慈祥的微笑，好像不会生气发怒一般，说话的声音，亲切而低沉，充满着恳挚的感情。你有什么疑难的问题，需要得到他的解释，只要你肯虚心求教，他总是拉着你的手走进工作室，详详细细讲给你听，毫不觉得麻烦和厌倦”[8]。当然，在李叔同这种宽厚和善的下面，似乎还有另一种东西，对此，他的学生们几乎都能感受到。

“有一个人上音乐课时不唱歌而看别的书，有一个人上音乐课时吐痰在地板上，以为李先生不看见的，其实他都知道。但他不立即责备，等到下课后，他用很轻而严肃的声音郑重地说：‘某某等一等出去。’于是这位某某同学只得站着。等到别的同学都出去了，他又用轻而严肃的声音向这某某同学和气地说：‘下次上课时不要看别的书。’或者：‘下次痰不要吐在地板上。’说过之后他微微一鞠躬，表示‘你出去罢’。出来的人大都脸上发红。又有一次下音乐课，最后出去的人无心把门一拉，碰得太重，发出很大的声音。他走了数十步之后，李先生走出门来，满面和气地叫他转来。等他到了，李先生又叫他进教室来。进了教室，李先生用很轻而严肃的声音向他和气地说：‘下次走出教室，轻轻地关门。’就对他一鞠躬，送他出门，自己轻轻地把门关了。”

这种温和甚至谦恭的背后，是一份真诚和严厉。而这些看似矛盾的语默动止，又是别人学不来的。因为这里面是有贵族绅士般的教养与特立独行的格调作支撑的。他的好友，同在浙江一师教国文的夏丏尊先生，恰好

夏丏尊像

与他形成鲜明的对比。夏先生对待学生，可以说是事无巨细，一律都管。即便他偶然走过校园，看到年纪小的同学弄小狗，他也要管："为啥同狗为难！"放假时，学生走出校门，他看见了，又喊："早些回来，勿可吃酒啊！"学生笑着连说："不吃，不吃。"赶快走路。走得远了，夏先生还要大喊："铜钿少用些！"夏先生就是这样，毫不矜持，有话直说。学生也便嬉皮笑脸，同他亲近。因为夏先生的头像木瓜，学生就给他取了个绰号叫做"夏木瓜"，其实不是绰号，是爱称。李叔同则话很少，说时总和颜悦色，甚而至于低声下气，态度的谦恭与郑重，使学生感动不已。一个最顽皮的学生就说："我情愿被夏木瓜骂一顿，李先生的开导真是吃不消，我真想哭出来。"[9]这正如丰子恺所说："夏先生与李先生对学生的态度，完全不同。而学生对他们的敬爱，则完全相同。这两位导师，如同父母一样。李先生的是'爸爸的教育'，夏先生的是'妈妈的教育'。"[10]

不单是学生，即便同事对李叔同也是非常敬畏的。有一次，李鸿梁等几个同学，跑到日本教师本田利实的房间里，求他给每位同学写一幅书法屏条。可是他那里文具不齐备，不肯写。同学们就请他到李叔同的写字间里去写，他连说不好。后来探知李先生出去了，他才答应，不过叫同学放哨似的在扶梯边、走廊上、房门口都站了人，如李先生回来须立刻通知他。同学们看到他这个样子，就说："李先生决不会因此发恼的。"他却说："在李先生面前是不可以随便的。李先生的道德文章固然不必说，连日本话也说得那样漂亮，真了不起！"等到字写好了，同学们就诳他说，李先生来了，他立刻狼狈地逃到自己房间里去了。

夏丏尊和李叔同，在浙江一师共事 7 年，两个人晨夕一堂，相处得很好，也相知最深。夏丏尊曾在《弘一法师之出家》一文中说：那时"我担任舍监职务，兼教修身课，时时感觉对于学生感化力不足。他（李叔同）教的是图画音乐二科，这两种科目，在他未来以前，是学生所忽视的。自他任教以后，就忽然被重视起来，几乎把全校学生的注意力都牵引过去了。课余但闻琴声歌声，假日常见学生出外写生。这原因一半当然是他对于这二科实力充足，一半也由于他的感化力大。只要提起他的名字，全校师生以及工役没有人不起敬的。他的力量，全由诚敬中发出，我只好佩服他，不能学他"[11]。

学生和同事之所以如此敬畏李叔同，这不仅仅是因为他的学问好，音乐、绘画好，而主要是因为他的态度认真。李叔同"一生最大的特点就是认真。他对于一件事，不做则已，要做就非做彻底不可"[12]。他在第一次给学生上课时，就能叫出多数学生的姓名。大家都觉得惊奇，后来才知道，他早已把学生的学籍簿拿去默认过了。教学进度表之类的东西，在那时的学校还是没有的，而李叔同在每学期开学前，就早早地把学期所教的内容和顺序详细编定，预告给学生。每次上美术课时，他总是预先把各时代、各名家的代表作搜集起来，附记在纸条上，往讲桌上一放，就是高高的一大堆。他对学生的弹琴，要求也是十分严格的，无论附点、切分符、强弱等都非常注意。对学生练习的新曲，他每周检查一次，结果使他满意的，就在本子上写一个"佳"或"尚佳"、"尚可"等字样。否则，他立刻站起来，用天津腔的上海话对你说："蛮好，蛮好，不过狄葛浪好像有点勿大里对"（江浙话，意即"这上面好像有点不大对"），或说"还可以慢一点，狄葛浪还要延长一点"等等。这时候，你不必啰嗦，啰嗦也没有用，他决不再讲第二句话，你还是赶快退出去，再练你的，到下一周和新曲子一同再弹给他听。

有时候，他的认真会连相知最深的朋友都吃一惊。有一次，宿舍里有学生丢失了财物，大家猜测是某一个学生偷的，但检查起来，却找不到证据。作为舍监的夏丏尊先生，自然无法脱清干系，所以很惭愧，也很苦恼，便找李叔同商量。李叔同说："你肯自杀吗？你若出一张布告，说做贼者速来自首，如三日内无自首者，足见舍监诚信未孚，誓一死以殉教育。果能这样，一定可以感动人，一定会有人来自首。"

李叔同看了看一脸疑惑的夏丏尊，接着说："这话须说得诚实，三日后如没有人自首，真非自杀不可。否则便无效力。"

在常人看来，这种极端的举措实在匪夷所思，但李叔同是认真的，绝不是在和夏先生开玩笑。夏丏尊自愧不能照他的办法去做，只好以笑作答。当然，李叔同也不会因此而责备他。

诚如夏丏尊先生所言，李叔同这种叫人既敬且畏的个人魅力，一部分来自他丰厚的学养，诸艺皆通的渊博，但更多的却是来自他为人的真诚和做事的认真。多年之后，吴梦非在回忆起他这位师长的时候，无限感慨地说："弘一法师的诲人，少说话，是行不言之教。凡受过他的教诲的人，大概都可以感到。虽平时十分顽皮的一见了他，一入了他的教室，便自然而然地会严肃恭敬起来。但他对待学生并不严厉，却是非常和蔼地，这真可说是人格感化了。"[13]

李叔同正是以这样的态度待人与处事，所以他上音乐、绘画课时，学生们会觉得比上其他一切课都严肃；对他们的李先生，比对其他教师更敬仰。在别的学校里，英语、国文、算术三门课的教师最有权威，而在浙江第一师范，音乐、绘画教师却最有权威，因为是有李叔同先生的缘故。

才情加人品构成了李叔同的人格力量。他的卓异才情，使他教授的音乐、美术课程，平添了无穷的魅力。他的学生丰子恺，正是在这种魅力的吸引下，改变了自己的志向，决定把一生奉献给艺术。而他的人品，更令他的学生铭刻于心，且受益终生。李叔同在20岁时，就有了这样的认识：读书人当以器识为先，文艺为后。许多年来，他一直身体力行，而今面对着这些可爱的学子，他仍然不忘教诲他们：要做一个好文艺家，必先做一个好人。

在李叔同的案头，总是放着一部明代刘宗周所著的关于古来贤人嘉言懿行的《人谱》。书的封面上，有他亲笔题写的"身体力行"4个字，每个字旁边还加了一个红圈。有一次，丰子恺和几个同学到他房间里谈话，他翻开这部《人谱》，指着其中的一节文字给他们看："唐初，王、杨、卢、骆皆以文章有盛名，人皆期许其贵显。裴行俭见之，曰：士之致远者，当先器识而后文艺。勃等虽有文章，而浮躁浅露，岂享爵禄之器耶……"然后说，这里的"贵显"和"享爵禄"，不可呆板地解释为做官，应该理解为道德高尚和人格伟大的意思。也就是说，读书人应首重人格修养，次重文艺学习。他认为一个文艺家倘没有"器识"，无论技术何等精通熟练，亦不足道。所以他告诫学生："应使文艺以人传，不可人以文艺传。"丰子恺回忆说："我那时正热衷于油画和钢琴技术，这一天听了他

刘质平像

这番话，心里好比新开了一个明窗，真是胜读十年书。从此我对李先生更加崇敬了。”[14]后来，李叔同出家时把这部《人谱》送给了丰子恺。丰子恺一直把它保藏在缘缘堂中。此书抗战时毁于炮火，丰子恺十分痛惜，后来他避难四川，偶然在成都旧书摊上看到一部《人谱》，就毫不犹豫地买下来，一直保存在身边。虽然这一部《人谱》上没有加红圈的“身体力行”4个字，但恩师的教诲他是铭记于心且心领神会的。在《新艺术》一文中，丰子恺说：“有艺术的心而没有技术的人，虽然未尝描画吟诗，但其人必有芬芳悱恻之怀，光明磊落之心，而为可敬可爱之人。若反之，有技术而没有艺术的心，则其人不啻是一架无情的机械了。”[15]此话可谓深得恩师真传。的确，真正的艺术是心灵的事业，而非技巧的功夫。和他的恩师一样，丰子恺以博大而深微的心灵，去观照天地间一切有情无情的事物，让心灵去追逐心灵，让童心去发现童心，让博爱去呼唤博爱，这正是他后来的散文和漫画惠赐给读者的最可宝贵的精神遗产。

李叔同与他的得意弟子刘质平的故事，似乎更具传奇色彩。由此可以看出，李叔同是怎样通过自己的言传身教，去影响、感染和教育学生的。

1912年冬季的一天，刘质平试着写了一首歌曲。这是他生平第一个习作，心里既兴奋又忐忑。这天适逢大雪，天寒地冻，刘质平还是拿着自己的习作去给老师过目。李叔同细看了一遍曲子，然后若有所思地注视着眼前的这个学生，一言不发。刘质平还以为老师怪罪自己急于求成，正在羞愧之时，忽听李叔同说道：“今晚八点三十五分，赴音乐教室，有话讲。”

晚上，雪越下越大，还不时刮着狂风。刘质平准时赶到教室，见教室门前已有足迹，但教室里面一片漆黑，悄无声息。刘质平就站在门外廊下等候。时间一分一秒地过去，却不见李先生的身影。刘质平正疑惑间，忽见教室里灯光大亮，接着从室内走出一人，正是李先生。只见他手持一表，说相约时间无误，并告诉他可以回去了。原来，李叔同是用这种方式，考验刘质平是不是一个做事认真、守信的人，至于曲子写得好坏，并非最重要的问题。这次雪夜考验之后，李叔同认定刘质平是可造之材，就在每周课外单独指导他两次，还特意介绍他到当时在杭州的美籍教师鲍乃德夫人处学钢琴。

1915 年秋，刘质平因病休学在家，心情十分苦闷。李叔同就去信安慰、鼓励他，信中说："人生多艰，'不如意事常八九'，吾人于此，当镇定精神，勉于苦中寻乐；若处处拘泥，徒劳脑力，无济于事，适自苦耳。吾弟卧病多暇，可取古人修养格言（如《论语》之类）读之，胸中必另有一番境界。"[16]

刘质平 1916 年夏天毕业后，在李叔同的鼓励下，到日本继续学习音乐。到日本后，刘质平感到很不适应。李叔同就去信安慰他，并殷殷告诫应注意的问题：

（一）宜重卫生，俾免中途辍学（习音乐者，非身体健壮之人不易进步。专运动五指及脑，他处不运动则易致疾。故每日宜为适当之休息及应有之娱乐，适度之运动。又宜早眠早起，食后宜休息一小时，不可即弹琴）。

（二）宜慎出场演奏，免人之忌妒（能不演奏最妥，抱璞而藏，君子之行也）。

（三）宜慎交游，免生无谓之是非（留学界品类尤杂，最宜谨慎）。

（四）勿躐等急进（吾人求学须从常规，循序渐进，欲速则不达矣）。

（五）勿心浮气躁（学稍有得，即深自矜夸；或学而不进（此种境界他日有之），即生厌烦心，或抱悲观，皆不可。必须心气平定，不急进，不间断。日久自有适当之成绩）。

（六）宜信仰宗教，求精神上之安乐（据余一人之所见，确系如此，未知君以为如何?）。[17]

信末还附录格言数则供刘质平参阅，并附言道："不佞进来颇有志于修养，但言易行难，能持久不变尤难，如何如何！"此言似在言自身之忧，实则委婉地提醒刘质平言易行难，治学也好，修身养性也罢，都贵在持之以恒。其用心之深之细，可谓胜似父母。

此信写于 1916 年旧历八月十九日，信中透露，此时李叔同已开始关注宗教，并认为信仰宗教，可以使人求得精神上的安乐。

过了一段时间，刘质平在练习贝多芬钢琴曲时产生了畏难情绪，又担心报考正规音乐学校时落榜，有负老师栽培。李叔同又在信中耐心劝慰，晓之以理：

愈学愈难，是君之进步，何反以是为忧！B氏曲君习之，似躐等，中止甚是。试验时宜应试，取与不取，听之可也。不佞与君交谊至厚，何至因此区区云对不起？但如君现在忧虑过度，自寻苦恼，或因是致疾，中途辍学，是真对不起鄙人矣。从前鄙人与君函内解劝君之言语，万万不可忘记，宜时时取出阅看。能时时阅看，依此实行，必可免除一切烦恼。从前牛山充（日本学者，精通音乐——引者注）入学试验，落第四次，中山晋平（日本作曲家——引者注）落第二次，彼何尝因是灰心？

总之，君志气太高，好名太甚，“务实循序”四字，可为君之药石也。[18]

在李叔同的教诲和勉励下，刘质平于1917年秋考入东京音乐学校。可是接踵而来的是学费无着的困扰。李叔同曾为他竭力申请过官费，但未获成功。刘质平家在浙江海宁农村，甚是贫寒，亦告无力资助。在这种情况下，李叔同毅然决定解囊相济。当时，李叔同的月薪为105元，每月支出为：上海家用40元，天津家用25元，自己伙食费10元、零用5元、应酬费买物添衣费5元。就是在这样的情况下，李叔同每月拿出20元接济刘质平，并与他约法四章：

一、此款系以我辈之交谊，赠君用之，并非借贷与君。因不佞向不喜与人通借贷也。故此款君受之，将来不必偿还。

二、赠款事只有吾二人知，不可与第三人谈及。家族如追问，可云有人如此而已，万不可提出姓名。

三、赠款期限，以君之家族不给学费时起，至毕业时止。但如有前述之变故，则不能赠款（如减薪水太多，则赠款亦须减少）。

四、君须听从不佞之意见，不可违背。不佞并无他意，但愿君按部就班用功，无太过不及。注重卫生，俾可学成有获，不致半途中止也。君之心高气浮是第一障碍物（自杀之事不可再想），必痛除。[19]

在李叔同的劝勉和资助下，刘质平不仅渡过了财务危机，也渡过了人生的危机，继续留学。1918 年，李叔同决意出家。出家前，仍不忘为刘质平筹集学费。他估计到刘质平毕业，还需资金千余元，就准备借款，并在旧历三月二十五日写给刘质平的信中说："余虽修道念切，然决不忍致君事于度外。此款倘可借到，余再入山；如不能借到，余仍就职至君毕业时止。君以后可以安心求学，勿再过虑。至要至要！"[20]

他的另一位弟子李鸿梁，是一个性情率直，锋芒太露的人。李叔同第一次写给他的对联是："拔剑砍地，投石冲天"。横批是："豪放"。这副对联很是耐人寻味，李叔同似乎是在用这种方式告诉学生："蛮勇"和"豪放"不可相提并论。1915 年李鸿梁毕业时，李叔同正忙着准备去日本，临行前，还不忘抽空给这位弟子写信，告诫他处世要"圆通"一些，否则不能与世相水乳。回国前，又特意发来电报，让李鸿梁代自己到南京高师教课。李鸿梁刚毕业，年纪又轻，骤然去教同等程度的学生，心里不免忐忑不安。不久，李叔同从日本回来，发现李鸿梁正在为难，便拿着本学期的教学进度表，帮他做详细的安排，又拿出一串钥匙交给李鸿梁，交代说，卧室与教员休息室离得很远，每天早晨必须把自己的表与钟楼的大钟对准，号声有时候听不清楚；如果有事外出，叫车子回校，一定要和车夫说清楚拉到教员宿舍，校门离教员宿舍还有一大段路要走；吃饭时要用两双筷子、两只调羹，如果觉得不便，可以让厨房把饭单独开到自己的房间里来。还有那个管理房间的工友叫，你要留意等等。最后，又交给李鸿梁两封亲笔信，一封是带给校长江谦的，一封是给留日学友、时任南京道尹公署视察韩俟亮的。信里的意思是拜托两位老友代为关照自己的学生。末了，还在一把绢面折扇上，题写了《龙门二十品》和《天发神谶碑》片段，送给李鸿梁留念。第二天，李鸿梁就要赶赴南京了。清晨刚一起床，李叔同就来旅馆送他，邀他共进早餐，然后送他上火车，直到开车的信号亮起才离去。委婉的教诲、热心的提携和细致入微的关切，李叔同施与学生的这种爱，甚至比父母之爱更为仁厚和博大。

李叔同对学生慈父般的关爱，不仅展示出他伟大的人格和崇高的德行，而且也使学生从他的"身教"中，学会怎样做一个好人。

李叔同对艺术教育，是非常认真和投入的。民国初年，国内一般学校的绘画教法，无非是让学生临摹黑板画而已。李叔同则不然，他计划十分周详，设备也力求充足。当时国内的画具，除了干水彩颜料、铅笔、纸以外，什么也没有。学生用的画具、石膏模型甚至木炭，都要从日本买来。正是由于他的这种认真和执著，在他任教音乐、绘画的浙江一师，“图画、音乐两科最被看重，校内有特殊设备（开天窗，有画架）的图画教室，和独立专用的音乐教室（在校园内），置备大小五六十架风琴和两架钢琴。课程表里的图画、音乐钟点虽然照当时规定，并不增多，然而课外图画、音乐学习的时间比任何功课都勤：下午 4 时以后，满校都是琴声，图画教室里不断地有人在那里练习石膏模型木炭画，光景宛如一艺术专科学校”[21]。

李叔同初来时，学生上图画课是依照商务印书馆出版的《铅笔画帖》及《水彩画帖》而临摹。李叔同则撇开这些课本，让学生直接画石膏模型。上第一堂图画课时，他从讲桌下取出一盆馒头，这使学生大为惊异，后来才知道是发给大家当橡皮擦用的。丰子恺回忆起第一次画模型的情景时说：“同学一向描惯临画，起初无从着手。四十余人中，竟没有一个人描得像样的。后来他范画给我们看。画毕把范画揭在黑板上。同学们大都看着黑板临摹。只有我和少数同学，依他的方法从石膏模型写生。我对于写生，从这时候开始发生兴味。我到此时，恍然大悟：那些粉本原是别人看了实物而写生出来的。我们也应该直接从实物写生入手，何必临摹他人，依样画葫芦呢？于是我的画进步起来。”[22]

李叔同第一次让学生认识到“写生”的真实含义，即直接以实物或风景为对象绘画，而不是简单地临写别人的画作。此后学生们渐渐脱离黑板和画帖，通过实物和风景写生，练习绘画的基本工夫。

野外写生，多数是到西湖一带画风景。那时很少有人知道写生是怎么回事，因此常会闹出一些令人啼笑皆非的事来。一次，学生们到西湖边写生，警察见他们一个个支起三脚架，面对着远山近水，涂涂画画，以为他们是在私自测绘地形地貌，当即出面制止。

还有一次，李鸿梁和张联辉在河边写生，一会儿来了个警察，问张联辉是哪里人。张联辉说是东阳人。警察误以为是“东洋人”跑到中国来私绘地图，立刻要把他们带到局里盘问。李鸿梁知道警察误将“东阳”听成了“东洋”，就赶忙解释说他们是浙江一师的学生，是来这里写生的，学校早有公函通报了警局。谁知这位警察不懂什么叫写生，解释半天，仍坚持要他们两人到局里走一趟。类似事件还发生过几次，可见野外写生，在外人看来是多么稀奇而陌生的事情。

为了方便学生写生，李叔同还建议学校专门打造了两条小船。船下水那天，李叔同、夏丏尊和学生们在西湖上聚餐欢庆。也许是过于兴奋的缘故，夏丏尊先生下船时立脚不稳，一头栽进水中。李叔同慌乱中一把抓住了他的一只脚，但夏先生身体本来就笨重，加上正是冬天，穿了皮袍，一浸水更重，再者船身小，也不便动作。众人叫喊着先让李先生放了手，然后才把夏先生拉上来。夏先生全身湿透不说，还丢了一块金表。这也算是野外写生中一个有意思的小插曲吧。

1914 年秋天，按照教学进度，李叔同首次安排了人体写生课。这在当时的中国，可以说是破天荒的事情。长期以来，中国美术界一直认为，中国裸体写生始于刘海粟主持的上海美专，而实际上，刘海粟使用人体模特进行美术教学的时间，应为 1915 年。中国最早采用裸体写生的，当属浙江一师，首创者就是李叔同。陈星先生认为，支持此说最有力的证据，当为吴梦非先生 1959 年于《美术研究》第 3 期上发表的《"五四"运动前后的美术教育回忆片断》一文。文章说："李叔同先生教我们绘画时，首先教我们写生。初用石膏模型及静物。1914 年后改用人体写生。本文所附照片便是我们第一次用真人作模特儿练习写生的留影。我们这一班学生有二十多人，如周玲荪、金咨甫、朱酥典、李鸿梁、朱蔼孙等。"吴梦非先生不仅明确指出人体写生课的开设时间是 1914 年，同时还出示了"第一次用真人作模特儿练习写生的留影"。为了慎重起见，陈星先生还于 2000 年 3 月 7 日专门采访了吴梦非先生的女儿，中国电子琴学会副会长吴嘉平女士。"吴女士查得其父生前手稿，手稿上明确指证此照片

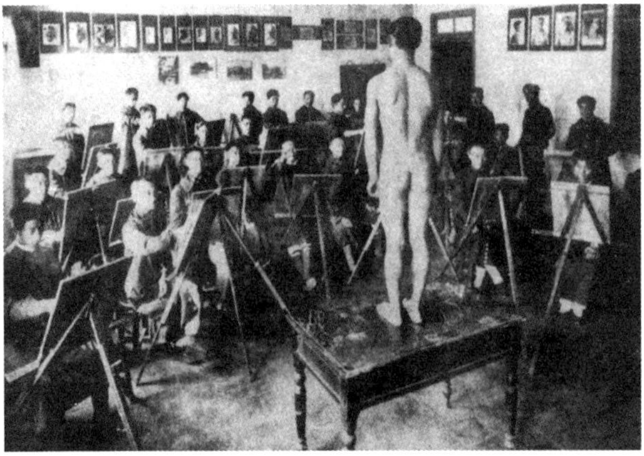
1914 年，浙江一师人体模特美术课，后排右二站立者为李叔同

第二排左起第三人即是吴梦非本人；而我们如今在这张照片上也能辨别出后排右起第二人即是李叔同。这样，问题应该是清楚了。吴梦非先生是李叔同所教的第一届学生，是李叔同首用人体模特进行美术教学的亲自参与者，而他发表文章时所附的照片上又有他本人，故可确定李叔同首用人体模特进行美术教学的时间是 1914 年。当不会再有疑问了。”[23]

在浙江一师近七年的教学中，李叔同先后开设了素描、油画、水彩、图案、西洋美术史、弹琴、作曲等课程，将西洋画法与作曲法引入课堂，并首开人体模特教学的先河，为中国近代艺术教育进行了一系列开创性的探索和实践。

教学之余，李叔同为活跃校园的艺术气氛，增长学生见闻并进而提高其实践能力，还发起成立艺术团体，编印文艺刊物。1913 年，浙江一师校友会拟创办《白阳》杂志。李叔同是办刊物的行家里手，自然要由他来担纲。从封面设计、题字，到版面安排，都由他一人操刀，内里全部的文字，也由他用毛笔书写石印。刊物中的主要文章《近世欧洲文学之概观》《西洋乐器种类概说》《石膏模型用法》《音乐小杂志序》等，均为李叔同撰写。另外，由他填词作曲的三部合唱歌曲《春游》，和他初来杭州时写的《西湖游记》也一并在《白阳》杂志刊发。除刊登在首页的经亨颐校长的篆书题字“美意延年”外，此杂志还收有经亨颐、夏丏尊、刘毓盘和学生邱梅白、章微颖、吴梦非、李鸿梁等人的作品。其中有小说、诗、词，写生日记，“人体画法”，印稿画稿等，内容极丰富，涉及艺术门类也很多。

综合性文艺刊物《白阳》，是我国近代最早的艺术教育校刊。该杂志首发的三部合唱曲《春游》，是中国近代音乐史上第一部合唱曲，而《近世欧洲文学之概观》，也是第一部由中国人撰写的近代欧洲文学史。

李叔同还支持学生成立了“乐石社”“漫画会”等业余社团。“乐石社”由学生邱梅白发起，初期有社员 16 人，由于社员均为本校教师和学生，所以社团成立后，社友们公推李叔同为社长。“乐石社”在李叔同的操持和西泠印社吴昌硕等诸名家的关心和提携下，不断发展壮大，半年后，社员扩充至 25 人。其重要社友包括经亨颐、夏丏尊、堵申甫、费砚(龙丁)、姚石子、周承德、徐渭仁等人。李叔同还邀请柳亚子入社，柳亚子以不擅金石之学为由推辞。李叔同便以南郭先生的典故相劝，要他“滥厕其间”，柳亚子终于无话可说，成了挂名社员。姚鹓雏在《乐石社记》中说：“乐石社者，李子息霜，集其友朋弟子治金石之学者，相与探讨观摩，穷极渊微而以存古之作也。……李子博学多艺，能诗能书、能绘事、能为魏晋六朝之文、能篆刻。顾平居接人，冲然夷然，若举所不屑。气宇简穆、稠人广坐之间，若不能一言；而一室萧然，图书环列，往往沉酣咀啜，致忘旦暮。余以是叹古之君子，擅绝学而垂来今者，其必有收视反听、凝神专精之度，所以用志不纷，而融古若冶，盖斯事大抵然也。兹来虎林（即“武林”，杭州一名武林。——引者注），出其所学，以饷多士。复能于课余之暇，进以风雅，雍雍矩度，讲贯一堂，毡墨鼎彝，与山色湖光相掩映。方今之世，而有嗜古好事若李子者，不令千载下闻风兴起哉！”[24]姚鹓雏与李叔同同为“南社”社友、《太平洋报》同人，可谓相识日久，相知亦深。

“漫画会”亦由李叔同亲自指导，他规定学生每周最少交四幅作品，每月展览一次。令人惊奇的是，“漫画会”还曾编印过一本《木版画集》，所收作品全部由会员自己画、自己刻、自己印、自己装订而成。李叔同还亲手刻了一幅模仿小孩画的人像。这本木版画集，可能是中国最早的一个集子，而李叔同大概也是中国第一个提倡并创作现代版画的人。

在将近七年的执教生涯中，李叔同以其独特的人格魅力和深厚的中西文化底蕴，培养出一批优秀的音乐和美术人才。1922年，也就是出家4年之后，李叔同在写给侄子李圣章的信中说：“任杭教职六年，兼任南京高师顾问者二年，及门数千，遍及江浙。英才蔚出，足以承绍家业者，指不胜屈，私心大慰。弘扬文艺之事，至此已可作一结束。”[25]在他的这些学生中，就有后来成为散文家、漫画家的丰子恺，音乐家刘质平、吴梦非，画家潘天寿，作家曹聚仁等等。1919年，吴梦非、刘质平、丰子恺等人创办上海专科师范学校（1923年改名为上海艺术师范学校，1924年改名为上海艺术师范大学）和“中华美育会”，继承和发扬李叔同的教育精神，培养了一批艺术教育人才。在20世纪二三十年代，江浙沪一带中小学校中的艺术课教师，大多是李叔同的弟子或再传弟子。

挚友夏丏尊曾颇为感慨地说：“李先生教图画、音乐，学生对图画、音乐，看得比国文、数学等更重。这是有人格作背景的缘故。因为他教图画、音乐，而他所懂得的不仅是图画、音乐；他的诗文比国文先生的更好，他的书法比习字先生的更好……这好比一尊佛像，有后光，故能令人敬仰。”[26] 这实在是不刊之论。

1915年秋，李叔同南洋公学时的同学江谦（字易园），任南京高等师范学校校长，苦苦恳请李叔同来校任教，碍于情面，他只好接受了聘书。不意夏丏尊等友人一再恳留，他又不忍违背朋友的诚意，便在杭州、南京两处来回跑，一个月要坐夜车奔波好几次。尽管舟车劳顿，但他对南京高师的教职还是尽心尽力的。1939年，李叔同60岁寿辰时，江谦以《寿弘一大师六十周甲诗》为之祝寿，诗中回忆了二人共事高师时的情景：“鸡鸣山下读书堂，廿载金陵梦未忘。‘宁社’恣尝蔬笋味，当年已接佛陀光。”[27] 在诗的跋语中，江谦记述了李叔同在授课之余，帮着组织金石书画社团“宁社”，借用佛寺展出社友们的作品，并举办讲座，向社友们宣讲相关知识。江谦还透露，在与社友们聚餐时，李叔同只吃蔬食，不动荤腥，言语间流露出“导儒归佛”的迹象。

就在同一年，李叔同在西湖烟霞洞偶遇津门故交陈宝泉。陈时任北京高等师范学校校长，极力邀请他北上担任高等师范教授。李叔同只是“笑而应之”。待陈返京不久，李叔同就去信婉拒了。

四、湖光山色伴歌声

平心而论，在杭州的六七年，李叔同的生活是平静的。他沉醉于艺术教育，流连于西湖山水，与二三挚友为伴，同湖上名士时相往还。尽管当时的中国，在军阀的统治下国势日衰，帝国主义对华的侵略也不断加剧；尽管杭州的沉闷和保守，让他有一丝寂寥和郁闷，也曾有几次离去的打算，但是这样的日子，倒是有几分旧式文人生活的闲散与清静，这大概也是他终究没有离去的原因之一吧。况且，那时的中国，哪里会有他理想的安身之地呢？少年的倜傥与落拓，留日以来的辗转奔波，使他看穿了这破败的世相。他无意混迹于政界，又无力拯民于水火，于是只好蛰身于湖光山色之中，授业于还算清静的校园，来寻求理想人格的寄托了。

刚来杭州时，李叔同就写下了一篇流光溢彩的美文——《西湖夜游记》：

壬子七月，余重来杭州，客师范学舍。残暑未歇，庭树肇秋，高楼当风，竟夕寂坐。越六日，偕姜夏二先生游西湖。于时晚晖落红，暮山被紫，游众星散，流萤出林。湖岸风来，轻裾致爽。乃入湖上某亭，命治茗具。又有菱芰，陈粲盈几。短童侍坐，狂客披襟，申眉高谈，乐说旧事。庄谐杂作，继以长啸，林鸟惊飞，残灯不华。起视明湖，莹然一碧；远峰苍苍，若现若隐，颇涉遐想，因忆旧游。曩岁来杭，故旧交集，文子耀斋，田子毅侯，时相过从，辄饮湖上。岁月如流，倏逾九稔。生者流离，逝者不作，坠欢莫拾，酒痕在衣。刘孝标云："魂魄一去，将同秋草。"吾生渺茫，可唏然感矣。漏下三箭，秉烛言归。星辰在天，万籁俱寂，野火暗暗，疑似青磷；垂杨沉沉，有如酣睡。归来篝灯，斗室无寐，秋声如雨，我劳何如？目瞑意倦，濡笔记之。[28]

这篇颇具文人雅致的文章，虽透露出他对生活的茫然之情，但仍掩不住他对西湖风月的歌赞。这样好的去处，不是更适合寄留他那颗由茫然而淡泊的心吗？事实也正是如此，在题赠友人的扇面上，他写下了这样的诗句："西湖风月好，不慕赤松仙。"

李叔同的住处在钱塘门内，离西湖只两里路光景，靠近湖边，有一所小茶馆，名"景春园"。他时常一个人出门，独自到"景春园"的楼上吃茶。"景春园"楼下，有许多茶客，大多是那些摇船抬轿的苦力，而在楼上吃茶的，常常只有他一个人。有时他临窗独坐，凭栏眺望，看着明灭一片的湖水，听着楼下嘈杂的人声，心中便生出万千滋味。他是一个不甘平庸、自期甚高的人，然而在漂泊无定的寻觅中，在看似热闹的纷扰中，他总是找不到明确的位置，无处安放那个撬动理想之门的支点。杭州虽好，但对他来说，只不过是一个寂寞的港湾。有时，他也坐船到湖心亭去吃茶。有一次，学校里有一位名人来演讲，他便和夏丏尊出门躲避，到湖心亭上吃茶。夏丏尊望着他，颇有感触地说："像我们这种人，出家做和尚倒是很好的。"他听了这句话，就觉得很有意思。但更多时候，李叔同还是为西湖如诗如画的山光水色，而感到身心的愉悦和创作灵感的勃发。他在给南社友人陆丹林的信中这样写道：

昨午雨霁，与同学数人泛舟湖上。山色如娥，花光如颊，温风如酒，波纹如绫。才一举首，不觉目酣神醉。山容水态，何异当年袁石公游湖风味？惜从者栖迟岭海，未能共挹西湖清芬为怅耳。薄暮归寓，乘兴奏刀，连治七印，古朴浑厚，自审尚有是处。从者属作两钮，寄请法政。或可在红树室中与端州旧砚，曼生泥壶，结为清供良伴乎？[29]

钟灵毓秀的西湖风光，激发了李叔同的创作热情。这一时期，除了诗、书、画、印，他还创作了大量的学堂乐歌，以之来纾解心中的郁结。同时，他还把这些乐歌用于音乐教学，借以陶冶学生的情操，提高学生鉴赏与创作的能力。

他写西湖的妩媚：

看明湖一碧，六桥锁烟水。塔影参差，有画船自来去。垂杨柳两行，绿染长堤。飏晴风，又笛韵悠扬起。

看青山四围，高峰南北齐。山色自空濛，有竹木媚幽姿。探古洞烟霞，翠扑须眉。雪暮雨，又钟声林外起。

大好湖山如此，独擅天然美。明湖碧无际，又青山绿作堆。漾晴光潋滟，带雨色幽奇。靓妆比西子，尽浓淡总相宜。[30]

——《西湖》

他写春天的绚丽：

春风吹面薄于纱，春人妆束淡如画。游春人在画中行，万花飞舞春人下。梨花淡白菜花黄，柳花委地芥花香。莺啼陌上人归去，花外疏钟送夕阳。

——《春游》

他写冬天的几点嫣红和一片青葱：

一帘月影黄昏后，疏林掩映梅花瘦。墙角嫣红点点肥，山茶开几枝。小阁明窗好伴侣，水仙凌波淡无语。岭头不改青葱葱，犹有后凋松。

——《冬》

在他的笔下，自然界显得如此闲适和恬静，充满了人的灵性和妩媚，也充满了生命的活力。对自然景色的赞美，正反映了他此时对社会政治生活的淡漠和疏离。

李叔同另有一部分歌曲，则透露出他更为复杂的意绪。如前文引述过的《忆儿时》。还有《送别》：

长亭外，古道边，芳草碧连天。晚风拂柳笛声残，夕阳山外山。

天之涯，地之角，知交半零落。一壶浊酒尽余欢，今宵别梦寒。

长亭外，古道边，芳草碧连天。晚风拂柳笛声残，夕阳山外山。

《悲秋》：

西风乍起黄叶飘，日夕疏林杪。花事匆匆，梦影迢迢，零落凭谁吊。镜里朱颜，愁边白发，光阴暗催人老。纵有千金，纵有千金，千金难买年少！

《春夜》：

金谷园中，黄昏人静，一轮明月，恰上花梢。月圆花好，如此良宵，莫把这似水光阴空过了！英雄安在，荒冢萧萧。你试看他青史功名，你试看他朱门锦乡，繁华如梦，满目蓬蒿！天地逆旅，光阴过客，无聊，倒不如闻非闻是尽抛去，逍遥，倒不如花前月下且游遨，将金樽倒。海棠睡去，把红烛烧；荼蘼开未，把羯鼓敲。莫教天上嫦娥，将人笑。

这些歌曲，流露出他恋旧、惜别、伤逝和悲时的情绪。或许，他试图通过寻索旧日的幸福与欢乐，以及对时序更替的感怀，来消解现实的苦闷和惆怅，宣泄其意气沉沉的人生感慨。

西湖景色虽好，但它不是世外桃源，也不是不染尘杂的艺术之宫。随着国家政局的日益动荡和社会的溃散，文化生态也遭到了严重的破坏。李叔同深深地感到，“中国现在还不是搞艺术的时候”。此时的他，既不能优游于西湖山水之间，又无法在清静的校园里寻得心灵的淡泊与安宁。

李叔同渐渐地对各种宗教产生了兴趣，案头常放着《道藏》一类的书籍。他几乎断绝了一切交往，关起门来研读，人也越发变得谦恭而和易了。在浙江一师的最后几年，他所作的《落花》《月》《晚钟》等歌曲，集中反映了他对此岸世界的厌倦和对彼岸世界的向往：“仰碧空明明，朗月悬太清。瞰下界扰扰，尘欲迷中道。惟愿灵光普万方，荡涤垢滓扬芬芳。”（《月》）“众生病苦谁扶持？尘网颠倒泥涂污。惟神悯恤敷大德，拯吾罪过成正觉；誓心稽首永皈依，暝暝入定陈虔祈。”（《晚钟》）这些歌词，清楚地透露出李叔同今后的人生方向。

在执教浙江一师的六七年间，李叔同创作了大量的学堂乐歌，与他前期作品相比，无论是从数量上，还是艺术水准上，都可算歌曲创作中的精品。他的许多歌词仿照词体形式，在配曲方面，又大胆借用欧美流行曲调，如《送别》，是借用了美国流行歌曲作者 J.P.奥德威《梦见家和母亲》的旋律；《西湖》则使用了苏格兰作曲家亚历山大·麦肯齐的曲子。

/注释/

[1] 欧阳予倩：《春柳社的开场》，载李叔同《花雨满天悟禅机：李叔同的佛心禅韵》，陕西师范大学出版社 2007 年版。

[2] 余涉：《李叔同诗全编》，浙江文艺出版社 1995 年版。

[3] 毕克官：《近代美术的先驱者李叔同》，载《美术研究》1984 年第 4 期。

[4] 陈星：《李叔同身边的文化名人》，中华书局 2005 年版。

[5][24] 林子青：《弘一法师年谱》，宗教文化出版社 1995 年版。

[6] 1932 年 9 月，经亨颐《弘一上人手书华严集联三百》跋文中，在提及李叔同与西湖的关系时说："上人性本淡泊，却他处厚聘，乐居杭，一半勾留是此湖；而其出家之想，亦一半是此湖也。"

[7][12][22] 丰子恺：《为青年说弘一法师》，载金重编《丰子恺品佛》，作家出版社 2009 年版。

[8] 王平陵：《追怀弘一大师》，载金梅编著《遁入空门：李叔同为何出家》，天津人民出版社 2008 年版。

[9][21] 丰子恺：《李叔同先生的教育精神》，载《缘缘堂随笔集》，浙江文艺出版社 1983 年版。

[10][26] 丰子恺：《悼夏丏尊先生》，载《缘缘堂随笔集》。

[11] 夏丏尊：《弘一法师之出家》，载《遁入空门：李叔同为何出家》。

[13] 吴梦非：《弘一法师和浙江艺术教育》，转引自林子青《弘一法师年谱》。

[14] 丰子恺：《李叔同先生的文艺观》，载《丰子恺品佛》。

[15] 丰子恺：《新艺术》，载丰子恺著《艺术趣味》，大象出版社 2009 年版。

[16][17][18][19][20] 见李叔同致刘质平信，载林子青编《弘一法师书信》，生活·读书·新知三联书店 1990 年版。

[23] 陈星：《说不尽的李叔同》，中华书局 2005 年版。

[25][31] 林子青：《弘一法师书信》。

[27] 金梅：《悲欣交集：弘一法师传》，福建教育出版社 2010 年版。

[28][29] 李莉娟：《李叔同诗文遗墨精选》，中国文联出版社 2003 年版。

[30] 以下所引歌词，均见《李叔同诗全编》。

第五章 走向空门

一、断食

杭州是中国六大古都之一，自秦设县治，隋凿运河，后经吴越等十数王朝的营建，园林棋布，宫阙林立，遂成就了它的美丽与华贵。宋代词人柳永，一曲《望海潮》词，写尽了杭州的繁华与风雅：

> 东南形胜，三吴都会，钱塘自古繁华。烟柳画桥，风帘翠幕，参差十万人家。云树绕堤沙。怒涛卷霜雪，天堑无涯。市列珠玑，户盈罗绮、竞豪奢。重湖叠巘清嘉。有三秋桂子，十里荷花。羌管弄晴，菱歌泛夜，嬉嬉钓叟莲娃。千骑拥高牙，乘醉听箫鼓，吟赏烟霞。异日图将好景，归去凤池夸。[1]

杭州还是佛教文化聚集地，大小寺庙星罗棋布，可谓佛法兴盛。早在东晋咸和元年（326），印度佛教徒慧理来杭州，在飞来峰下建起了灵隐寺。东晋永和二年（346），方士许迈在武林山修筑“思真精舍”，每日于舍中修身悟道。8年后，葛洪来宝石山西岭结庐，修道炼丹。及至五代时期，吴越三世五王笃信佛教，于西湖周围建起众多寺庙、宝塔、经幢和石窟。“一时间，山绕重湖寺绕山，红阑碧瓦点翠峦。”[2] 杭州遂有“佛国”之称。及至民国初期，杭州仍有灵隐寺、净慈寺、圣因寺、昭庆寺等大批寺院建筑，还有云栖寺、凤林寺、虎跑寺等著名道场。

杭州浓厚的宗教氛围，不可能不对李叔同有所熏染。其实，在很早以前，李叔同就对佛事有所接触。他五六岁时，就时常看见出家人到他家里念经或拜忏。他还随侄媳到附近的无量庵中学念佛经，甚至还能背诵《大悲咒》《往生咒》等经文。大概是出于好奇，他还在家里与侄儿们一起学做“放焰口”。这些年住在杭州，寺院的晨钟暮鼓自然是朝夕得闻。有时，他独自到西湖边的“景春园”吃茶、观景。在茶馆附近，有一座著名的大寺院——昭庆寺。吃完茶后，他常常顺便到那里去看一看。1913 年夏天，他曾在西湖广化寺里住了好几天，不过没有和出家人住在一起，而是在该寺的旁边，一所叫做痘神祠的楼上。在此期间他也到出家人住的地方看过，心里觉得很有意思。

然而无论是过去还是当时，李叔同对于佛家生活，也只是感到有意思而已。夏丏尊回忆说：在浙江一师的 7 年中，“我们晨夕一堂，相处得很好。他比我长六岁，当时我们已是三十左右的人了，少年名士气息，忏除将尽，想在教育上做些实际工夫。”“我们那时颇有些道学气，俨然以教育者自任，一方面又痛感到自己力量不够。可是所想努力的，还是儒家式的修养，至于宗教方面简直毫不关心的”[3]。的确，李叔同此一时期所读的书，也大多是宋明性理之学和道家的著述，对于佛学似乎并未十分留意。

也许正是在杭州这样的环境里，正是“痛感到自己力量不够”，而又不能从道家理学中获得力量，李叔同才最终被佛寺的晨钟暮鼓所吸引。

说到李叔同与佛结缘，还须从夏丏尊讲起。

夏丏尊（1886—1946），名铸，字勉旃，后改字丏尊，号闷庵，浙江上虞人。现代著名教育家、文学翻译家。1905 年，夏丏尊留学日本，先入东京弘文学院，两年后考入东京高等工业学校，因未申请到官费，家里又无力支持他完成学业，被迫中途辍学。1908 年，夏丏尊受聘浙江两级师范学堂，任该校的通译助教，成了一名没有文凭的教师。李叔同来校任教时，夏丏尊正担任学校舍监并兼授修身课、国文和日文课。

有人说，李、夏二人早在日本留学时就已相识，夏丏尊在《弘一法师之出家》一文中却说，他俩的相识，是在浙江一师任教时期。二人相识虽晚，但相知最深。夏丏尊对李叔同的才学和人品极为钦佩，他说：李叔同“和我相交近十年，他的一言一行，随时都给我以启诱”[4]。夏丏尊是一个厚道而充满热情的人，但似乎并不怎么热心于政治。1912 年，社会上盛传要进行普选，夏丏尊不愿意参与这些事情，就将字改为“丏尊”，故意用生僻的“丏”字造成填写选票的不便或错误。

那时，夏丏尊在杭州的弯井巷租了几间小屋，小屋的窗下，有一棵小梅花树，遂将小屋取名“小梅花屋”。陈师曾为他画了一幅《小梅花屋图》，李叔同在画上题了一首《玉连环影》词。曰：

屋老。一树梅花小。住个诗人，添个新诗料。爱清闲，爱天然；城外西湖，湖上有青山。[5]

夏丏尊也在画上题了一首《金缕曲》：

已倦吹箫矣。走江湖，饥来驱我，嗒伤吴市。租屋三间如艇小，安顿妻孥而已。笑落魄萍踪如寄。竹屋纸窗清欲绝，有梅花慰我荒凉意。自领略、枯寒味。

此生但得三弓地。筑蜗居，梅花不种，也堪贫死。湖上青山青到眼，摇荡烟光眉际。只不是家乡山水。百事输人华发改，快商量别作收场计。何郁郁，久居此！[6]

从以上两首词里，可以看出夏丏尊是一个淡泊自守的人，当然这淡泊里也还带了些抑郁不欢的情绪。这样的性情，这样的心境，李叔同反倒觉得颇为可爱，这大概是两个人心曲相通，意气相投的缘故吧。

1915 年夏秋间，李叔同在东京洗过温泉浴，返回国内。他先将日籍夫人留在上海，然后一个人回到杭州，继续教书。南京高师的课程，平常有李鸿梁代理，他也用不着像先前那样频繁地奔波了。看上去，生活和往常没有多少不同，至于他的内心起了怎样的变化，外人也只能做事后的推想了。

转眼到了 1916 年夏。一天，夏丏尊在一本日本杂志上看到一篇题为《断食的修养方法》的文章，说断食是身心“更新”的修养方法，自古宗教上的伟人，如释迦、耶稣都曾断过食。还说断食能使人除旧换新，改去恶德，生出伟大的精神力量。文章还列举了实行断食的方法及注意事项，又介绍了一本专讲断食的参考书。夏丏尊对这篇文章很有兴味，便说给李叔同听。谁知李叔同十分好奇，就将杂志要去看。此后二人也常谈起这件事，彼此都说要找机会试一试。这话在夏丏尊那里，只是说说而已，岂料李叔同却认起真来。那时，李叔同正患有神经衰弱，看到断食能治疗各种疾病，就想来断一下，或许真的能够治好他的病。

要行断食，最适宜的时间是在寒冷的季节，李叔同就把断食的时间初步定在十一月间。至于断食的地点，他想来想去，觉得应该有一个幽静的地方才好，但一时又想不到哪里更为合适。李叔同来杭州后，加入了西泠印社，和前任社长吴昌硕、现任主持叶品三都有交往。叶品三是土生土长的杭州人，对这里的情况自然十分熟悉，于是，他便跑到西泠印社找叶品三商量。叶品三说：

"在西湖附近的地方，有一所虎跑寺，游客很少，且十分僻静，可作为断食的地点。"

李叔同问道："既要到虎跑寺去，总要有人来介绍才对，究竟要请谁呢?"

"有一位丁辅之，也是杭州人，工篆刻，擅画梅，现为上海中华书局的馆外编纂。他是虎跑寺的大护法，可以请他去说一说。"

于是，叶品三就写信请丁辅之代为介绍。

虎跑寺位于西湖西南的大慈山下，始创于唐代。相传有高僧自南岳来此结庐，苦于无水。一夜，梦神人告曰："南岳有童子泉，当遣二虎移来。"天明，果见二虎于草庐不远处跑地作穴，不一会儿即有泉水涌出。高僧遂名为"虎跑泉"，并傍泉建寺，亦称"虎跑寺"。唐僖宗乾符年间，赐名大慈定慧禅寺。宋代以降，多称"虎跑定慧寺"。

到旧历十一月的时候，李叔同又托人到虎跑寺去了一趟，看看那边的情况。看的人回来说，那个地方非常幽静。从寺院到虎跑泉，有一条约二里多长的石板路，两旁山林茂密，一条溪流从山上蜿蜒而下，离寺越近，水声越响。走过石板路，迎面便是一座四方凉亭，墙上写着 3 个大字："虎跑泉"。寺中房子很多，平常的时候都是关起来，游客是不能走进去的。方丈的楼上，只住着一位出家人，此外并没有什么人居住，倒很清静。到十一月三十日这天，李叔同就带着照料他日常生活的校工闻玉，去了虎跑寺，住在方丈楼下的一间屋子里。

李叔同断食的具体时间是旧历十一月三十日至十二月十九日（公历1916年12月24日至1917年1月12日），前后共20天。夏丏尊在《弘一法师之出家》中记述道："他的断食，共三星期。第一星期逐渐减食至尽，第二星期除水以外完全不食，第三星期起，由粥汤逐渐增加至常量。……他平日是每日早晨写字的，在断食期间，仍以写字为常课，三星期所写的字，有魏碑，有篆文，有隶书，笔力比平日并不减弱。"[7]准确地讲，李叔同断食的完整过程，应为前期5天，正期7天，后期6天，共计18天。这在李叔同的《断食日志》中有十分详尽的记录。《断食日志》原稿在李叔同出家时交由同事堵申甫保存，直到1947年才由陈鹤卿居士誊清，并将其发表在上海《觉有情》杂志第7卷第11、12期上。李叔同在"日志"中详细地记录了断食的时间、气温、饮食、起居行止、生理反应及心理状态等。尤其值得注意的是，在这份《断食日志》中，还包含了许多天理教的内容。

天理教为日本妇女中山美伎于1838年创立，主要藉咒术、神符为人医病、助产，同时与家人一起传播"天理王命"的信仰。"天理王命"是天理教信仰的10个神的总称，又称为"父母神"。其教义认为，世界和人类都是父母神创造的，人必须认识神的恩惠，愉快地从事日常的"神圣劳动"，彼此合作，相互亲爱，消除前生宿业，实现"康乐生活"，最终达到父母神所期望的"康乐世界"。其基本经典有《御神乐歌》(修行时的唱词)、《御笔先》(记"神示"的1711首和歌）以及中山美伎等教主的言论集《御指图》。李叔同在"日志"中多次记录了他获得神诏、感谢神恩和记诵《御神乐歌》的情景。由此可见，他在断食前后，曾经探究抑或信奉过日本天理教。有人推测，李叔同对天理教的亲近，大概是受了日籍夫人的影响。据说，日籍夫人回国之后，即成了天理教教徒。但不管怎么说，夏丏尊有关断食文章的推介，只能是一个诱因，而最终促使他作出决定的，似乎还有天理教的"神诏"。其实，李叔同对宗教的兴趣是广泛的，无论是日本天理教、西方耶稣教，还是道教、儒教（性理之学），他都曾关注过、探究过，而且对任何一种宗教，他既不排斥，也无偏见。很明显，在李叔同的内心深处，宗教是他从精神困境中突围的一个方向，至于最后皈依何种宗教，那只能由因缘而定了。

《断食日志》摘录：

丙辰嘉平一日始。断食后，易名欣，字俶同，黄昏老人，李息。

十一月廿二日，决定断食，祷诸大神之前，神诏断食，故决定之。

到虎跑携带品：被褥帐枕、米、梅干、杨子（牙刷）、齿磨（牙粉）、手巾、手帕、便器、衣、漉水布、ソチネ（西药名）、日记纸笔书、番茶（日本粗茶）、镜。

（十一月）三十日晨，命闻玉携蚊帐、米、纸、糊、用具到虎跑。

午后四时半入山。榻于客堂楼下，室面南，设榻于西隅，可以迎朝阳。闻玉设榻于后一小室，仅隔一板壁，故呼应便捷。晚燃菜油灯，作楷八十四字，自数日前病感冒，伤风微嗽，今日仍未愈。口干鼻塞，喉紧声哑，但精神如常。八时眠，夜间因楼上僧人足声时作，未能安眠。

十二月一日，断食前期第一日。疾稍愈，七时半起床。是日午十一时食粥二盂，紫苏叶二片，豆腐三小方。晚五时食粥二盂，紫苏叶二片，梅干一枚。饮冷水三杯，有时混杏仁露，食小桔五枚。午后到寺外运动。

四日，断食前第四日。七时半起床。是晨气闷、心跳、口渴，但较昨晨则轻减多矣，饮冷水稍愈。起床后头微晕，四肢乏力。食小桔一枚，香蕉半个。八时半精神如常，上楼访弘声上人，借佛经三部。午后散步至山门，归来已觉微疲。写楷字八十四，篆字五十四。食小桔二枚。是日十一时饮米汤二盂，食米粒二十余。八时就床，就床前食香蕉半个。自预备断食，每夜三时后腿痛，手足麻木。

五日，断食前第五日。六时醒，气体甚好。起床后不似前二日之头晕乏力。精神如常，心胸愉快。到菜园采花供铁瓶。食梨半个，吐渣。午后侍和尚念佛，静坐一小时，微觉腰痛，不如前日之稳静。三时食梨半个，吐渣，食香蕉半个。午、晚饮米汤一盂。写字百六十二。傍晚精神稍差，恶寒口渴。本定于后日起断食，改自明日起断食，奉神诏也。

六日，断食正期第一日。八时起床，手足乏力。八时半饮梅茶一

断食之后像

杯。脑力渐衰，眼手不灵，写日记时有误字，多遗忘。是日共饮梨汁一个，桔汁二个。眠前以棉花塞耳，并诵神人合一之旨。七时就床，梦变为丰颜之少年，自谓系断食之效。

十八日，断食后期最后一日。夜间酣眠八小时，甚畅快，入山以来未之有也。是晨早起，因欲食寺中早粥。六时半食浓粥三盂，豆腐青菜一盂，胃甚涨。坐菜圃小屋诵《神乐歌》，今日暗记诵七下目，敬抄《神乐歌》八叶。午，食饭二盂，豆腐青菜一盂，胃涨大，食烟一服（即抽烟一支）。午后到山中散步，足力极健。采干花草数枝，松子数个。晚食浓粥二盂，青菜半盂，仅食此不敢再多，恐胃涨也。餐后胸中极感愉快。灯下写字五十四，辑订断食中字课，七时半就床。

十九日，午后一时出山归校。嘱托闻玉事件：晚饭菜、桔子、做衣服附袖头。自己事件：写真，付饭钱，致普慈信。[8]

断食期间，李叔同曾留影一帧，照片上端由闻玉题字：“李息翁先生断食之像，侍子闻玉题。”这幅照片后来制成明信片分送朋友。像的下面用铅字排印着：“某年月日，入大慈山断食十七日，身心灵化，欢乐康强——欣欣道人记。”出山前一天，李叔同还将断食期间临摹的碑帖，辑订为一册，册后题记：“丙辰十一月三十日至十二月十八日，断食大慈山定慧寺所书。”并钤“不食人间烟火”“一息尚存”二印。返校之后，李叔同即刻到杭州城里的一家影楼拍照，留下一幅手捧《断食日志》的影像。

李叔同断食的过程虽只18天，但他自觉身心都起了明显的变化。在其后不久写给学生朱酥典的一幅横披中，他题了“灵化”二字，并在题记中写道：“丙辰新嘉平，入大慈山，断食十七日，身心灵化，欢乐康强。书此奉酥典

李叔同断食后书写的「灵化」二字

李叔同手书“灵化”

仁弟，以为纪念。欣欣道人李欣俶同。”[9]“灵化”者，神异的变化也。夏丏尊在《续护生画集序》中言：李叔同“在俗时，体素弱，自信无寿征。日者谓丙辰有大厄，因刻一印章，曰‘丙辰息翁归寂之年’。是岁为人作书常用之。余所藏有一纸，即盖此印章”[10]。可见，李叔同对“丙辰有大厄”的说法还是颇为当真的，这大概就是他在丙辰年（1916）实行断食，并在断食过程中反复记诵《御神乐歌》的部分原因。他试图通过断食试验和祈祷神灵，使自己的身心发生奇异的变化，从而获得新生。这是他的初衷，也是他的期望。而事实上，李叔同在断食之后，也确实发生了某些变化。夏丏尊回忆说：“他断食以后，食量大增，且能吃整块的肉。（平日虽不茹素，不多食肥腻肉类）自己觉得脱胎换骨过了，用老子‘能婴儿乎’之意，改名李婴。”[11]

这次断食，正值阳历年假。李叔同的日籍夫人住在上海，往常他每月要回上海两次，年假暑假照例都回上海的。这次一放了年假，夏丏尊也就回老家去了，总以为李叔同也会和往常一样回上海去。10天的假期很快过去，夏丏尊回到学校，却不见李叔同的影子，又过了两个星期他才回来。一问，才知道他并没有回家，而是到虎跑寺断食去了。夏丏尊大为惊异，就问他：“为什么不告诉我？”李叔同笑着说：“你是能说不能行的，并且这事预先叫别人知道也不好，旁人大惊小怪起来，容易发生波折。”

李叔同原本是入寺断食的，却不料这一去竟对僧人的生活喜欢且羡慕起来。他先前虽与僧人有过接触，但并没有和出家人住在一起，也不知道寺院中的真实情景，以及出家人的生活又是如何。这回到虎跑寺去住，看见住在楼上的那位出家人从他的窗前经过，便十分地喜欢，常常和这位出家人谈话。出家人的态度也十分友好，时常拿些佛经给他看。住寺的时间虽只有3个星期，李叔同的心里却很愉快，居然连他们所吃的菜蔬也爱吃了，似乎那是什么稀有的美味，以至回到学校后，立即请佣人依照寺中的做法煮了来吃。

这次断食之后，李叔同依然教课，间或为人写写字，读书也还是看一些宋元人的理学书和道家的书，情形与先前似乎没有什么大不同。但对佛家生活的兴味，已深埋在他的心里，且在不断地潜滋暗长。

马一浮像

二、皈依

就已知资料来看，李叔同最早流露入佛的想法，是在1917年1月18日，也就是断食结束后的第6天。他在这一天写给刘质平的信中说："鄙人拟于数年之内，入山为佛弟子（或在近一二年亦未可知，时机远近，非人力所能处也）。现在已陆续结束一切。"[12]从这段文字可以看出，李叔同出家的想法十分明确，且已经着手进行，只是时间尚不确定。而就在这个时候，他与马一浮先生的交往，则成了他入佛的助缘，无形中加快了他皈依佛门的步伐。

马一浮（1883—1967），幼名福田，后改名浮，字一浮，号湛翁，浙江绍兴人。他自幼博览群书，过目成诵，儒学、佛学造诣精深，诗文、书法、篆刻无一不精。他青年时代游学美国、日本，归国后远离官场，专心治学，遂成"千年国粹，一代儒宗"（梁漱溟语）。1914年寓居杭州时，他与一些佛教学者成立了浙江最早的佛学团体"般若会"，倡导"以入佛知见、圆悟自心为宗，转化含识、同证法界为趣"（《般若会约》）的学佛理念。马一浮对佛学的宣传和推动，影响了包括李叔同在内的一大批文化教育界人士。当时有志于研习佛学者，大都与他有过交往，在同辈学人中就有马叙伦、梁漱溟等。

李叔同早在就读南洋公学期间，就通过同学谢无量结识了正在上海游学的马一浮。尔后一别10年，不通音信，直到1912年李叔同任教杭州，二人才重续前缘。在李叔同眼里，马一浮是世间少有的高人。有一次，他对丰子恺说："马先生是生而知之的。假定有一个人，生出来就读书，而且每天读两本（他用食指和拇指略示书之厚薄），而且读了就会背诵，读到马先生的年纪，所读的还不及马先生之多。"[13]看得出，李叔同对马先生是真心佩服，而马先生对李叔同的才华也颇为钦慕。1917年4月8日，马一浮致信李叔同说："壁上琴弊。向者足下欲取而弹之，因命工修理，久之始就。曾告徐君，便欲遣童赍往，未辱其答，恐左右或如金陵。比还杭州，愿以暇日枉过草庵，安弦审律，或犹可备君子之御耳。”[14] 这时李叔同与马一浮交流的还是艺术，可是待到下半年李叔同发心吃素以后，他们的话题就更多地转向佛学了。

在其后的交往中，马一浮还送给李叔同多种佛典，如《起信论疏笔削记》《三藏法数》《天亲菩萨菩提心论》《净土论》等。李叔同后来曾对丰子恺说，他的学佛是受马一浮先生指示的。

李叔同习佛的兴趣越来越浓，他渐渐地将个人生活收缩起来，原本课外教授丰子恺日文的工作，现在请夏丏尊来接替；交往应酬的事情本来就少，这会儿也差不多终止了。除了上课，他几乎整天躲在房间里研读佛典，或是到寺里听禅师说法。九月的一天，他到虎跑寺听法轮禅师说法，颇有感悟，归来书联赠法轮长老云：“永日视内典，深山多大年。”[15] 他与朋友的书札往还，也大多与佛事有关。旧历十二月初六日，马一浮给他写信说：“昨复过地藏庵，与楚禅师语甚久。其人深于天台教义，绰有玄风，不易得也。幻和尚因众启请，将以佛成道日往主海潮寺；遂于今夕解七。明日之约，盖可罢已。海潮梵宇宏广，幻和尚主之，可因以建立道场，亦其本愿之力，故感得是缘。月法师闻于今日荼毗，惜未偕仁者往观耳。浮和南，叔同居士足下，初六日。”[16]

在这之后，李叔同对佛家生活的兴味也几近入迷，到了冬天，他“请了许多经，如《普贤行愿品》、《楞严经》、《大乘起信论》等很多的佛经，而于自己的房里，也供起佛像来，如地藏菩萨、观世音菩萨等的像，于是亦天天烧香了。”[17]

转眼到了阴历年假，师生纷纷离校，李叔同不回上海与日籍夫人团聚，反而悄悄地到虎跑寺习静度岁去了。他仍住在断食时住过的方丈楼下。当时马一浮有个名叫彭逊之的朋友，先前曾与马一浮一起研究《易经》，两人颇为投契，求马先生介绍一个清静的寓所。马先生忆起李叔同先前说过他断食的地方，就把彭逊之陪送到虎跑寺。恰好李叔同正在那里，经马一浮介绍，他们就一起同住。住了不几天，彭逊之忽然发心出家，由虎跑寺当家法轮长老为他剃度。李叔同目睹了彭逊之剃度为僧的全过程，大为感动。他原以为自己从佛的信念已够坚定的了，不料还有像彭逊之这样即修即悟的人在。于是，他就向方丈楼上的弘祥法师提出拜师的请求。弘祥法师不敢贸然答应，就到松木场护国寺把自己的师父了悟法师请过来，让李叔同拜他为师。这样，李叔同就于1918年正月十五日（公历1918年2月25日）皈依三宝，拜了悟法师为皈依师，取法名演音，法号弘一。

李叔同返校之后，置备了蒲团、念珠之类的东西，将自己的房间布置得与禅房毫无二致，每天烧香供佛，研读佛经。给人写信或写字，也以“演音”落款，或自称“当来沙弥”。夏丏尊看到自己的挚友成了这个样子，心中极不平静，他在《弘一法师之出家》一文中记下了当时的心情：“他对我说明一切经过及未来志愿，说出家有种种难处，以后打算暂以居士资格修行，在虎跑寺寄住，暑假后不再担任教师职务。我当时非常难堪，平素所敬爱的这样的好友，将弃我遁入空门去了，不胜寂寞之感。在这七年之中，他想离开杭州一师，有三四次之多。有时是因为对于学校当局有不快，有时是因为别处来请他。他几次要走，都是经我苦劝而作罢的。甚至于有一时期，南京高师苦苦求他任课，他已接受聘书了，因我恳留他，他不忍拂我之意，于是杭州、南京两处跑，一个月中要坐夜车奔波好几次。他的爱我，可谓已超出寻常友谊之外，眼看这样的好友，因信仰的变化，要离我而去，而且信仰上的事，不比寻常名利关系，可以迁就。料想这次恐已无法留得他住，深悔从前不该留他。他若早离开杭州，也许不会遇到这样复杂的因缘的。暑假渐近，我的苦闷也愈加甚，他虽常用佛法好言安慰我，我总熬不住苦闷。”[18]

然而，无论是亲人、朋友，还是曾经拥有的现世辉煌，都不可能再让李叔同回头。对这个令他爱、令他恨、令他唏嘘嗟叹的纷扰尘世，他也不再有任何的眷恋。他如一个幡然而悟的行者，向着自己心中的光明地，步履坚定地前行，决不旁顾。在给刘质平的信中他这样写道：

> 不佞自知世寿不永，又从无始以来，罪业至深，故不得不赶紧发心修行。自去腊受马一浮大士之熏陶，渐有所悟。世味日淡，职务多荒。近来请假，就令勉强再延时日，必外贻旷职之讥，内受疚心之苦（逾课时之半，人皆谓余有神经病）。君能体谅不佞之意，良所欢喜赞叹！不佞即拟宣布辞职，暑假后不再任事矣。所藏音乐书，拟以赠君，望君早返国收领（能在五月内最妙），并可为最后之畅聚。不佞所藏之书物，近日皆分赠各处，五月以前必可清楚。秋初即入山习

静，不再轻易晤人。剃度之期，或在明年。[19]

至此，李叔同出家的决心已定，惟待时日了。

三、披剃为僧

李叔同打算在这一年的暑假入山，先在寺中住上一年后再行出家。于是，他开始着手结束校内的事务。其时，他虽担任着教职，但内心却已经把自己当做出家人了。他请人做了一件海青，学习了早晚两堂功课。二月初五，是他母亲的忌日，他提前两天到虎跑寺，在那里诵了3天《地藏经》，为母亲回向。四月十五这天，他身着海青，带着丰子恺和提前结束学业刚刚回国的刘质平，学出家人结跏趺坐的姿势，与两位最得意的弟子拍了一张合照留念，算是给这段俗世的师生情缘，留下一个不可复得的印迹。五月底，他便提前结束课程，完成学生的考试，毅然辞去他从事了近七年的教职。

出家前数日，李叔同带着丰子恺，到玉泉寺去看望程中和先生。程先生原是军队的一个团长，近来忽然悟道，暂时住在玉泉寺，准备出家为僧。李叔同与他谈了很久，话颇投机。此后不久，丰子恺陪李先生的朋友、日本画家大野隆德再到玉泉寺投宿时，看见一个坐着的和尚，正是那

李叔同与丰子恺、刘质平合影

西泠印社“印藏”拓样

位程先生。丰子恺想称呼他“程先生”，觉得与身份不合；称他为法师，又不知道他的法名，一时周章得很。丰子恺回校后，就将此事向李先生说了一遍，不想李叔同告诉丰子恺，他不久也要出家为僧，就做那位和尚的师弟。

这期间，李叔同将历年所作美术作品，送给了北京国立美术专科学校。所刻所藏印章，送给西泠印社。该社社长叶品三将其封存于石壁之中，名为“印藏”，题记曰：“同社李君叔同，将祝发入山，出其印章移储社中。同人用昔人‘诗冢’、‘书藏’遗意，凿壁庋藏，庶与湖山并永云尔。戊午夏叶舟识。”[20]笔砚碑帖，送给了乐石社社友周承德。部分图书珍玩，送给了友人崔旻飞。同时将少时朱慧百、李苹香二妓所赠诗画扇页，装成卷轴，自题“前尘影事”，并记云：“息霜旧藏此卷子，今将入山修梵行，以贻丏尊。戊午仲夏并记。”[21]，又在所藏赠金娃娃《高阳台》词横幅加跋，连同折扇、金表等，一并送给夏丏尊。经亨颐、堵申甫等人亦各有所赠。

入山的日期一天天临近，李叔同便将先前预留的3个月薪水取出，分为3份：一份连同剪下的一绺黄须，用纸包好，嘱托上海城东女学的好友杨白民先生，在他入山之后转交日籍夫人；一份连同呈文送交浙江省政府，请代为转呈北京内务部，用作开脱俗籍、拨入僧籍的印花费和手续费；最后一份留作入寺受戒时的斋饭补充费。他默默地将临行前的事情一一安排妥当。

五月二十二日（公历6月30日），也就是入山的前一天，李叔同给杨白民写了“南无阿弥陀佛”的直幅，又给刚到城东女学任教的刘质平写了信及条幅，然后将书、信与几个小纸包一并包裹好寄出。在给杨白民的信中，李叔同这样写道：

> 赠兄之阿弥陀佛直幅，乞收之。又一小条，乞交质平。（孝先款）其余四包，乞依包面所写者分送之。费神，至好不言谢也。
>
> 白民老哥弟婴顿首五月廿二日。
>
> 又：《类腋》及《楹联丛话》各一册，系前送上之书籍内所缺者，故补奉之。
>
> 附致质平函，乞转交。弟定明晨入山。[22]

李叔同有条不紊地做着一件一件的事情，他似乎是在用这样的方式，与他牵挂的每一位亲朋故交，与他走过的 39 个春秋，与这个爱恨交加的俗世，作最后的道别。也许，此时他的心中，一片澄明；也许，此时他的眼里涌出温润的泪水，心头沁出万般的滋味。

这一天的晚上，李叔同把丰子恺、叶天瑞、李增庸等几个学生叫到自己房里，把剩余的书籍、字画、照片之类的东西，分别送给了他们。做完这些事情之后，已是深夜，李叔同静下心来，燃起一支红烛，准备完成他行前的最后一件事情。去年春天，姜丹书的母亲病逝，丹书曾请李叔同为其母书写墓志铭。他与丹书很早便有文字之交，继为南社同人，后又同事浙江一师，二人志同道合，声应气求，相契 7 年，对丹书的请求自然满口答应，只是迟迟没有动笔。此刻夜阑人静，李叔同研墨展纸，以雄深雅健的魏碑书体，写下了 549 字的墓志铭，落款是“大慈演音书”。写毕，他当即将毛笔折为两截。待到第二天姜丹书闻讯赶到李叔同房中时，早已人去楼空，唯见案上残烛半支，断笔两截，以及端放案中的《姜母强太夫人墓志铭》。这篇墓志铭，也就成了李叔同的红尘绝笔。

对李叔同的出家，姜丹书一直难以接受。眼前的情景，不禁让他想起不久前与李叔同的一段对话：

上人之将为僧也，余曾问之：“何所为?”曰：“无所为。”曰：“君固多情者，忍抛骨肉耶?”则答曰：“譬患虎疫死焉，将如何?”[23]

李叔同走了。他只带了些粗布衣服和几件日常用品。挚友夏丏尊送他到校门口，他执意不让再送，两人约期后会，黯然握别。随后由丰子恺、叶天瑞、李增庸几个学生陪着，闻玉担了行囊随后，一行人从浙江一师出涌金门，过净慈寺，一路向虎跑寺行去。

李叔同住进虎跑寺的第二天，就穿上了出家人的衣裳。他打算先在寺里住上一段时间，转年再行剃度。隔了几日，夏丏尊前来探望，看他一身出家人打扮，心中异常难受，不觉脱口说道：“这样做居士，究竟不彻底，索性做了和尚，倒爽快。”李叔同听了这话，仍是面带笑容，毫不介意。这之后，夏丏尊回老家服侍患病的父亲待半月后再到虎跑寺看他，不禁大吃一惊。眼前的李叔同已剃去短须，头皮光光，着起海青，赫然是一个和尚了。

见夏丏尊目瞪口呆的样子，李叔同就笑着说："昨天受剃度的。日子很好，恰巧是大势至菩萨生日。"

"不是说暂时做居士，在这里住住修行，不出家的吗?"夏丏尊问。

李叔同仍笑着说："这也是你的意思，你说索性做了和尚……"

夏丏尊听罢，无话可说，心中感慨万端。李叔同问过他父亲的病况，留他小坐，说要写幅字，让他带回去，作为出家的纪念。说罢起身回房，约莫过了半个多小时，李叔同拿着一幅字出来，上面写着《楞严经》的一节经文，文后小跋云：

> 戊午大势至菩萨诞，剃度于定慧禅寺。翌日丏尊居士来山，为书《楞严念佛圆通章》，愿他年同生安养，闻妙法音，回施有情，共圆种智。大慈山当来沙弥演音并记。七月十四日。[24]

佛教戒律规定，僧尼出家，须经落发、染衣、受戒，方可为"息恶行善"的沙弥。落发即剃去发须（剃度），染衣即披上袈裟，这两项统称"披剃"。李叔同已经披剃，还须接受戒律（受戒），才算正式的僧人。八月底，李叔同便由一个叫林同庄的人介绍，到灵隐寺去受戒。灵隐寺是杭州规模最大的寺院，李叔同一向很喜欢。出家以后，他也曾到各处的大寺院看过，但总没有像灵隐寺那么的好。寺中的方丈知道他曾是一位名人，对他格外客气，安排他在客堂后面的芸香楼上住，只是在戒堂里面有了紧要佛事时，才让他去参加一两回。

当时灵隐寺的大师父是慧明法师，他衣着毫不考究，看起来很不像大寺院法师的样子，但他待人很平等，无论你是大好佬，还是苦恼子，他都是一样看待。所以僧俗两界各色人物，对他没有一个不佩服的，就连杭州城里的"马溜子"（即出家流氓）也对他敬畏有加。这些"马溜子"平时不准住在寺院里，他们浪迹街头，栖身凉亭，一旦听到某处寺院里有人打斋，便立刻会集了去赶斋饭（吃白饭）。在杭州这一带，"马溜子"特别多，他们自暴自弃，无所不为，一般人总不拿他们当人看待。可就是这帮人，却经常到灵隐寺去看望慧明法师，而慧明法师待他们也很客气，并时常说些佛语，感化他们。一次，慧明法师从外面回来，有位僧人发现他没穿裤子，觉得奇怪，就问他为何没穿裤子。他说，在外面遇见一个"马溜子"，向他要裤子，他就把裤子脱给"马溜子"了。这样一位待人平等、生活简朴的大法师，也使李叔同十分地钦佩和景仰。有一天，他俩在寺中偶然相遇。慧明法师得知李叔同是来接受戒律的，就对他说："你是来受戒的，为什么不进戒堂呢？虽然你在家的时候是读书人，但是读书人就能这样随便吗？就是在家是一个皇帝，我也一样看待。"这番话对李叔同震动很大，而面对慧明法师那忠厚笃实的容色，他又从内心佩服不已。九月，李叔同终于在慧明法师的主持下受了具足戒[25]，受戒后仍回虎跑寺。到了十二月底，他又迁到玉泉寺。

据说，李叔同出家后，曾托友人将住在上海的日籍妻子送回日本。可这位日籍夫人哪里能接受这残酷的现实，她找到李叔同的老友杨白民先生，非常痛心地说："日本的和尚是容许有妻室的，为什么李先生要遣返我呢？"杨白民一再地向她解释中国佛教的情况。她知道自己与李叔同十几年情深意笃的夫妻生活已到了尽头，但她还是抱着最后一线希望，求杨白民带她去杭州，与李叔同见上一面。

杨白民带着这位日籍夫人来到杭州，先把她安顿下来，然后去虎跑寺通报。李叔同听说她已到杭州，知道回避不掉，只好同意见面。在西湖东侧的一家旅馆里，李叔同见到了日籍夫人。他望着泪流满面的妻子，万千滋味涌上心头。一个弱女子，别国弃家伴他来到中国，十几年相慰相扶，如此深笃的情意，辄难割舍。然而李叔同是绝不会因此放弃自己的抉择的，他要做和尚，就做一个彻底的和尚，这是他的"认真"使然。他强抑着自己的感情，安慰妻子说："你有技术，回日本去不会失业。"临别，李叔同退下腕上的手表，留给妻子，以作离别纪念。与妻道别后，李叔同雇了一叶小舟，离岸而去，连头也没有再回一下。妻子见他出家的决心如此坚定，知道再无挽回的可能，便望着渐行渐远的小船失声痛哭。不久她回到了日本，从此杳如黄鹤。

四、出家之谜

1918 年，李叔同 39 岁。在此前的二十多年里，李叔同以其卓异的才华和不懈的努力，在文学、美术、音乐、话剧、书法、篆刻以及教育等领域，取得了显著的成就，奠定了他一代艺术大师的地位。有人曾撰文说：

如果李叔同后来不出家，如果他向着原定的目标进发，其演剧将不亚于梅兰芳，绘画将不亚于徐悲鸿，诗词文章则当时便不亚于苏曼殊，教育成就也不亚于陶行知了。这样的假设虽未必确当，却表明他在艺术上的成就确实到了一个极高的境界，如果他愿意，便可在艺术的王国里继续前行，成为一位诸艺皆备的艺术大家。然而，正当他渐臻佳境时，却戛然而止，二十余年追求到的艺术生命，竟毫不吝惜地掷弃，换来的却是一领冰冷的僧衣，这样急骤的转变，着实令人惊异。究竟是什么，使这位风流倜傥的才子、艺术家，如此决绝地抛弃了世俗名利、亲友门生，而走向了空门呢？

对于李叔同的出家，人们有过太多的猜测。一说因家业的败落；一说因对现实社会的失望和理想的破灭；还有人在香港的报纸上载文，说他的日籍夫人红杏出墙，东归日本，李叔同遭此打击，大失所望，终于出家。总之，都是因为这样那样的挫折或失意，正所谓“一生几许伤心事，不向空门何处销”[26]。这些说辞，多从一事一因入手来破解李叔同出家之谜，难免有以偏概全之嫌。

在《我在西湖出家的经过》一文中，李叔同对自己的出家，有过详细的记述。他说在5岁以后，就时常与出家人见面，还经常观看出家人在他家里做佛事。十二三岁时，也曾学过“放焰口”。正是这些活动，使他在幼年时期就种下了信佛的因子。1913年夏天，他在西湖边上的广化寺里住过几天。尽管只是住在寺旁的痘神祠里，但有时也到出家人住的地方去看看，心里“感觉得很有意思”。在浙江一师任教时，他的住处在钱塘门内，离西湖只两里路光景。闲暇时间，他时常一个人到西湖边的茶馆里吃茶，眼观西湖的风景，耳听寺院的佛乐，独特的人文景观和浓厚的宗教氛围，使他更多了一分对佛家的亲近。这期间，他还时常与友人们到湖上去散心、吃茶。一次，学校请一位当红名士演讲，他和夏丏尊不愿意凑那个热闹，便乘了一叶小舟，到湖心亭吃茶。路上碰见一位神态洒脱的和尚，两人都很羡慕。夏丏尊说：“像我们这种人，出家做和尚倒是很好的。”他听了这话，“觉得很有意思”。于是，诸如此类的幼时记忆以及西子湖畔的生活经历，就成了他出家的“远因”。

至于他出家的“近因”，一是指1916年的“断食”，和“断食”过程中所引发的他对佛家生活的兴味，以及夏丏尊“索性做了和尚，倒爽快”这句话的刺激；二是彭逊之迅即出家的感染，和国学大师马一浮的“熏陶”与影响。在这些“近因”中，马一浮的影响尤为关键。马一浮在当时的杭州，可以说是佛学界的精神领袖。李叔同“断食”之后，与马一浮的交往愈加频繁，他们谈话的内容，大都是对佛学的探讨。丰子恺在《陋巷》一文中，曾有过生动的记述：

> 在出家前的某日，他（李叔同）带了我到这陋巷里去访问M先生（即指马一浮——引者注）。我跟着L先生走进这陋巷中的一间老屋，就看见一位身材矮胖而满面须髯的中年男子从里面走出来迎接我们。我被介绍，向这位先生一鞠躬，就坐在一只椅子上听他们的谈话。我其实全然听不懂他们的话，只是断片地听到什么“楞严”、“圆觉”等名词，又有一个英语“Philosophy”（即哲学——引者注）出现在他们的谈话中。[27]

1918年春节期间，李叔同在虎跑寺习静，曾邀请时任钱塘道尹的故交王守恂来寺晤谈。后来王守恂在《惜才》一文中详细记录了他与李叔同、马一浮、彭逊之等人叙谈的情景：“余友李叔同，习静定慧寺，约往谈赴之。座上客四人，皆倜傥不羁，相与谈论，皆聪明俊伟士也。率通内典，并于儒书国故，娓娓然有卓识焉。一为彭君（指彭逊之——引者注），在十日内即剃度；一为陈君，为月霞僧弟子；一为刘君，曾受菩萨戒；一为马君（指马一浮——引者注），矢为佛弟子，断绝肉食。是四君子者，志相同，道相合。”[28] 这次聚谈后10天，彭逊之即落发为僧，法号安仁大士。李叔同目睹彭逊之剃度出家的全过程，大为感动，亦在数日后皈依了悟法师。

陋巷恳谈，定慧聚会，彭逊之出家，这些活动都离不开一个关键人物——马一浮。可以说，李叔同出家的想法，正是在与马一浮的交往中，逐渐变为坚定的信念的。

李叔同对于自己出家原由的记述，当然不可不信，然而仔细思量，他所说的这些“远因”与“近因”，好像更多的是促使其出家的机缘，而非内在的机因。从世俗人的角度来揣测，李叔同的出家，除了“生性有缘”和表面化的机缘凑巧之外，似乎应该有更为内在的动因。也许是有意回避，也许是身在此山，总之李叔同并没有把这些真实的内在动因明白地讲出来。

试想，一个人抛掉用半世心血一点一滴积聚起来的成就，与自己的前半生实行彻底的断裂，从头开始一种芒鞋锡杖、沿门托钵的苦行之旅，如此决绝的人生选择背后，似乎应该有更为深刻而复杂的原因吧。

李叔同身处社会急剧动荡的时代，帝国主义以坚船利炮打开中国门户，以不平等条约为借口，进行种种政治、经济的侵略；而与此同时，清政府内政不修，外交脆弱，也使国势愈发阽危。有志之士目睹心怆，遂相率起而倡革命维新之说。作为濒临大海、襟连京畿的天津，自然成了这些民族与社会矛盾汇聚交缠之地。门户的洞开，也必然导致强势文化的侵入，不管这种文化是伴着枪炮来的，还是随着货物来的，总之当时的天津，不可避免地成为中西文化碰撞交融之地。这样一个巨变的时代、颠荡的社会和有着复杂文化形态的城市，给正在成长中的李叔同的精神、思想和观念带来了深刻的影响和巨大的冲击，从而使之形成了复杂的文化人格。

李叔同出生于名门望族。父亲李筱楼进士出身，恪遵礼义，喜研理学，笃信佛教；晚年尤乐善好施，设义塾，创备济社，专事救济孤独鳏寡的贫人，具有典型的封建士大夫的人格特征。李叔同生长在这样的家庭环境中，庭训之外，耳濡目染，自然而然地受到了许多传统道德礼义的熏陶。开蒙伊始，他接受的是正宗传统文化的训育，读的是四书五经，学的是辞章帖括，走的是科举仕进的路子，遵从的是“孝悌为本”的儒教伦理。他一生都用文言写作，所写诗词，大多抒发的是个人的悲欢情绪和家国情怀，其主旨亦未超出传统文人诗词的范围；此外他还善书画、精篆刻、通音律，将旧式文人的雅好集于一身。这一切都表明，他与旧式文人没有多少区别。当然他也有旧式文人的另一面：放浪形骸，恃才傲物，独立不羁。他娶有一妻一妾，有过走马章台、折柳平康的放浪行为，亦有呼朋引类、诗酒唱和的风雅；有养猫之类的怪癖[29]，有“新式丧仪”的不循礼法，有特立独行的孤傲。这一切，又颇像恣情、任性而不随流俗的旧式名士。他想循着惯常的路径科举仕进，光耀门楣，承续家业；同时又放不下挥毫泼墨的才子生活和自由放诞的名士做派。可以说，他追求的是旧式文人自由生活的理想图式，他承续的是传统文人的文化人格。

同时，李叔同又接受了新锐知识分子的某种独立性和自由思想，一定程度上具备了较为现代的文化人格。如果说李叔同旧式文人的一面，主要来自传统文化的浸淫和惯性推动，那么他新派知识分子的一面，则带有鲜明的特定时代、社会和文化的印迹。这里所说的“文化”，显然不是传统文化，而是指西方强势文化和因应社会变革之要求而产生的各种主张和思潮。生活在富商家庭中的李叔同，比一般平民子弟更早更真切地感受到西方文化的侵入和新学思潮的冲击。在他幼年时，父亲就在自家的中式宅院里，筑了一间洋书房，稍后执掌家事的二哥桐冈在奥国人组织的商会里任事，家里还摆放着奥国领事赠予的钢琴。小小年纪的李叔同，在诵习时文的同时，请人教授洋文、算术。重要的是，李叔同对这些一点一点渗入自己生活和思想的异质文化，并不是拒绝和排斥，而是接受和吸纳。少年时，李叔同交游的名士和官员，也多是思想新锐或倾向维新的人，他们在切磋诗文书艺之外，也自然免不了指点江山，议论时政。他曾对人说："老大中华，非变法无以图存。"他还十分仰慕力行变法的康有为，并刻了一方“南海康君是吾师”的印章，以明心志。在南洋公学就读期间，他师从蔡元培，接受了更多的新学教育，并译介了《法学门径书》和《国际私法》。在晚清“新教育”兴起时，时人普遍贬考据、辞章、帖括为“旧学”，尊格致、制造、政法为“新学”。李叔同对国外政法书籍的译介，不仅说明他是新学思想的接受者，同时也是新学运动的积极参与者。在南洋公学散学之后，他又投身于“沪学会”的活动，编演文明新戏，创作学堂乐歌，抵制日货、美货。留学日本时，李叔同又创办《音乐小杂志》，组织“春柳社”，编演话剧，大力引介和传播西方文学艺术，试图以文艺为武器唤醒沉睡的民众。

为促进国家的新变、社会的进步，李叔同摇旗呐喊，一定程度上也介入到实际的行动中，但他骨子里仍是一个文人，他更向往独立不羁、自由自在的生活。除了文艺社团，他没有参与过任何政治性、社会性的社团组织（一说他参加了光复会，但迄今尚无令人信服的证据。1912 年他加入革命文学团体南社时，该社反清的革命使命已经完结）；颇具启蒙意味的“春柳社”演剧活动，虽然轰轰烈烈，但也是兴尽而去；至于革命党人创办的《太平洋报》，也只不过是他施展文艺才华的平台，看不到他直接与革命或政治相关的言论或行动。总之，在李叔同身上，既有旧式文人的自由生活理想，又有新派知识分子的独立意识。表面看来，旧式文人的文化人格与新派知识分子的文化人格，是对立和冲突的，但在追求个体的“自由”和“独立”方面，却又有着内在的关联性和一致性。他一再把移居上海的几年，视作人生“最幸福的时光”，这无意间透露了他心中最向往的，是那种自由自在的从事艺术活动，与文朋艺友诗酒唱和的“名士生活”。然而这种传统文人的“名士生活”，却在社会动荡、世事变幻和家庭破产之中，化为五彩斑斓的泡影，那些“最幸福的时光”也随之变为滞留在他心中的五味杂陈的遥远回忆。

李叔同对传统文化有着深深的依恋。1919 年 5 月间，执掌天津学务的严修赴杭州考察教育。他在日记中有这样的记述：1919 年 5 月 13 日，“偕章馥亭游山，访青涟寺弘一和尚，俗名李叔同，故人也。谈甚久，以佛经要目一纸示余，劝余读择要数种，并劝提倡孔教”[30]。即使身在佛门，即使在五四新文化运动“打倒孔家店”的排天声浪之中，李叔同也不忘劝教育者提倡儒家文化教育。但李叔同毕竟有过 7 年的留学经历，西方文化的浸润又使他在一定程度上认同西方知识分子的生存方式：身份的独立性和社会的参与性。然而严酷的现实又不断地对其进行强力的扭曲和挤压，一再把他推入生存的困境。他不得不违心地做了一名艺术教师，不得不为生计而奔波，不得不屈从于来自校方及社会的种种制约和牵绊。在任教杭州的 7 年里，他远离京、津、沪这些风云际会的大城市，安居于相对沉寂保守的杭州，渐渐地淡出了人们的视线。他也曾有过怀才不遇的喟叹，有过世道不公的愤慨。1915 年，美国旧金山为举办“巴拿马太平洋万国博览会”征集作品，李叔同选了吴梦非的几件作品送展，不料却被无故退了回来。李叔同当即气愤地说：“我们的作品，过了百年以后，总会有人了解的。”第二年夏天的一个晚上，李叔同乘一叶小舟，找到正在西湖孤山苏公祠度夏的吴梦非，并邀其一同泛舟湖上。谈及去年万国博览会作品落选的事，李叔同依然愤愤不平，还拿出一份日本《朝日新闻》，报上有篇关于李叔同的消息，大意是：“上海艺术界如郑曼陀之流，专描美人月份牌，收入倒可惊人，每月竟能得数千元；而中国第一批留学东京美术学校毕业生李岸（李叔同）回国，怀才不用，任其自生自灭，真可使人叹息！”这则消息，给李叔同颇深的触动。他意味深长地说：“我在日本研究艺术时，自己万万没有料到回国后会当一名艺术教员的……”[31] 的确，年未弱冠，李叔同就携妻奉母，走出天津，来到上海，后又远赴东瀛学习西方艺术，那时候，他的志向是何等高远，眼前的江天是何等辽阔。返国之后，适逢轰轰烈烈的辛亥革命，他任职于革命派的《太平洋报》，本可借助这个现代传媒大展宏图，却不料报社很快倒闭，他以艺术直接参与社会进程的平台瞬间坍塌。为谋生计，他不得不转任杭州教职，栖身一隅，勾留校园。在杭州的六七年间，中国政局颠荡不宁，军政强人此起彼伏，南北议和，二次革命，袁世凯称帝，护国战争，张勋复辟，军阀割据等等，如走马灯般变幻莫测。而李叔同却远离时代的漩涡，冷眼世间的纷扰，默默地尽着一个教师的本分，孤独地在艺术教育的领域里拓荒垦地，在得不到回应的西子湖畔，弹唱着一曲曲学堂乐歌。他渐渐远离了社会的中心，向茫无涯际的边缘漂移，正是在这种与时代主潮的无奈疏离中，李叔同的精神痛苦也在一步一步地加深。他既不能过旧式文人的自在生活，也不能以新派知识分子的身份参与社会的进程；既不能坚持传统文人的文化人格，又丧失了现代知识分子的社会角色。在左右失据、进退维谷的困境中，李叔同开始了对人生、艺术、命运等问题的思考，他要穿越个体存在的局限性，去探察人的自我的深处，用闪耀着人类精神之光的宗教，去烛照红尘滚滚的世俗世界；他要拨开层层的迷障，探寻那个理想王国的奥秘，从而实现对现实世界的超越，完成人生的精神突围，最终达成人格的圆满。

关于李叔同出家原因的说法中，也许丰子恺的“三层楼”说更为中肯，尽管他将李叔同出家的社会、现实及文化的原因剥离出去，只是单从“人生欲”的角度来阐发这一问题的。1948 年 11 月 28 日，丰子恺在厦门佛学会的演讲中作了如下阐述：

> 他怎样由艺术升华到宗教呢？当时人都诧异，以为李先生受了什么刺激，忽然“遁入空门”了。我却能理解他的心，我认为他的出家是当然。我以为人的生活，可以分作三层：一是物质生活，二是精神生活，三是灵魂生活。物质生活就是衣食。精神生活就是学术文艺。灵魂生活就是宗教。“人生”就是这样的一个三层楼。懒得（或无力）走楼梯的，就住在第一层，即把物质生活弄得很好，锦衣肉食，尊荣富贵，孝子慈孙，这样就满足了。这也是一种人生观。抱这样的人生观的人，在世间占大多数。其次，高兴（或有力）走楼梯的，就

爬上二层楼去玩玩，或者久居在里头。这就是专心学术文艺的人。他们把全力贡献于学问的研究，把全力寄托于文艺的创作和欣赏。这样的人，在世间也很多，即所谓“知识分子”、“学者”、“艺术家”。还有一种人，“人生欲”很强，脚力很大，对二层楼还不满足，就再走楼梯，爬上三层楼去。这就是宗教徒了。他们做人很认真，满足了“物质欲”还不够，满足了“精神欲”还不够，必须探求人生的究竟。他们以为财产子孙都是身外之物，学术文艺都是暂时的美景，连自己的身体都是虚幻的存在。他们不肯做本能的奴隶，必须追究灵魂的来源，宇宙的根本，这才能满足他们的“人生欲”。这就是宗教徒。——世间就不过这三种人。我虽用三层楼为比喻，但并非必须从第一层到第二层，然后再到第三层。有很多人，从第一层直上第三层，并不需要在第二层勾留。还有许多人连第一层也不住，一口气跑上三层楼。不过我们的弘一法师，是一层一层的走上去的。弘一法师的“人生欲”非常之强，他的做人，一定要做得彻底。他早年对母亲尽孝，对妻子尽爱，安住在第一层中。中年专心研究艺术！发挥多方面的天才，便是迁居在二层楼了。强大的“人生欲”不能使他满足于二层楼，于是爬上三层楼去，做和尚，修净土，研戒律，这是当然的事，毫不足怪的。做人好比喝酒：酒量小的，喝一杯花雕酒已经醉了；酒量大的，喝花雕酒嫌淡，必须喝高粱酒才能过瘾。文艺好比是花雕，宗教好比是高粱。弘一法师酒量很大，喝花雕不能过瘾，必须喝高粱。我酒量很小，只能喝花雕，难得喝一口高粱而已。但喝花雕的人，颇能理解喝高粱者的心。故我对于弘一法师的由艺术升华到宗教，一向认为当然，毫不足怪的。[32]

李叔同作为一个才情出众的艺术家，其心灵必然会有异于常人的敏锐，对自我存在的处境和自我生命的奥秘也必会发生深刻的怀疑；由于这怀疑，引起他不断地探索追究。他既然懂得把握自己的生命去创造艺术，也必会懂得生命的境界有无限的深邃。他能不满于自己所达到的人生境界，也必然会想到须要作更深一层的努力。而正是这种努力，才使他领悟到还有一个超越艺术精神的生命存在。这是一种生命的自觉，须要以身力行，方可亲证那生命的奥秘。对此，李叔同是再清楚不过了。他曾对寂山长老说："弟子出家，非谋衣食，纯为了生死大事。"[33]正是为了探究人之"生死大事"，以及生死背后的终极关切，把握这更高一层的生命境界，他才毅然诀别了周遭的一切，走向西子湖畔的定慧道场，投身于佛教的精神家园，放下利害，超越生死，使自己那颗敏感而易于受伤的心，得到妥帖的安顿，获得恒久的宁静。

可以说，风云激荡的时代，交融碰撞的中西文化，以及探究人之终极关切的"人生欲"，共同构成了李叔同出家的深层动因。

对于李叔同的出家，有人不解，有人非议。分析心理学大师荣格说："不论这个世界如何看待宗教经验，有这种经验的人便拥有一笔伟大的财富，一种使他发生重大变化的东西，这种经验变成了生命、意义和完美的源泉，同时也给予这个世界和人类一种新的辉煌。"[34]

/ 注释 /

[1] 唐圭璋、潘君昭、曹济平：《唐宋词选注》，北京出版社 1982 年版。

[2] 乌鹏廷：《南宋古都杭州》，载《中国历史名都》，浙江人民出版社 1986 年版。

[3][7][11][18] 夏丏尊：《弘一法师之出家》，见金梅编著《遁入空门：李叔同为何出家》，天津人民出版社 2008 年版。

[4] 夏丏尊：《我的畏友弘一和尚》，载《遁入空门：李叔同为何出家》，天津人民出版社 2008 年版。

[5][6][8][9][14][15][16][20][21][23][24] 林子青：《弘一法师年谱》。

[10] 夏丏尊：《续护生画集叙》，见林子青《弘一法师年谱》。

[12][19] 李叔同：《心与禅》，陕西师范大学出版社 2008 年版。

[13] 丰子恺：《桐庐负暄——避难五记之二》，转引自方爱龙著《殷红绚彩：李叔同传》，上海书画出版社 2002 年版。

[17] 李叔同：《我在西湖出家的经过》，载《遁入空门：李叔同为何出家》。

[22] 陈星：《说不尽的李叔同》，中华书局 2005 年版。

[25] 具足戒，别称"大戒"。为佛教比丘和比丘尼所受的戒律。因与沙弥、沙弥尼所受"十戒"相比，戒品具足，故称之。戒条数目说法不一。中国僧尼隋唐以后大都依《四分律》受戒，比丘戒二百五十条，比丘尼戒三百四十八条。出家人依戒法规定受持此戒，即取得正式僧尼资格。

[26] 王维：《叹白发》。

[27] 丰一吟：《丰子恺散文：陋巷》，浙江文艺出版社 2007 年版。

[28] 金梅：《李叔同影事》，百花文艺出版社 2005 年版。

[29] 关于李叔同的乖僻，相关资料多有记述，前文已有述及。据亦曾留学东京的韩亮侯回忆说：一次，他去听音乐会，见座中一人，衣衫不整，褴褛破败，坦然安坐于一堆衣着光鲜的贵宾之中，全神贯注地欣赏音乐，此人即李叔同。韩亮侯颇感惊异。音乐会结束后，韩亮侯应邀来到李叔同租居的“小迷楼”，见环壁皆书，架上点缀着精美的艺术品，还有一架钢琴，方知这位李先生绝非一介寒士。还有一次，李叔同日籍夫人的母亲，来沪探视女儿，临走天正下雨，于是向李叔同借伞。李叔同死活不借，还说：“岳母大人，您当初把女儿许配给我的时候，我可没答应将来下雨时借伞给你。”岳母哭笑不得，淋着雨走了。另据章用秀《艺术大师李叔同与天津》记述：李叔同“有一把黑色已褪成暗灰色的布雨伞，收藏在套袋里，袋的两头紧缩，有带子可以背在身上。这把伞是他母亲的遗物，他一生南来北去，都要随身带着，如同伴随着母亲一样”。若岳母所借之伞为这把布雨伞，亦当情有可原。

[30] 《严修年谱》，齐鲁书社 1990 年版。

[31] 吴梦非：《一代名师》，载余涉编《漫忆李叔同》，浙江文艺出版社 1998 年版。

[32] 丰子恺：《我与弘一法师》，载《京沪周刊》1948 年第 2 卷第 99 期。

[33] 朱经畲：《李叔同（弘一法师）年谱》，载《李叔同——弘一法师》，天津古籍出版社 1988 年版。

[34] 荣格：《心理学与炼金术》，转引自张志刚著《宗教学是什么》，北京大学出版社 2002 年版。

第六章 佛门修行

一、持戒修习

李叔同受戒以后，放下万缘，一心向佛，粗茶淡饭，赤脚芒鞋，开始了他24年的云水生涯。从此，俗世少了个李叔同，丛林多了位弘一法师。

弘一法师受戒时，好友马一浮专程赶到灵隐寺，参加了他的受戒仪式，并特意送给他两部律学佛典。一部是明代藕益大师的《灵峰毗尼事义集要》，另一部是清初见月律师的《宝华传戒正范》。弘一法师在一个多月的戒期中，除了学习"披衣""持具""托钵""请师""长跪诵念戒文"及一切僧家日常生活的规矩之外，便是专心研读这两部戒律著作。从这两部佛典中，他联想到僧林的德行破产，沙门成了人们眼中三教九流的江湖人物，不禁悲从中来。当下，弘一法师便发愿研习戒律，恪守一切防非止恶的净律，并立下不当住持、不为他人剃度、不做依止师、不收入室弟子的誓愿。

戒期一过，弘一法师便应范古农[1]之请，赴嘉兴精严寺"阅藏"。还是在正式出家前数月，弘一法师即转道

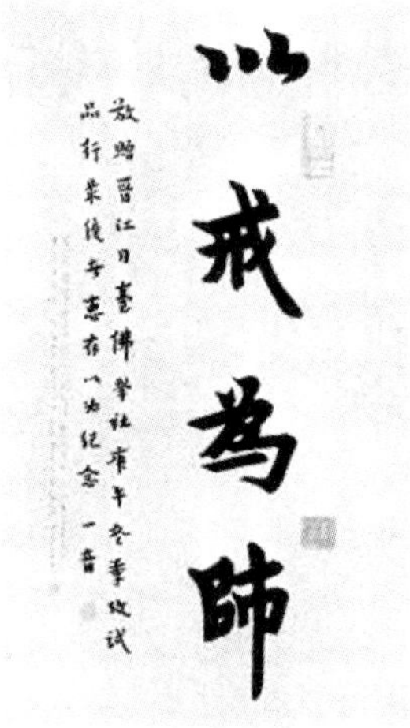

弘一法师墨迹

嘉兴，特意拜访了这位佛学家，当面“垂询出家后方针”。临别时，范古农还对弘一法师说：“出家之后，若一时不习惯住寺，可来此间佛学会住。精严寺藏经甚丰，可以阅览。”十月间，弘一法师住进佛学会，埋首于藏经阁中，天天披览经卷，并为每部佛书写标签，做检索。在这样看似枯燥的日课中，弘一法师渐渐远离了出家以来的纷杂，潜心于深微精妙的佛学世界中。

弘一法师毕竟是一时闻人，书画大家，当他在精严寺挂单读经的消息传出之后，人们便竞相前来求其墨宝。弘一法师十分为难，因为他出家之时，曾发誓一心事佛，不再重操旧艺。面对热情的求请，他一时没了主张，便找范古农商量。范古农说：“若能以佛语书写，令人喜见，以种净因，这也是佛事，又有何妨?”弘一法师觉得此话有理，便请人买来笔墨纸砚，书与求者，并供养精严寺常住一联：

佛即是心心即佛，人能宏道道宏人。

自此，弘一法师便开始以字结缘，凡有求字者，他都一一应允，有时还写些诸如“心如明镜”“是心作佛”“老实念佛”“以戒为师”“阿弥陀佛”之类的佛语佛号，主动送给有缘人。一次，有位僧人见他每天应酬写字太累，就劝他少写一点。他却回答：“见我字，如见佛法。”

嘉兴阅藏，匆匆两月。十一月，马一浮来信，请弘一法师前往杭州海潮寺，与他一同参加法一禅师主持的打七[2]。佛七结束之后，弘一法师遂挂单西湖玉泉寺。

时值残冬岁尾，老友杨白民来杭州与他共度旧岁。弘一法师便恭写一篇格言赠与好友。其题记中写道：

古人以除夕当死日。盖一岁尽处，犹一生尽处。昔黄檗禅师云：豫先若不打彻，腊月三十日到来，管取你脚忙手乱。然则正月初一便理会除夕事不为早；初识人事时便理会死日事不为早；那堪荏荏苒苒，悠悠扬扬，不觉少而壮，壮而老，老而死；况更有不及壮且老者，岂不重可哀哉？故须将除夕无常，时时警惕，自警自要，不可依旧蹉跎去也。

余与白民交垂二十年，今岁余出家修梵行，白民犹沉溺尘网。岁将暮，白民来杭州，访余于玉泉寄庐，话旧至欢。为书训言二纸贻之，余愿与白民共勉之也。

戊午除夕雪窗大慈演音。[3]

这则题记，一是提醒自己，生命无常，时不我待，要抓紧修行，莫蹉跎了大好时光；二是委婉地劝说好友尽早觉悟。

来玉泉寺之后，弘一法师除了早粥、午斋，几乎整天待在那间小佛堂里，除了研律，便是写经、念佛。寺中印心、宝善二长老，知道他持“过午不食戒”，就特地把午斋提前到上午11点，以便维护他严净的戒行，也好让他在午斋之后休息片刻。

修习之余，弘一法师也偶尔会一会来访的旧友新知，但一言一语，都不离佛语佛事。三月，即将调任武昌的金兰之友袁希濂，专程到玉泉寺和弘一法师话别。弘一法师对他说：“你前生也是一个和尚，希望你能在朝夕之间，多多念佛读经。”临别，他还嘱咐袁希濂，去年印光大师刻印的一部《安士全书》，是清朝人周梦颜的佛学著作，佛理讲得十分精到，不可不读。此时的袁希濂，正奔波于官场，对老友的建议，并未十分当真。他后来回忆说：“顾余当时对于念佛未起信心，而《安士全书》无从购觅，且身为法曹，不事交游，每日案牍劳形，夜以继日，更无与僧侣往来之机会。然念念不忘《安士全书》也。直至民国十五年在丹阳县任内，始得《安士全书》，急披读之，始恍然于学佛之不可缓，乃于署中设立佛堂，每晨念佛，并跪诵大悲忏，顶礼诸佛菩萨。十六年

1920年9月，弘一法师杭州玉泉寺留影

交卸后，急寻印光大师皈依之。是年腊月，乃从根本上师持松师父学密。直至今日，未敢一日懈怠，是则余学佛之机，不可谓非弘一大师启迪之也。”[4]

玉泉寺有方池亩许，养鱼其中，以供游人观赏，为西湖三十六景之一。大概是来此观鱼的游客过多的缘故，寺院环境嘈杂。弘一法师在俗时的学生李鸿梁曾这样写道：“我到玉泉去看法师，房子很好，可惜闹一点，走廊如同街道，游客络绎不绝，但房门开着，法师静坐着看书，我站在他的桌旁约有五分钟之久，他才抬起头来。法师说，这地方很不好，常常有人来找他，所以不久仍想回虎跑去。”[5]这年初夏，弘一法师便回到虎跑寺结夏[6]去了。

结夏期间，弘一法师每日随华德禅师学唱赞颂，并将众僧人手录的音韵偈赞，加以整理完备，剪辑装订，题名为《赞颂辑要》，以备他日诵览。

一日，老友夏丏尊来访。弘一法师从他平日书写的佛经中，检出《楞严经》中的4节经文，题上跋语，送给丏尊。经文告诫世人，要想远离轮回不已的生死之苦，就须舍弃妄念，常驻真心，以不断的修行，达到“性净体明”的境界。夏丏尊对佛经虽不十分明了，但老友的用心，他还是能够心领神会的。

结夏一过，弘一法师又移锡灵隐寺。他之所以遍历西湖各寺，无非是想实地体验各大寺院的遗风，同时可以遍参佛门长老，博览寺藏佛经。

时令正值初秋，又到了西湖一年一度的旅游旺季。弘一法师《太平洋报》时的同事胡朴安，来游西湖，听说弘一法师正挂单灵隐寺，便来寺中拜访。胡朴安亦是文人，见到当年才艺超群的文友，自然要赋诗为赠。诗曰：

> 我从湖上来，入山意更适，日澹云峰白，霜青枫林赤。殿角出树杪，钟声云外寂。清溪穿小桥，枯藤走绝壁，奇峰天飞来，幽洞窈百尺，中有不死僧，端坐破愁寂。层楼耸青冥，列窗挹朝夕。古佛金为身，老树柯成石。云气藏栋梁，风声动松柏。弘一精佛理，禅房欣良觌。岂知菩提身，本是文章伯。静中忽然悟，逃世入幽僻。为我说禅宗，天花落几席。坐久松风寒，楼外山沉碧。[7]

胡朴安是文字训诂学家，这首五言古诗，文意雅驯，看上去似乎无可挑剔。弘一法师看罢，当即写了“慈悲喜舍”4字横幅答谢。然后对胡朴安说道：

“学佛不仅精佛理而已。又我非禅宗，并未为君说禅宗，君诗不应诳语。”

胡朴安赶紧说：“朴安囿于文人之习惯，不知犯佛教诳语之戒。”

胡朴安想不到，这位入了佛门的老友，持律竟如此精严，于是越发敬重。

年底，弘一法师又回到玉泉寺，继续苦修。此时，程中和居士亦住在玉泉。旧历十二月八日，适逢释迦牟尼佛成道日，弘一法师与程中和、吴建东居士，共燃臂香，依天亲菩萨《菩提心论》发十大正愿，决心修行净业，以自己的戒行，接引众生入佛门，以自己的血肉之躯作牺牲，一点一滴，奉行佛道。

1920年3月，家在新城的原浙江一师学生楼秋宾，来信邀请弘一法师前去贝山习静休养，并说可以辟出一块山地，供老师筑室掩关。

新城又名新登，位于杭州西南的富春江畔，境内有贝山（即北山，又名贝多山，俗称官山，位于浙江富阳新登镇官山村），“高约三百丈，青峰险峻。登高远望，可望钱江。下有幽谷，深不见底。有泉出山腰，泉香而醴”[8]。山上有灵济寺。据传北宋诗人晁补之曾登临此山，宿寺中，“为文记游，毕状幽邃”。弘一法师对贝山神往已久，觉得这正是一个静修终老的好去处，于是决定前往。他请程中和居士先往贝山实地考察，商量房舍修筑等事宜。

经过两三个月的筹备，弘一法师终于可以成行了。行前，程中和居士决定随行相伴，为弘一法师作护关，遂请了悟和尚剃度，取名演义，号弘伞。

六月的一天，杭州诸善友在虎跑下院接引庵治面设斋，为弘一法师送行。席间，弘一法师请马一浮为自己的宴坐之所题字。马一浮当即题写“旭光室”一额，并作《旭光室记》说明缘由：“弘一上座专心净业，远秉蕅益大师，近承印光长老，以为师范。嘱颜其宴坐之所曰‘旭光’，示于

弘一法师（右二）与马一浮等友人合影

四威仪中不违本志。予既随喜赞欢……然则，二老只是一光，西方不离当处。旭光即是上座，上座即是旭光，岂复更有光相可寻、名字可得？虽然如是，也不得草草入此室来，急着眼看古德与汝相见了也。”[9]弘一法师以“旭光”二字来命名自己静坐修行的居室，表明他对蕅益和印光两位高僧的尊崇。

题罢室名，马一浮又赋七律2首为赠。临别，弘一法师手书“珍重”2字横幅赠别夏丏尊，题记中写道：“余居杭九年，与夏子丏尊交最笃。今将如新城掩关，来日茫茫，未知何时再面？书是以贻，感慨系之矣。庚申夏弘一演音记。”[10]别情依依，不胜唏嘘。

弘一、弘伞二法师到贝山后，暂且住在楼秋宾家中，一面等待筑屋，一面研读律藏。来贝山之前，弘一法师已觅得《弘教律藏》3帙，又从日本请得古版南山《灵芝记》3大部，计八十余册，准备用心穷研。六月底，弘一法师致信夏丏尊说，打算将于二日后入山，七月十三日掩关。然而关房的修建迟迟不能动工。在等待中，弘一法师完成了两千多字的《佛说无常经·序》。文末写道：“是岁七月初二日，大慈弘一沙门演音，撰于新城贝多山中，时将筑室掩关，鸠工伐木。先夕诵《无常经》，是日草此叙文，求消罪业。”[11]七月十三日，大势至菩萨生日，也是他剃度两周年，又虔书《佛说大乘戒经》，为众生回向。29日是地藏菩萨生日，再写《十善业道经》。本来，弘一法师此番来贝山是想长期掩关静修，专研戒律，没想到计划如此不顺。眼看进了八月，秋风渐起，天气转凉，贝山中湿气浓重，早晚阴寒，再加上用来掩关的房舍仍无开工的迹象，弘一、弘伞法师便沿富春江而下，挂单于衢州城北20里外的莲花古寺。

弘一法师每到一地，除了雷打不动的日常研修，就是不停地写经。他写经极为认真，每写一字，都要仔细端详，唯恐亵渎了佛法的尊严。在贝山时，因为写经过多，目力受到严重影响。到莲花寺后，弘一法师仍然坚持写了几十卷《阿含经》，写好后，再分册装订起来。这之后，又写完了《印光大师文钞》的叙言和题词。从秋天到冬天，弘一法师的大部分时光都在写经中度过。在贝山时，他还把所写经卷寄给他所敬仰的印光法师斧正，同时就自己修行中的困惑写信请教。印光法师在复信中说：

昨接手书并新旧颂本，无讹，勿念。书中所说用心过度之境况，光早已料及于此，故有止写一本之说。以汝太过细，每有不须认真，犹不肯不认真处，故致受伤也。观汝色力，似宜息心专一念佛，其他教典与现时所传布之书，一概勿看，免致分心，有损无益。应时之人，须知时事。尔我不能应事，且身居局外，固当置之不问，一心念佛，以期自他同得实益，为唯一无二之章程也。……书此顺候禅安。莲友印光谨复。九年七月廿六日[12]

接到印光法师的这封信，弘一法师暂且放下了写经的笔，趁此机会，对自己出家以来的修行，作一番思考和整理。

这期间，当地各界人士获悉弘一法师在莲花寺挂单，纷纷前来拜谒。有位团长三次来访，均被弘一法师拒绝，团长很生气，放出话来说他瞧不起武人。有人善意地提醒弘一法师不要得罪武人，劝他还是见一次为好。弘一法师说："这位团长无非想要我一张字，我送他一张佛号就是了。烦你转交吧。"团长得到了字，但终未见到他人。有位老居士，携其幼子来访，弘一法师一见，甚是欢喜。孩子当场写了一副二尺楹联，弘一法师为他亲笔题写跋语，并说这小朋友的书法，他还不及。他喜欢与真诚的善男信女交往，不愿搭理那些追名逐利、附庸风雅的人。故此，有人说他亲切、平易，有人则说他脾气古怪，不好接近。

衢州中学教员尤墨君，曾与弘一法师同为南社成员，法师来衢州后，二人又重续前缘。尤墨君想搜集他出家前的诗词文章，印成一册，依其先前"息霜"的别署，取名《霜影录》。弘一法师并不反对，只是说："三十岁以前所作诗词多涉绮语，格调亦卑，无足观也。"但又叮嘱尤墨君，《霜影录》刊出后，寄一册给他住在北京的侄儿李圣章。并云："圣章为朽人仲兄之子，为俗家后辈之贤者。以此付彼，聊表纪念也。"过了些时日，尤墨君将编选目录拿给他过目，他看后说："若录旧作传布者，诗词悉可删，以诗非佳作，词多绮语。赠王海帆诗不记有此事。以前送致'南社'之稿，皆友人代为者，未经朽人斟酌，故甚淆乱。《白阳》诞生词亦可删。……鄙意以为传布著作，宁少勿滥，又绮语尤宜屏斥，以其非善业也。"尤墨君听罢，不禁哑然，若照他的说法，几无可刊之稿，但他的意见又不能不尊重。最终，《霜影录》未能付梓。[13]

残冬将尽，弘一法师准备离开衢州。临行，将纪念自己剃度二年所写的《大乘戒经》及七篇近作，赠予尤墨君。尤墨君展开经卷欣赏，只见蝇头小楷，万字如一，其间皆用朱笔点断，句读分明。其近作亦冲淡恬静，好像一泓止水，全然没有了他先前文章的秾丽华美风格。

弘一、弘伞二法师收拾行囊，逆富春江而上，再次回到贝山，见筑室掩关计划已不可期，遂返回杭州，暂住闸口凤生寺。学生丰子恺将赴日本留学，闻老师已从贝山回到杭州，特来寺中话别。之后，弘一法师又前往玉泉寺驻锡。

二、闭关永嘉

在玉泉寺中，弘一法师每天除了烧香礼佛，就是检阅“四分律”及相关著述。这“四分律”是中国佛教古译四大律之一，戒相繁杂，不易记诵。经过近半年来的研习和思考，弘一法师逐渐体悟出一种简便易行的持律方法，这便是把繁杂含混的戒律条文加以整理、注记、归纳，什么戒犯了该怎样，什么戒无心犯了又该怎样，这样把它的“戒相”分条标定，然后列成表解。如此一来，繁杂的“四分律”就变得条理清晰，简便易学了。但是，按这样的思路写作一部“戒相”书，工作是相当繁重的，须寻得一个清静的地方，定下心来，全力以赴。在弘一法师看来，“杭地多故旧酬酢”，干扰太多，显然不是一个“息心办道”的好地方。

恰好在这时，弘一法师南洋公学和留日时期的同学林同庄来玉泉寺，说永嘉山明水秀，气候温和，又很清静，是一个掩关静修的好地方。这对一向体弱怕冷的弘一法师来说，的确是一个合适的去处。玉泉寺常住吴建东居士，得知弘一法师有意前往，便主动从中联络。不久，永嘉周孟由、吴壁华两位居士出面邀请，弘一法师便收拾行囊，于三月中旬，乘船经上海到达永嘉，卓锡在城南庆福寺，自此开始了他永嘉12年的常住生涯。

永嘉又称永宁，即现在的温州市，地处浙江省东南部，瓯江下游北岸，故简称为“瓯”。永嘉有两座古刹，一为位于瓯江孤心屿上的江心寺，一为永嘉南城下的庆福寺，俗称“城下寮”。庆福寺僻处城外，背依积谷山，前绕护城河，清幽静寂，有城市山林之胜景。寺中房舍古旧，庭院深广，听不到一点尘俗的嘈杂，大有与尘世相隔绝的感觉。弘一法师十分欢喜，遂决定在此常驻。过了几天，他便决定闭关静修，编著《四分律比丘戒相表记》。他给印光法师写信，报告他即将掩关静修的打算，并请印师作“最后训言”。同时，为避免搅扰，特与同人约法三章：

余初始出家，未有所解，急宜息诸缘务，先办己躬下事。为约三章，敬告同人。

一、凡有旧友新识来访问者，暂缓接见。

一、凡以写字作文等事相属者，暂缓动笔。

一、凡以介绍请托及诸事相属者，暂缓承应。

惟冀同人共相体察。失礼之罪，希鉴亮焉！释弘一谨白。[14]

古人掩关皆为专修禅定或念佛，弘一法师掩关静修的情景如何，做了哪些功课，目前尚无详细可靠的记述。不过，后来性常法师欲行掩关，向他请教，他曾为其写过一份“掩关法则”。透过这一“法则”，我们可窥知弘一法师闭关静修的真实情景。弘一法师每日闭关的课程安排大致如下：早粥前念佛，出声或默念随意。早粥后稍休息。礼佛诵经。9时至11时研究。午饭后休息。2时至4时研究。4时半起礼佛诵经。黄昏后专念佛。晚间可以不点灯，只在佛前供一盏琉璃灯即可。闭关期间不可闲谈，不晤客人，不通信（有十分要事，写一纸条交与护关者）；凡一切事，尽可等出关后再料理。

弘一法师的掩关之室，在一栋二层小楼的楼上。小楼自成庭院，与寺院一门相通。在正对院门的窗口，他特意贴了“虽存犹殁”4字，以表明自己掩关的决心。掩关期间，凡有家书来，弘一法师就托人于信封后批以“该人业已他往”的字样，原封退还。有人不解地问，为什么不拆阅，即使不回信也无妨，何苦退还呢？弘一法师解释说：“既经出家，便应作已死想；倘为拆阅，见家中有吉庆事，恐萌爱心；有不祥事，易引挂怀，不若退还为得也。”当地长官慕名前来求晤，他一概称病谢绝。如瓯海道尹林鹍翔访谒数次，均被弘一法师拒之门外。新任道尹张宗祥只身来访，寂山长老持名片至关房求他见一见，弘一法师闻言，两颊泛红，如有愠色，忽又转而合掌急念“阿弥陀佛”圣号，然后垂泪对寂山长老说：“师父慈悲，弟子出家，非谋衣食，纯为了生死大事，妻子亦均抛弃，况朋友乎？乞婉言告以抱病不见客。”

庆福寺住持寂山长老，知道弘一法师原为富家子弟，留学回国后，又以艺术名于世，像这样的人，出家之后，竟能严持戒律，刻苦精进，因而倍加钦敬，处处关照，好让他安心闭关静修，研律著述。寂山长老想到他生长津门，惯于面食，因此经常准备一些面条之类的食品；又因他过午不食，特意将午饭时间提前到上午 10 点；并命高文彬居士做他的护关，照顾他的日常起居。

在寂山长老的悉心关照下，弘一法师发奋著述，闭关 3 个月，便完成了《四分律比丘戒相表记》初稿。他在自序中记述了成书过程及欣喜之情："庚申之夏，居新城贝山，假得《弘教律藏》三帙，并求南山《戒疏》、《羯磨疏》、《行事钞》及灵芝三记。将掩室山中，穷研律学；乃以障缘，未遂其愿。明年正月，归卧钱塘，披寻《四分律》，得览此土诸师之作。以戒相繁杂，记诵非易，思撮其要，列表志之。辄以私意，编录数章，颇喜其明晰，便于初学。三月来永宁，居城下寮。读律之暇，时缀毫露。逮至六月，草本始迄，题曰《四分律比丘戒相表记》。数年以来，困学忧悴。因是遂获一隙之明，窃自幸矣。"[15]

弘一法师在永嘉一直过着苦行僧的生活，早春天气，人们还穿着棉袍，而他却是赤脚芒鞋，衣着单薄。他的僧房里，仅一张破桌，一张旧床，一条草席和一顶旧蚊帐，此外别无他物。他的日常用度也俭省到不能再省。他在致刘质平的信中说："朽人居瓯（初时）饭食之资，悉周群铮居士布施，其他杂用等，每月约一二元，多至三元。出家人费用无多……"[16]一次，同人有一双旧芒鞋，打算扔掉，弘一法师却觉得还能穿，就郑重其事地请求同人施舍。

正是在这样的苦行中，在编著"戒相表记"的间隙里，弘一法师仍然写经不止。四月二十一为亡母 60 冥诞日，弘一法师先后敬书《赞礼地藏菩萨忏愿仪》及《佛三身赞颂》3 种，以为回向；八月初五为亡父 37 周年讳日，敬写《佛说无常经》《佛说略教诫经》，以资冥福。接着又手书《增壹阿含经》、《杂阿含经》和《本事经》，辑录《根本说一切有部毗柰耶犯相摘记》等经文多种。有时，他还参加一些佛事，接引众生。寂山长老曾讲过这样一件事：某日，有一个做小贩的老婆婆，拿着平生的积蓄来做功德。弘一法师听说了，便来参加道场，亲提钟鼓，为她求福。

到了年底，夏丏尊突然发心学佛，他给弘一法师来信说："我自发心素食以来，在心理上，还觉得信佛只是信了一半，信得不够虔诚。每次看到你那种赤诚、牺牲的宗教家风，献身于佛道的不休息精神，再回想你往日在艺术上的成就，以及青年时代的生活，前后对照，如挥鞭断流，便使人汗颜不已。因此，我现在开始实践佛家的修持生活，每天早晚持'阿弥陀佛'圣号，愿师在光中加被。我今天在佛道上刚刚起步哩。"读罢老友的信，他欢喜不已，当即恭写蕅益大师名言一幅，以督励之。

一晃到了 1922 年岁首，在大半年的时间里，弘一法师无时无处不感受到寂山长老对自己的关怀和慈爱。他想到佛家的一条规矩：云水僧在一个寺院里住下来，依律要拜寺主为"依止阿阇梨"（即教授弟子的规范师，通称依止师）。一天，弘一法师拜望寂山长老，正闲谈间，他忽然从袖子中抽出一份启事，表示拜师之意。寂山长老顿感愕然，说："余德鲜薄，何敢为仁者师。"

弘一法师说："吾意永嘉为第二故乡，庆福寺作第二常住，俾可安心办道，幸勿终弃。"

寂山长老再三辞谢，不敢应允。弘一法师又请周孟由、吴壁华两位居士出面恳劝，这才得到寂山长老的默许。第二天，弘一法师带着毡子，来到寂山长老的方丈室，把毡子铺在座椅上，恭请寂山长老坐在上面接受拜师礼。寂山长老一再逊让，始终不肯就座。弘一法师便向空座顶礼三拜，从此尊寂山长老为师，并在当地报纸上登报声明。自此之后，弘一法师每有函札，均称寂山长老为"师父大人"，自称弟子。寂山长老对此时常感到不安，写信告诉他以后勿用师父、弟子称呼。弘一法师复信说：

师父大人慈座：

顷奉法谕，敬悉一一。……弟子到此以来，承唯善师兄诸事照拂，慈悲摄护，感激无既。以后恩师与唯善师兄晤面时，乞常常随时为之谆托一切，至为深感。又弟子在家时，实是一个书呆子，未尝用意于世故人情。故一言一动与常人大异。此事亦乞恩师婉告唯善师兄，请其格外体谅而曲为之原宥也。弟子以师礼事慈座，已将三载，何可忽尔变易？伏乞慈悲摄受，允列门墙。[17]

弘一法师不改初衷，终身以师礼事寂山长老。

这年春天，弘一法师除了闭关写经、念佛和修改《戒相表记》，还偷闲为老友夏丏尊刻了5方印章。在佛家看来，书、画、篆刻之类的俗事，有玩物丧志之嫌，理当摒弃。而他自出家之后，除书法外，可谓诸艺皆废。此时想到契若金兰的知交，忆及在俗时二人诗书往还的欢愉，禁不住手痒难耐，遂以自己的别号“大慈、弘裔、胜月、大心凡夫、僧胤”，刻印5方。刻罢，又题了一幅跋文，一同送给夏丏尊。跋文曰：

十数年来，久疏雕技。今老矣，离俗披剃，勤修梵行，宁复多暇耽玩于斯。顷以幻缘，假立臣名及以别字，手制数印，为志庆喜。后之学者览兹残砾，将毋笑其结习未忘耶？……余与丏尊相交久，未尝示其雕技。今赍以供山房清赏。弘裔沙门僧胤并记。[18]

这是他入佛以来难得的一次旧艺重拾。

夏初，弘一法师又在关中检阅蕅益大师的《灵峰宗论》，从中选出部分警语格言，辑为一册，题名为《寒笳集》，为学佛人修养身心提供便利。他在写给俗侄李圣章的长信中说，出家以后，由于学行不足，不能利物，因而发愿掩关办道，暂谢俗缘。并说自己拙于辩才，说法之事，非其所长，将来打算以著述之业终老其身。

是夏奇热，七月底飓风过境，树倒房塌，田园汪洋。风暴过后不久，弘一法师忽然患上严重的痢疾。起初他以为不过是偶然的肠胃不适，并不太在意，继续坚持念佛写经，谁知第二天病情加重，拖到第三天，便躺在稻草编成的床垫上动弹不得了。寂山长老前来探视，见他病成这个样子，不知如何是好。弘一法师说：“小病从医，大病从死。今是大病，从他死好。唯求师尊，俟吾临终时，将房门扃锁，请数师助念佛号，气断逾六时后，即以所卧被褥缠裹，送投江心，结水族缘。”[19] 在场僧众听了他的话，心中一阵酸楚，忍不住泪水长流。好在他的病情没有继续恶化，不几日，竟奇迹般地痊愈了。

寂山长老派来做护关的高文彬受弘一法师的感化，也萌生了剃度出家的念头。寂山长老开始未许可，觉得高文彬年龄太小，识性未定，将来良莠难知。弘一法师就在寂山长老面前跪求，并请吴壁华、周孟由两居士出面担保，寂山长老这才答应，并让高文彬拜弘一为师。在杭州时，虎跑寺就为弘一法师派了一个少年，照顾他的日常起居。弘一法师一面教少年写字学文化，一面教他念经做功课。少年家里很穷，又没有兄弟姐妹，一个人孤苦伶仃，弘一法师见他五官端正，人也灵透，就求弘祥法师为少年剃度。弘祥法师让少年拜弘一为师。弘一法师出于对少年的怜惜，只好违背他不收弟子的初衷，将少年收为弟子，取法名宽愿，号祖贤。这也是他在佛门正式接受的唯一弟子。不收弟子的前约，不能一违再违，因此之故，弘一法师便让高文彬拜弘伞为师，取名因弘，又在名字后面加“白伞”二字。自此之后，弘一法师出外云游，多由宽愿、因弘陪侍左右。

1923 年初春，弘一法师结束了在永嘉庆福寺两年的闭关静修，开始了他云游弘法的艰辛历程。不过，每至严冬酷暑，他还像候鸟一样回到温和秀润的永嘉，作短暂的休整，直至 1932 年定居闽南。

三、云游弘法

1923 年春天，气温已渐渐回暖，弘一法师携带着简单的行李，离开永嘉，前往上海。行前，与寂山长老和弟子因弘在庆福寺摄影留念。

弘一法师 20 年前的老友穆藕初，听说他来到上海，立即放下繁忙的事务，赶到他挂单的沪北太平寺拜见。穆藕初自美国留学归来后，投身实业，经过七八年的打拼，已成为沪上屈指可数的实业家。作为新兴商人的代表，穆藕初更认同实业救国的主张，对弘一法师的出家，他当初就“心窃非之”，四五年后的今天，仍然不能释怀。况且这些年闯荡商海，也使他对人心世象产生了更多的困惑和烦恼，他期待着和这位法师老友的会面，更期望能有一番开云破雾的长谈。

一见面，穆藕初便问起那个久存心底的疑惑——出家，接着又谈起佛教与时局的关系。穆藕初说：

“我近来在读有关东西方文化和哲学的书，见到有些书上对佛教颇有诋毁，断言说‘假使佛教大兴，中国之乱更无已时’。”他顿了顿，似乎是在斟酌词句，又说：“我仅仅知道佛教是出世的，而我国衰败至此，非全力支持，恐国将不国，所以恕我直言，我不甚赞成出世的佛教。不知弘公将何以教之?”

弘一法师说：“居士之所见，属于自利的小乘一派佛教。出家人并非属于消极一派，其实积极到万分。这，试看菩萨四弘愿就可知道。何谓四弘愿？就是：众生无边誓愿度，烦恼无尽誓愿断，法门无量誓愿学，佛道无上誓愿成。一切新学菩萨，息息以此自励，念念利济众生。救时要道，此为急务。推行佛化，首在感移人心，以祈慈愿咸修，杀机永息，并不是希望人尽出家。出家须有因缘，而出家人亦讲孝悌忠信，亦主张尽力建设，造福苍生。至于某些谈论中西文化的人，以为佛教大兴，中国之乱更无已时云云，实际上论者并未真正知晓佛教之精义，只是在那里徒逞私议，浪造口业而已。口唱邪说，障人道心，罪过非轻，殊堪悯恻……”

临了，弘一法师又竭力劝勉穆藕初今后勤看佛书，清静心地。他说：“凡现在地位甚高之人，夙生地位亦甚高。万勿被眼前的富贵地位所迷惑，以致堕落。”

经过这次晤谈，穆藕初似乎对佛教多了几分理解，生出几分佛心。他在《五十自述》中回忆说：“余经此一番开示后，觉佛教自可以纠正人心，安慰人心，使人提起精神服务社会。本诸恶莫做，众善奉行之主义，做许多好事于世间……但余喜在家自修，不愿向热闹场里造因，而取烦恼之果。”他还用一首颇具佛意的诗，来抒写自己半世人生的参悟：

世界原无事，吾人自扰之。
痛心由失者，追悔已嫌迟。
一切凭谁造，贪嗔更带痴。
咸疑生恐怖，性海浪翻时。
好事成残局，艰难只手支。
机缘来莫喜，世味耐寻思。
寄语当途客，咸宜慎设施。
前车应借鉴，补益有毫丝。[20]

这首诗未必高深，更不玄妙，却不无“放下”的情怀和造福众生的初心。

南京高等师范校长江谦，自卸任之后，亦发心向佛，得知弘一法师游方沪上，也赶来拜会。弘一法师建议江谦读一读蕅益大师的《灵峰宗论》，说这部著作通俗易懂，简便易学，无论是对初步了解佛理，还是加深对儒学的理解，都很有帮助。同时他还详细介绍了蕅益大师的生平事迹。江谦在《寿弘一大师六十周甲》诗中写道：“细读灵峰宗论教，别来旦夕未能忘。千年儒佛相攻案，至是铿锵会一堂。癸亥遇师沪上，教读《灵峰宗论》，受益无穷。”[21]

印光大师像

这次弘一法师启关来沪，一个重要的心愿是与尤惜阴居士合作撰写《普劝发心印造佛像文》。这是他最早面世的一部重要著作。全书共六大部分：一、印造经像之功德；二、印造经像之机会；三、印造经像之方法；四、发愿文之程式；五、写时画时之注意；六、结论。由弘一法师撰写详细纲要，尤惜阴居士演绎成书。第二年附刊于商务印书馆印行的《印光法师文钞》第四卷。

入夏之后，弘一法师赴杭州灵隐寺结夏安居，息心念佛听法。他一向持戒精严，凡公物，虽一毫而不占用。年初启关来沪时，他曾借用庆福寺碗筷一副，到杭州后，即刻托交返回永嘉的林赞华居士带还庆福寺。

九月，弘一法师重游衢州莲华寺，遍访那一带的大小寺院，为佛寺整理经卷，写经写字与众生结缘。在弟子宽愿的陪伴下，他一路随缘而行，走走停停，如同闲云野鹤，随意栖止。除夕前几日，师徒二人结束了这段行脚历程，重又回到永嘉庆福寺。

弘一法师再次走进了那座小楼，发愿刻期掩关，誓证念佛三昧，同时心中还萌生了刺血写经的念头。对于念佛，前人中，弘一法师尊崇灵峰蕅益大师；在当世人中，则以印光法师为偶像。每遇念佛、深修、写经上的疑难，他都要通函请示印光大师。这次也不例外，他将自己的心愿写信告诉印光大师，并请大师作“最后训言”。

印光法师回信说：“座下勇猛精进，为人所难能。又欲刺血写经，可谓重法轻身，必得大遂所愿矣。虽然，光愿座下先专志修念佛三昧，待其有得，然后行此法事。倘最初即行此行，或恐血亏神弱，难为进趋耳。”

接着，大师具体介绍了刺血写经的利弊、方法和前人的经验，然后结合弘一法师以往写经的情况，进一步提醒他说："写经不同写字屏，取其神趣，不必工整。若写经，宜如进士写策，一笔不容苟简。其体必须依正式体。若座下书札体格，断不可用。"

弘一法师遵照印光大师的指点，依循正确的体式，定心凝神，毕恭毕敬地书写经文，得到大师的认可。但印光又告诫他，不能像现在某些人那样，"非为书经，特借此以习字，兼欲留其笔迹于后世"，或仅"为未来得度之因"。印光叮嘱道："书经乃欲以凡夫心识，转为如来智慧。比新进士下殿试场，尚须严恭寅畏，无稍怠忽。能如是者，必能即业识心，成如来藏。于选佛场中可得状元。"印光还一再提醒他，"刺血写经一事，且作缓图，当先以一心念佛为要。恐血耗神衰，反为障碍矣。"[22]

印光大师的这些点拨，使弘一法师受益匪浅，刺血写经的急切心情，也渐渐地平静下来。在与印师频繁的书信往还中，弘一法师越来越服膺这位净土宗的大师。在写给王心湛居士的信中，他盛赞印光大师"折摄皆具慈悲，语默无非教化，二百年来一人而已。"并说，他在 1923 年就"致书陈情，愿厕弟子之列，法师未许。"[23] 1924 年阿弥陀佛诞辰之日，弘一法师在佛前燃臂香，再次表明拜师的决心，希望借助三宝的慈力，求得印光大师的接纳，不想印师仍是逊谢。直到这年年末，弘一第三次竭诚哀恳，方被破例应允。能成为印光大师的弟子，是弘一法师出家以来梦寐以求的愿望，最终得遂心愿，自然欢喜莫名。

1924 年 8 月，弘一法师苦心编撰和反复修改了 4 年的《四分律比丘戒相表记》终于缮写完毕。这部律学著作打破原有体式，删繁就简，以《南山行事钞》疏解为"表"，采用"灵芝""见月"大师的注解，结合作者的"按语"，加以整合重构，使"持、开"分明，条理清楚，易学易记。书成之后，穆藕初出全资委托中华书局影印千部，分赠国内丛林与日本佛学界，原稿交由穆氏收藏。弘一法师还预立遗嘱，附印书后，郑重宣布："本衲身后，无庸建塔及其他功德，只乞募资重印此书，以广流传，于愿已足。"此书为弘一法师生前巨著之一，佛教界十分重视，已将此书收入中国的大藏经。戒、定、慧为佛家"三无漏学"，由戒生定，由定生慧，而以戒为首要。戒律自唐以后，一千数百年间，大都忽略戒律，致使渐趋末流；而弘一法师却以重振律学为己任，持戒苦修，发奋著述，终成近代律宗之巨擘。

1925年开春，弘一法师告别寂山长老，再次开始了他的云游生活。为了参证念佛上的功夫，五月下旬，在征得印光大师的同意之后，弘一法师出关桴海，直航舟山群岛，登普陀山，上法雨寺，参见印光大师。弘一法师在法雨寺住了7天。每天，他都亲侍印师左右，观察其一言一行，并铭记在心，以便日后遵行。这次参拜，使他更多地了解了印光大师的盛德，也为他今后的修行带来更为深刻的影响。1941年，弘一法师在泉州檀林福林寺的一次演讲中，还为寺僧们讲起印师的德行。他说：

大师盛德至多，今且举常人之力所能随学者四端，略说述之。因师之种种盛德，多非吾人所可及，今所举之四端，皆是至简至易，无论何人，皆可依此而学也。

甲、习劳

大师一生，最喜自做劳动之事。余于一九二四年（学者金梅考证应为1925年——引者注）曾到普陀山，其时师年六十四岁，余见师一人独居，事事躬身操作，别无侍者等为之帮助。直至去年，师年八十岁，每日仍自己扫地，拭几，擦油灯，洗衣服。师既如此习劳，为常人的模范，故见人有懒惰懈怠者，多诫劝之。

乙、惜福

大师一生，于惜福一事最为注意。衣食住等，皆极简单粗劣，力斥精美。一九二四年，余至普陀山，居七日，每日自晨至夕，皆在师房内观察师一切行为。师每日晨食仅粥一大碗，无菜。师自云："初至普陀时，晨食有咸菜，因北方人吃不惯，故改为仅食白粥，已三十余年矣。"食毕，以舌舐碗，至极净为止。复以开水注入碗中，涤荡其余汁，即以之漱口，旋即咽下，惟恐轻弃残余之饭粒也。至午食时，饭一碗，大众菜一碗。师食之，饭菜皆尽。先以舌舐碗，又注入开水涤荡以漱口，与晨食无异。师自行如是，而劝人亦极严厉。见有客人食后，碗内剩饭粒者，必大呵曰："汝有多么大的福气？竟如此糟蹋！"此事常常有，余屡闻及人言之。又有客人以冷茶泼弃痰桶中者，师亦呵诫之。以上且举饭食而言。其他惜福之事，亦均类此也。

丙、注重因果

大师一生最注重因果，尝语人云："因果之法，为救国救民之急务。必令人人皆知现在有如此因，将来即有如此果，善有善报，恶有恶报。欲挽救世道人心，必须于此入手。"大师无论见何等人，皆以此理痛切言之。

丁、专心念佛

大师虽精通种种佛法，而自行劝人，则专依念佛法门。师之在家弟子，多有曾受高等教育及留学欧美者。而师决不与彼等高谈佛法之哲理，唯一一劝其专心念佛。彼弟子辈闻师言者，亦皆一一信受奉行，决不敢轻视念佛法门而妄生疑议。此盖大师盛德感化有以致之也。[24]

弘一法师把印师的这些"盛德"不折不扣地学了过来，并在他的生活中一一加以实行。参礼印光大师之后，他回到永嘉庆福寺。这年秋天，弘一法师原准备到南京看看，然后再往安徽九华山，参地藏王菩萨圣地。半道上听说江浙战事又起，交通有阻，便在宁波下船上岸，挂单于七塔寺云水堂。时老友夏丏尊恰巧在宁波第四中学兼课，得知后前往拜望。

云水堂是专门接待四方云游僧侣的地方，食宿条件较差。夏丏尊来到七塔寺，见云水堂统舱式的房间里排满了上下两层的床铺，里面挤着四五十个云游方僧。弘一法师住在下层的一张铺位上，见到丏尊，便微笑着招呼，两个人在廊下的板凳上坐了说话。

"到宁波几天了？"夏丏尊问。

"到宁波三日了。前两日是住在小旅馆里。"弘一法师说。

"那家旅馆不十分清爽罢。"夏丏尊又问。

"很好，臭虫也不多，不过两三只。主人待我非常客气呢。"弘一法师显得很满足，而夏丏尊听了，却惘然若失。

夏丏尊邀请他到白马湖去小住几日。弘一法师说："再看机会吧。"

夏丏尊再三肯请。弘一法师见老友决意要请他去，也便欣然应允。

到了白马湖，夏丏尊在"春社"里替他打扫好房间。弘一法师自己打开铺盖。他的行李十分简单，单薄的被褥和几件僧衣，用一张粉破的席子包裹着。只见他先把粉破的席子珍重地铺在床上，摊开了被褥，再把衣服卷了几件作枕头。做完这些，又拿出一条既黑且破的毛巾，走到湖边洗脸。夏丏尊默默地看着，实在于心难忍，就说："这毛巾太破了，替你换一条吧。"

"哪里！还好用的，和新的差不多。"弘一法师说这话时，特意把毛巾又珍重地展开来给夏丏尊看，意思是还能用。

夏丏尊知道弘一法师持过午不食戒，第二天，还未到中午，就把米饭和两碗素菜送来。弘一法师吃饭时，夏丏尊就在一旁陪着。这菜无非是白菜萝卜之类的家常素菜，可弘一法师却喜悦地把饭划入口中，尤其是当他用筷子郑重地夹起一叶菜时那种惜福的神情，夏丏尊看了几乎要流下泪来。第三天，校长经亨颐家送来四样素菜，其中一碗菜非常咸。夏丏尊说："这太咸了!"

弘一法师仍是满足地说："好的！咸也有咸的滋味，也好的!"

吃过饭，弘一法师对夏丏尊说："以后不必送饭来，可以自己去吃。"他笑了笑，又说道："乞食是出家人的本分嘛。"

"那么逢到雨天，还是给你送来吧。"夏丏尊说。

"不要紧，雨天，我有木屐哩!"弘一法师把"木屐"两个字说得很郑重其事，看那神情，俨然是什么了不得的法宝。然后又补上一句："每日走些路，也是一种很好的运动。"

听了这话，夏丏尊不禁感慨万千。在他这位老友那里，世间似乎没有一样不好的东西，一切都好。肮脏的客栈好，七塔寺里的统铺好，破烂的席子好，陈旧的毛巾好，白菜好，萝卜好，咸死人的饭菜好，木屐好，跑路也好；什么都有味，什么都了不得。对此，夏丏尊深为叹服："这是何等的风光啊！宗教上的话且不说，琐屑的日常生活到此境界，不是所谓生活的艺术化了吗？人家说他在受苦，我却要说他是享乐。我当见他吃萝卜白菜时那种愉悦丁宁的光景，我想：萝卜白菜的全滋味，真滋味，怕要算他才能如实尝得的了。对于一切事物，不为因袭的成见所缚，都还他一个本来面目，如实观照领略，这才是真解脱，真享乐。"[25]

弘一法师出家之前，是国内艺术界的先辈，而披剃后则专心念佛，全力办道，非佛书不书，非佛语不语，似乎与艺术没了关系。可是这次在白马湖的数日相聚，却使夏丏尊在这个苦行僧的清苦生活中，发现了"生活的艺术"，从佛家的世界里，感受到了日常生活的真味："艺术的生活，原是观照享乐的生活。在这一点上，艺术和宗教实有同一的归趋。凡为实利或成见所束缚，不能把日常生活咀嚼玩味的，都是与艺术无缘的人们。真的艺术，不限在诗里，也不限在画里，到处都有，随时可得。能把他捕捉了用文字表现的是诗人，用形及五彩表现的是画家。不会做诗，不会作画，也不要紧，只要对于日常生活有观照玩味的能力，无论谁何，都能有权去享受艺术之神的恩宠。否则虽自号为诗人画家，仍是俗物。”[26]

这次偶然的相聚，不想给夏丏尊带来了意外的刺激。他“自怜囫囵吞枣地过了大半生，平日吃饭着衣，何曾尝到过真的滋味！乘船坐车，看山行路，何曾领略到真的情景！虽然愿从今留意，但是去日苦多，又因自幼未曾经过好好的艺术教养，即使自己有这个心，何尝有十分把握”[27]！想到这些，夏丏尊不禁心中怅然。

相聚是短暂的，弘一法师要走了，拖着他清癯的身影，带着他简单的行囊，渐行渐远；背后留下的，是让尘俗里挣扎的夏丏尊咂摸不尽的人生况味。

十一月，弘一法师来到杭州。自春及冬，他云游各地，身心倍感疲惫，打算在虎跑寺小住几日，谢客静养，稍作休整之后，再回永嘉庆福寺掩关。

/注释/

[1] 范古农（1881—1951），原名运枢，字拱薇，后易名寄东，改字幻庵，浙江嘉兴人。18 岁入上海南洋公学就读，20 岁留学日本，在东京与章太炎等人交往。其后读《圆觉经大疏》有悟，遂信佛。回国后任浙江省立第二中学校长，课余广搜佛典，潜心研究，并于精严寺设立佛学会；经常在嘉兴、平湖、嘉善、海盐和杭州一带讲演佛教学说。后在上海组织法相学社，先后任上海佛学书社总编辑、《佛教日报》主笔、世界佛教居士林林长。是著名佛学家和居士。

[2] 打七，佛教规仪，有两种：一是禅七，禅宗僧人每年冬天进行的参禅活动，从农历十月十五日起，至腊月八日止，共“七七”四十九天；二是佛七，净土宗僧人的念佛活动，随时可以举行，“七七”四十九天中，只念“阿弥陀佛”，敲木鱼击磬，名为“打念佛七”。

[3][7][10][11][12][14][18][21][23] 林子青：《弘一法师年谱》，宗教文化出

版社 1995 年版。

[4] 袁希濂：《余与大师之关系》，载《弘一大师永怀录》，上海大雄书局 1943 年版。

[5] 李鸿梁：《弘一法师李叔同：一生身世一篇诗》，载《民国奇才怪人秘录》，团结出版社 1995 年版。

[6] 结夏，按照佛教仪规，僧人每年有三个月时间不得外出云游，需在僧籍所属的寺院静修，接受供养，相互检讨过失。这种仪规称为“安居”，又叫“结夏”。中国僧人的结夏期为旧历四月十六至七月十五日。

[8] 楼秋宾：《东安楼氏宗谱》，转引自陈星著《说不尽的李叔同》，中华书局 2005 年版。

[9] 方爱龙：《殷红绚彩：李叔同传》，上海书画出版社 2002 年版。

[13] 此事及相关引语均见尤墨君《追忆弘一法师》，参见林子青《弘一法师年谱》，宗教文化出版社 1995 年版。

[15] 李叔同：《花雨满天悟禅机：李叔同的佛心禅韵》，陕西师范大学出版社 2007 年 11 月版。

[16] 林子青：《弘一法师书信》，生活·读书·新知三联书店 1990 年版。

[17] 金梅：《悲欣交集：弘一法师传》，福建教育出版社 2010 年版。

[19] 因弘：《恩师弘一音公驻锡永嘉行略》，见林子青《弘一法师年谱》。

[20] 参见穆藕初《五十自述》。

[22] 以上所引印光大师书信，见林子青《弘一法师年谱》。

[24] 弘一法师：《略述印光大师之盛德》，见李叔同著《禅里禅外悟人生》，陕西师范大学出版社 2006 年版。

[25][26][27] 夏丏尊：《子恺漫画序》，载夏丏尊著《平屋杂文》，百花文艺出版社 2005 年版。

第七章 出世精神

一、前尘故旧

1926年正月，正在庆福寺闭关静修的弘一法师，接到天津俗家文熙二哥的来信，告知其俞氏夫人已于正月初三病故。作为佛门中人，弘一法师早已断绝尘缘，然而面对这样的消息，曾经多情善感的他，亦当别有一番滋味。此时，弘一法师正在闭关禁语，言动不便，遂拟信一封转呈寂山长老：“前数日得天津俗家兄函，谓在家之妻室已于正月初旬谢世，属弟子返津一次；但现在变乱未宁，弟子拟缓数月，再定行期。”[1] 天津暂不能回，他便请吴壁华居士授神咒或往生咒一种，并在关中设灵，为俞氏夫人念了几天神咒和《地藏菩萨本愿经》。至于返津的计划，最终也未能成行。

料理完这些事情，弘一法师准备启关游方。他年内有两个计划，一是去杭州，与弘伞法师会合，整理《华严疏钞》；二是赴江西庐山，参加金光明法会，写经与世人结缘。

《华严疏钞》这部经书卷帙浩繁，内容庞杂，且书写无标点不分段，后人读起来十分困难。弘一法师打算以一人之力，对全书进行厘正，在 20 年内完成。年初在永嘉庆福寺时，弘一法师患感冒咳嗽，来杭之后，便住进招贤寺调养，由本寺招贤老人照护一切。因此之故，《华严疏钞》的整理工作也只好暂且放下。趁此闲暇，弘一法师给正在上海立达学园任职的丰子恺发去一封邮片，说近日来杭，承招贤老人殷勤相留，如身体不能恢复，年内或不复他适。

丰子恺 1919 年浙江一师毕业后，先是与刘质平、吴梦非一起在上海创办专科师范学校，继而于 1921 年赴日本留学。赴日前，专程到凤生寺与老师告别，此后 6 年，师生二人一直无缘见面。此时接到老师的邮片，丰子恺十分高兴，立即约请也在上海任职的夏丏尊先生专程前往杭州，看望弘一法师。二人当晚到杭州时，已是万家灯火，便在西湖边的一家小旅馆住了一宿。翌晨 7 时，二人乘黄包车赶往招贤寺，走进正殿的后面，招贤老人出来招呼，二人一看，方知这位"招贤老人"便是多年不见的弘伞法师。

招贤老人说："弘一法师日间闭门念佛，只有送饭的人出入，下午 5 时才见客。"

丰、夏二人知道弘一法师的规矩是破不得的，于是和招贤老人攀谈了一会儿，便告辞出来，分头去办各自的事情，相约下午 5 时在此会集。下午，丰子恺和另外几个想见弘一法师的朋友赶来时，弘一法师和夏先生已坐在山门口湖岸的石埠上谈话了。见了丰子恺他们，弘一法师立起身来，带着无限的欢喜把他们引到客房里。大家坐了，暂时相对无言。过了片刻，夏先生打破沉默，介绍了与丰子恺同来的几位朋友。其中一位朋友垂手起立，向弘一法师请教有关学佛的问题。弘一法师微笑着，抬起右手示意他坐下讲，这位年轻人却依然垂手而立。弘一法师保持着笑容，双手按膝，听他讲完后，说："初学修佛，最好是每天念佛号。起初不必求长，半小时，一小时都好。惟须专意，不可游心于他事。要练习专心念佛，可自已暗中计算，以每五句为一单位，凡念满五句，心中告一段落，或念满五句，摘念珠一颗。如此则心不暇他顾，而可专意于念佛了。初学者以这步功夫为要紧，又念佛时不妨省去'南无'二字，而略称'阿弥陀佛'。则可依时辰钟的秒声而念，即以'的格（强）的格（弱）'的一个节奏的四拍合'阿弥陀佛'四字，继续念下去，效果也与前法一样。"[2]

谈了一会儿，话题又转向赠立达学园《续藏经》的事。这部藏经，原是一位居士送给弘一法师的，因弘一法师已有一部，就打算转赠他处。去年由夏先生为立达学园请得了，可在这之前，有另外两个人也向弘一法师请求过，但久未去领。弘一法师就嘱子恺写信给那两位，说明原委，以谢绝他们。说着，弘一法师就起身进到另一间房里，拿出一张通信地址及信纸，与子恺并肩坐了，详细告诉他应该怎样措词才合适。这种郑重叮咛的情景，使丰子恺仿佛又回到了学生时代，他低着头连连应答，看着老师那一双绊着草鞋带的细长而秀白的脚，万般滋味涌上心头。

过了几天，丰子恺又接到老师的来信："音出月拟赴江西庐山金光明会参与道场，愿手写经文三百叶分送各施主。经文须用朱书，旧有朱色不敷应用，愿仁者集道侣数人，合赠英国制水彩颜料 Vermilion 数瓶。"末又云："欲数人合赠者，俾多人得布施之福德也。"[3] 丰子恺接到来信后，便与夏丏尊等七八人，合买了 8 瓶温泽·牛顿制的水彩颜料，又附了 10 张宣纸，当天寄往杭州，并附信 1 封，请老师途经上海时，预先告知动身日期，以便到车站迎候。弘一法师回信说，不打算在上海逗留，秋后归来再图叙晤。

一晃到了暑假，丰子恺天天袒衣跣足，在过街楼上的家里写意度日。此时研究油画的友人黄涵秋，刚从日本回国，暂住在他家里。一天早晨，丰子恺正和黄涵秋一边吃早点，一边翻阅弘一法师出家时送他的照片。阿宝和阿瞻姐弟俩正在外屋里玩耍。忽然一个住在隔壁的学生张皇地跑上楼来说："门外有两个和尚在询问丰先生，其中一个样子好像照片上见过的李叔同先生。"

丰子恺跑下楼一看，果然是弘一和弘伞两位法师立在门口。弘一法师的突然出现，让丰子恺一时有点张皇失措，立了片刻，才延请他们上楼。丰子恺抢先几步进到外屋，叫孩子们走开，又把地上的玩具移走，空出一条道来，回头请两位法师进来。丰子恺问及他们的行程和起居，方知他们是前天到上海的，住在大南门灵山寺，要等江西来信，再决定动身赴庐山的日期。

正说话间，弘一法师起身走到丰子恺身边，略微放低声音说："子恺，今天我们要在这里吃午饭，不必多备菜，早一点就好。"

丰子恺应答着急忙走出来，吩咐阿宝去买汽水，叮嘱妻子赶紧备素菜，一定要赶在 11 点开饭。几个要好的邻居，得知消息，也特意赶过来要求见一见法师。

到此刻丰子恺还有点像在梦里，刚才那照片上的主人翁，竟会坐在这过街楼里。他兴奋地捧起桌上的照片，送到老师面前。弘一法师脸上显出一种超然而虚空的笑容，兴味津津地翻开来看，还一张一张地给大家说明，像说着别人的故事一样。

一位邻居问起他家庭的事，他说在天津还有哥哥、侄儿等。起初写信去告诉他们要出家，他们回信说不赞成，后来再去信，就没有回信了。研究油画的黄涵秋，知道弘一法师是中国艺术界的先辈，便拿出许多画来，同他长谈细说地论画，他有时点头认可，有时也说出自己的意见。

吃过饭，还不到 12 点。在这寂静的午后，僧俗 4 人围桌而坐，谈笑风生，盛夏的阳光从窗外草地上反射进来，洒在客厅里。7 岁的阿宝从外屋进来，靠在丰子恺身边，咬着指甲看两个和尚的衣装。弘一法师看着充满好奇的孩子，说："阿宝这双眼睛生得距离很开，很是特别，蛮好看的。"

丰子恺说："阿宝很喜欢画画，也喜欢刻石印。"

两位法师就要阿宝给他们也刻两个。弘一法师在印石上写了一个"月"字，一个"伞"字，叫阿宝刻。阿宝侧着头，汗淋淋地抱住印刀刻起来。弘一法师注视着阿宝，轻声对弘伞说："你看，专心得很！"又转向丰子恺说："像现在这个年龄就教她念佛，一定很好。可先拿因果报应的故事讲给她听。"

"她本来就怕杀生的。"丰子恺说。

弘一法师一边说好，一边看了看地面，说："这地板上蚂蚁很多。"他对一切生物的关照，究竟比常人有心得多。

话题转到城南草堂和超尘精舍，弘一法师兴奋地说："这是很好的小说题材！我没有空来记录，你们可采作材料呢。"

原来，他们在大南门灵山寺住下后，听说相隔不远的小南门有一处念佛的超尘精舍，便想过去看看。于是，在来丰家的前一天，弘一法师就步行到小南门一带寻访，跑了半天，也没有找到超尘精舍，便去访离此不远的城南草堂。哪里晓得，城南草堂的门外，就挂着超尘精舍的匾额，所谓超尘精舍，正设在草堂里面。进内一看，装修一如旧时，不过换了洋式的窗户和栏杆，重新油漆了一遍，墙上添了些花墙洞。从前弘一法师母亲住的房间，现在供着佛像，还有僧人在那里做功课。近旁的风物也都变了，原来的浜处新修了一条马路，金洞桥也没有了，老柳树也没有了。他走到转角处的那家老药铺，药铺里的人都是陌生的面孔。一打听，方才晓得许幻园把草堂转给了一个五金商人。不知那位商人是信佛还是别的缘故，把草堂送给和尚讲经念佛了。

弘一法师讲到这里，显得兴奋得很，说："真是奇缘！那时候我真有无穷的感触啊！"他把"无穷"二字拖得特别长。丰子恺听了，一种莫名的酸楚涌上心头。末了，弘一法师又提议说："几时可陪你们去看看。"

4 个人一直聊到下午 4 点。傍晚，他们又一起参观了立达学园，再次看到了弘一法师所赠的《续藏经》，然后送二位法师上车返灵山寺，又约好明早一同去访城南草堂。

翌晨 9 点，丰子恺带着黄涵秋和一位邻居来到灵山寺，见了弘一法师。弘一法师说："江西的信昨晚已到，我们今晚就动身，弘伞法师已去买票了。"说着，他就换上草鞋，一手夹了一个灰色的小手巾包，一手拿着一顶两只角已经脱落的蝙蝠伞，陪着丰子恺几人去访城南草堂。

到了草堂，弘一法师一一指点给他们看，哪里是浜，哪里是桥、树，哪里是他当时进出惯走的路。进到院里，见是五开间的房子，建筑还算讲究，天井虽不大，但还敞亮。他又一一指点说，这是公共客堂，这是他的书房，这是他私人的会客室，这楼上是他母亲的住室，这是挂"城南草堂"匾额的地方。里面一个穿背心的和尚，见几个人在这里指指点点，就过来用宁波话招呼他们进屋坐坐。弘一法师谢了，说："我们是看看的。"又笑着补充说："这房子我曾住过，二十几年以前。"

那和尚打量了一下他，说："哦，你住过的！"

那宁波和尚打量弘一法师的神情和他说的那句话，让丰子恺眼前仿佛浮现出二十几年前后的两幅对照图：一是风神俊朗的才子，一是布衲草履的行者。这两幅画面叠印在一起，使丰子恺的心中陡然生出一种人生刹那的悲哀。他想，如果李先生没有这母亲，如果这母亲迟几年去世，或者母亲现在还健在，局面又怎样呢？恐怕李先生不会做和尚，我们也不会相识，更不会来凭吊这房子吧！那么，是谁操着制定这局面的权力呢？看来，这人生的境遇，实在有说不清道不明的玄妙。

出了草堂，弘一法师向背心和尚询问原先房主的去处。和尚指着不远处一间低矮破旧的砖房说："就在前面不远，门前摆着一张代写书信的小桌。”一行人来到房前，只见一位半百老人，伏在一张矮桌上写着什么。来人的招呼，他似未听见。弘一法师仔细端详着眼前这位耳已聋、发半白的老者，终于从一脸的沧桑中依稀看见了那张熟悉的面影。是了，是了，他就是幻园兄，那个昔日意气风发的文坛盟主，那个曾经朝夕相对、诗酒文章的兄弟。令弘一法师料想不到的是，这位义兄已潦倒至这般田地。还记得十多年前，大概是1914年吧，弘一法师由杭州来沪度假，路经草堂，许幻园拿出亡妻宋贞的画作请他题词[4]。那时，草堂周围的楼台杨柳，虽已大半荒芜，但许幻园还是草堂的主人，不意才十余年，他竟成了孑然一身，赁屋而居，靠代写书信为生的孤苦老者。真是人生无常，世事难料啊。

目睹许兄窘况，弘一法师悲怆隐痛，唏嘘不已。两人执手相对，默然无语，过了好一会儿，方破涕为笑；叙及前尘往事，恍如南柯一梦。

翌年十月，弘一法师欲北上探亲，转道上海，住在江湾丰子恺家。许幻园、袁希濂、张小楼闻讯往访，乐说往事。此时蔡小香已经去世。天涯四友相携于宝记像室再摄一影，弘一法师亲自题记，以为纪念。不久，袁希濂、张小楼亦皈依佛法。1929年，弘一法师往厦门途中，道经上海，暂寓夏丏尊家，此时，许幻园已归道山，张小楼去了重庆，惟袁希濂尚在上海。至此，天涯五友或凋零或星散，已不复为聚。这是后话。

弘一法师与许幻园珍重道别之后，一行人又到附近的丛林海潮寺参佛，然后在城隍庙的素菜馆里吃午饭。席间，弘一法师谈起世界佛教居士林的尤惜阴居士，说他为人如何信诚，如何乐善，如何孜孜于弘佛办道。尤惜阴是弘一法师的老友，后来皈依虎跑了悟上人，做过很多慈善事业，丰子恺早闻其名，但缘悭一面，便请弘一法师带他见见这位尤居士。

饭后，几个人来到闸北佛教居士林，问明尤居士住在三楼。一行人上了楼，弘一法师从一个窗口看到了尤居士，便隔着玻璃轻轻叩了几下。只见一个五十多岁的半老者开门出来，五体投地地拜伏在弘一法师脚下，几乎要把他的脚抱住。弘一法师浅浅地鞠躬答礼。如此虔诚的顶礼膜拜，让站在后面的丰子恺一时回不过神来。

得知弘一法师在佛教居士林，一楼佛堂里拜忏念佛的善男信女，纷纷请他开示。弘一法师不便推托，即兴作了一番演讲。他说：

凡初发心人，既受三皈依，应续受五戒。倘自审一时不能全受者，即先受四戒三戒，乃至仅受一二戒，都可。在家居士。既闻法有素，知自行检点，严自约束，不蹈非礼，不敢轻率妄行，则杀生、邪淫、大妄语、饮酒之四戒，或不可犯。惟有在社会上办事之人，欲不破盗戒，为最不容易事。例如与人合买地皮房产，与人合做生意，报税纳捐时，未免有以多数报少数之事，因数人合伙，欲实报，则人以为愚，或为股东所反对者有之。又不知而犯，与明知违背法律而故犯之事，如信中夹附钞票，与手写函件取巧掩藏，当印刷物寄，均犯盗税之罪。凡非与而取，及法律所不许，而取巧不纳，皆有盗取之心迹，及盗取之行为，皆结盗罪。非但银钱出入上，当严净其心，即微而至于一草一木、寸纸尺线，必须先向物主明白请求，得彼允许，而后可以使用。不待许可而取用，不曾问明而擅动，皆有“不与而取”之心迹，皆犯盗取盗用之行为，皆结盗罪。[5]

后来，尤惜阴居士将弘一法师的演讲内容整理出来，题名为《在家律要》，刊登在 1927 年 4 月出版的《世界佛教居士林林刊》第 17 期上。

当晚，弘一、弘伞二法师登船赴江西，驻锡于五老峰后的青莲寺。在参加金光明法会的间隙，弘一法师写下了他平生最精工的《华严经十回向品·初回向章》，挂号邮寄给蔡丏因居士，并嘱其在上海付梓流通。蔡丏因早年毕业于浙江一师，虽未直接受教于李叔同，但他对弘一法师则是终生服膺，对弘一的托付，自然会竭尽其诚。《华严经十回向品·初回向章》由上海开明书局影印出版之后，被同时代的太虚法师推为近数十年来僧人写经之冠。

初冬，弘一法师下了庐山，回锡杭州。此时正逢国民革命军北伐，杭州政局初变，国民党内的一些青年激进分子，出于狂热的革命热情和革命想象，提出灭佛毁庙之说。在北方，基督将军冯玉祥，则见庙就拆，见佛像就毁。这一毁佛的风潮在江浙一带迅即蔓延，他们见和尚便勒令还俗，见到寺庙就要改做工厂、学校，见了有香火的地方便说是迷信。到了 1927 年春天，形势越发严峻，上海、南京等地的著名高僧印光、园瑛等人，已开始奔走呼吁，并设法与政府交涉。当此紧急关头，弘一法师致函老友堵申甫，说：“余为护持三宝，定明日出关。”他列了一份当地激进官员的名单，要堵申甫将这些人请到他驻锡的常寂光寺座谈。同时，又写了许多劝诫的字幅，准备分赠给与会者。

座谈会开始之前，堵申甫将法师写好的字幅分发给每一个人，不多不少，恰好人手一纸。参会的人中，大多知闻弘一法师大名，有些还是他当年的学生，平时要求法师墨宝，恐怕连想都不敢想，不意今天得来全不费工夫，心中不免窃喜；再看上面的劝诫文字，心又咯噔一沉。会上，弘一法师讲话并不多，但句句恳切，其中有一语说："和尚这条路亦当留着。"座中有个叫宣中华的人，原是法师的学生，时在省党部任职，负责宣传工作，会后对人说："生平未尝受刺激如今日之深者。闻李先生言，不觉背出冷汗。"

接着，弘一法师又给教育界的首要们——他在俗时的师友写信，主动提出整顿佛教的意见。信中写道：

旧师子民、旧友子渊、夷初、少卿诸居士同鉴：

昨有友人来，谓仁等已至杭州建设一切，至为欢慰。又闻子师在青年会演说，对于出家僧众，有未能满意之处。但仁等于出家人中之情形，恐有隔膜。将来整顿之时，或未能一一允当。鄙拟请仁等另请僧众二人为委员，专任整顿僧众之事。凡一切规划，皆与仁等商酌而行，似较妥善。此委员二人，据鄙意愿推荐太虚法师及弘伞法师任之。此二人皆英年有为，胆识过人，前年曾往日本考察一切，富于新思想，久负改革僧制之宏愿，故任彼二人为委员，最为适当也。至将来如何办法，统乞仁等与彼协商。对于服务社会之一派，如何尽力提倡（此是新派）；对于山林办道之一派，应如何尽力保护（此是旧派，但此派必不可废）；对于既不能服务社会，又不能办道山林之一流僧众，应如何处置；对于应赴一派（即专作经忏者），应如何处置；对于受戒之时，应如何严加限制？如是等种种问题，皆乞仁等仔细斟酌，妥为办理。俾佛门兴盛，佛法昌明，则幸甚矣。此事先由浙江一省办起，然后遍及全国，谨陈拙见，诸乞垂察。[6]

这几位收信人要么是学界重镇，要么是教育行政大员。其中，蔡元培时任浙江省政治分会委员，代行省主席之职；经亨颐为国民政府教育行政委员会委员；马叙伦为国民政府教育部次长；朱少卿为浙江省教育厅长。他们在浙江一省乃至全国，都有着非同一般的影响力，且对弘一法师知之颇深，对他的意见理当会慎重考虑。这一事件的平息过程不得而知，但事实是此后不久，灭佛之议便悄无声息了。

灭佛事件之后，弘一法师打算再度入关静修，但刚刚过去的这场风波，对他无疑是一种煎熬。他在信中告诉弘伞法师说："今春以来，老病缠绵，身心衰弱，手颤眼花，臂痛不易举，日恒思眠，有如八九十老翁……音近来备受痛苦，而道念亦因之增进。佛称八苦为八师，诚确论也。不久拟闭关用功，谢绝一切缘务。以后如有缁素诸友询问音之近况者，乞以'虽存若殁'四字答之，不再通信及晤面矣。音近数年来颇致力于《华严疏钞》，此书法法具足，如一部佛学大辞典。若能精研此书，于各宗奥义皆能通达。"[7]

在此期间，弘一法师俗侄李圣章从巴黎回国，专程赶到杭州探望三叔。李圣章是二哥桐冈的长子，比弘一法师小 9 岁，随其姨夫李石曾留学法国。留学期间曾参加并领导学生运动，与国内"五四运动"遥相呼应。1921 年回国后任北京大学教授、中法大学校长等职。1926 年再度赴法国里昂中法大学考察，翌年三月乘船抵达上海，奉父亲之命看望三叔，并劝其还俗。

李圣章在三叔驻锡的常寂光寺住了 9 天，亲眼目睹了三叔生活的艰窘：晨起用柳条枝沾着盐水刷牙；每日只吃两餐，菜也是清汤寡水；脚上穿的是草鞋，身上着的是千补百衲的破旧衣衫。李圣章看到三叔这般苦行，禁不住暗暗落泪。他几次劝其还俗，但三叔都不为所动，只是答应瞅机会回天津看看家人。

七月上旬，李圣章的姨夫李石曾，来杭州寻访弘一法师。李石曾早年加入同盟会，1910 年留法归来后投身教育，后曾任国民党中央监察委员，是著名教育家和政治活动家。弘一法师与李石曾既是亲戚，又是朋友，还在少年时代就时常在一起高谈阔论，切磋唱和。后来两人一个留法，一个留日，学成归国后曾有短暂的相聚。后因李叔同南下上海，从此二人各自东西，不复谋面。

李石曾来到杭州后，一访于玉泉寺，二访于招贤寺，三访于常寂光寺，都没有见到弘一法师。这"不见"的缘由，或许是因为弘一法师说过"虽存若殁"的话，或许是他素来不与官方人士交结的信守。后来，李石曾找到弘伞法师，在弘伞的陪同下，终于在本来寺见到了十几年不曾谋面的弘一法师。李石曾这次寻访，究竟与弘一法师谈了些什么，已无从知晓，但考虑到他与桐冈父子的密切关系，以及李圣章劝三叔还俗未果的"前因"，想必会有以老友的身份再次劝其还俗的意思，或转达老家亲友的牵念。

或许，与亲友的接触勾起了弘一法师的思乡之情。不久之后，他便准备返津探亲，并在与二哥的书信往来中，提及返津路费的筹措等事宜。二哥桐冈在 8 月 20 日复信中写道："三弟如晤：获读手书，得悉弟有意返津，欣慰之至。兹特邮汇去大洋壹佰元，望查收后，趁此天气平和，交通无阻，即刻起身回家，不必游移，是为至要。至居住日期及衣服、谢绝亲友等项事，悉听弟便。再赴津船名，起身前务必先来信为要。"信末又言及家中因为李准（李叔同长子）办喜事借贷千余元，手头一时拮据，百元路费是他与侄儿侄女共同拼凑。"此等小事，本不必令弟知之。但儿女辈体亲之心，盼叔返津相见之切，聊表孝心，亦可爱也。录之以博一粲。万望俯念其诚，勿负其意是盼。"[8]读此信，令人鼻酸泪落。想当年富贵之家，窘困若此，不胜唏嘘。这一年，桐冈恰逢 60 岁寿辰，他原本体弱多病，想到自己也许来日无多，因此，盼望三弟返乡的心情也就越发迫切了。

算起来，弘一法师离开天津老家已有 16 个年头了。孩子们都已经长大，准儿也有了家室。这些年里，家中的一切皆由二哥料理，全凭他行医的收入来维持，而今他已经老了。前次发妻谢世，未能回去，这次圣章、石曾又来相劝，还俗的事当然不能考虑，然而回家看看总是应该的，何况二哥的六十花甲之庆，也是一个难得的机缘，总之，这次的返乡之行，是无须迟疑的了。

旧历九月初，弘一法师转道上海，准备赴津探亲，但因津浦铁路发生战事，交通阻隔，一时不能成行。弘一法师再次来到丰子恺家中，等待北方战事的平息。这次他一住就是一个月。丰子恺请他住在前楼，自己和两个孩子住在楼下。

弘一法师刚刚住下，丰子恺就安排早就想一睹他风采的叶圣陶、周予同、李石岑、内山完造等人与法师见面，大家在功德林设席宴请法师，宴毕，又随法师去太平寺拜访了印光法师。

这次意外的滞留上海，使弘一法师有了一次难得的休憩，也给亲同父子的师生二人一次难得的交流机会。丰子恺对这段温馨而惬意的生活情景有过如下诗情画意的描述：

每天晚快天色将暮的时候我规定到楼上来同他谈话。他是过午不食的，我的夜饭吃得很迟。我们谈话的时间，正是别人的晚餐的时间。他晚上睡得很早，差不多同太阳的光一同睡着，一向不用电灯。所以我同他谈话，总在苍茫的暮色中。他坐在靠窗口的藤床上，我坐在里面的椅子上，一直谈到窗外的灰色的天空衬出他的全黑的胸像的时候，我方才告辞，他也就歇息。这样的生活，继续了一个月。现在已变成丰富的回想的源泉了。[9]

有一次，丰子恺上楼去见他，看到他脸上充满着欢喜之色。只见他顺手从书架上抽出一本书，指着封面上的字说："谢颂羔居士，你认识他否？"

丰子恺一看，是谢颂羔送给他的名叫《理想中人》的书。

"谢颂羔君是我的朋友，一位基督教徒……"

"他这书很好！很有益的书！这位谢居士住在上海吗？"

"他在北四川路底的广学会中当编辑。我是常常同他见面的。"

说起广学会，弘一法师似乎颇有好感。他告诉丰子恺说，广学会创办很早，他早年住在上海的时候，广学会就已经成立了。又说其中有许多热心而真挚的宗教徒。有一个外国教士李提摩太曾经还很关心佛法，翻译过《大乘起信论》。接着，弘一法师又把话题转到手中的书上，说《理想中人》这种书十分有益，作者也十分可敬。还说他一向不看丰子恺书架上的书，今天偶然在最近便的地方随手抽着了这一本书，读了很感动。他郑重地说："这是很奇妙的'缘'！"

丰子恺见老师对这本书及作者如此感兴趣，就乘机说道："几时我邀谢君来这里谈谈，如何？"

弘一法师十分乐意和这位谢君会面，但又觉得请人家来见他很不妥当。过了几天，弘一法师就亲手写了一张"慈良清直"的4字横幅，让丰子恺便中送给谢居士。次日，丰子恺将横幅送给谢颂羔，并把这件事的原委说了一遍。谢颂羔听了十分感动，随即定下周日登门拜见法师。见面是愉快的。丰子恺看着眼前一个虔敬的佛徒和一个虔敬的基督徒相对而坐，他们谈笑着，看上去是那么的自在和融洽。

对丰子恺来说，弘一法师就是他人生的偶像。他钦佩老师的学识、人格和他做事认真的态度，更佩服他事佛的精诚与行持的谨严。他从老师的言默动止中，一次次体验着感动，领受着教益。每次说起老师，他都有讲不完的故事。他说："有一次我寄一卷宣纸去，请弘一法师写佛号。宣纸很多，佛号所需很少。他就来信问我，余多的宣纸如何处置。我原是多备一点，由他随意处置的，但没有说明，这些纸的所有权就模糊，他非问明不可。我连忙写回信去说，多余的纸，赠与法师，请随意处置。以后寄纸，我就预先说明这一点了。又有一次，我寄回件邮票去，多了几分。他把多的几分寄还我。以后我寄邮票，就预先声明：多余的邮票送与法师。诸如此类，俗人马虎的地方，修律宗的人都要认真。有一次他到我家。我请他藤椅子里坐。他把藤椅子轻轻摇动，然后慢慢地坐下去。起先我不敢问。后来看他每次都如此，我就启问。法师回答我说：'这椅子里头，两根藤之间，也许有小虫伏着。突然坐下去，要把它们压死，所以先摇动一下，慢慢地坐下去，好让它们走避。'"[10]这样的认真和精严，听起来似乎有点刻板，其实他又是通达的，有着山容海纳的胸怀。比如他对基督教的理解，对谢颂羔的赞赏。他有时还是颇有意趣的，把一件郑重的托付，当做一个游戏来完成。还是他第一次来到江湾的丰家时，丰子恺便请求老师为他的居室起名字。丰子恺一向喜欢给自己的居室取名。1922 年至 1924 年他在上虞春晖中学任教时，就曾为自己白马湖畔的平屋取名为"小杨柳屋"；后来，他在抗战期间逃难内地，也不忘给自己暂住的居所取个"星汉楼""沙坪小屋"什么的。可见丰子恺对给居室取名是十分认真的。而弘一法师，却居然想出了一个令人始料未及的办法，他让丰子恺在小纸片上分别写下自己喜欢的字，然后团成纸球，撒在释迦牟尼画像前的供桌上，叫丰子恺自己去抓阄，结果一连两次都抓到了"缘"字，于是丰子恺就将居室命名为"缘缘堂"，并当即请老师写了一幅横额，装裱了挂在墙上。

正是对老师的这份尊崇和敬重，丰子恺甚至在一些生活方式和行事做派上，也极力仿照弘一法师。比如老师的言语低沉而和缓，丰子恺说话的声调也低缓了；老师穿布衫草履，丰子恺也开始穿布衣布鞋；老师常无言静思，丰子恺也时常独坐无语；老师每晚太阳入山便眠，丰子恺也常如此。久之，上海的文坛便流行着这样的说法："丰子恺成了弘一法师的影子了！"

在频繁的交往和无间的相处中，弘一法师的言行、思想、品格以及信仰，越来越深地影响着丰子恺，丰子恺对这位业师也越发地痴迷。1928 年九月二十日，是法师 49 岁生日，6 天后，是丰子恺 30 岁生日。这一天，丰子恺终于发愿师从弘一法师皈依佛门了。他在缘缘堂备好果品与香烛，在楼下的钢琴旁接受了法师的开示，取法名“婴行”。弘一法师试行断食之后，也曾将自己的名字改为“李婴”。“婴”者，“婴儿”也。法师将丰子恺的法名定为“婴行”，想必是有其深意的吧。许多年后，丰子恺在写给法师的信中，还深情地回忆起这一刻的情景：“……忆十余年前在江湾寓楼，得侍左右，欣逢法师寿辰，越六日为弟子生日，于楼下披霞娜（Piano）旁皈依佛法，多蒙开示，情景憬然在目……”[11]

转眼到了深秋，天气渐凉，弘一法师返津的意愿也在这漫长的等待中淡去。或许，他还没有准备好如何去面对那个破败的家庭，面对苦苦撑持着那个家的兄长，面对业已长大的一双儿女；或许，他担心在面对家庭亲情时，会动摇自己的佛心道念。不管出于怎样的原因，这次返津之行，最终他选择了放弃。没有人知道他当时的心情和想法，但就在几天之前，他曾经书写了两句宋代佛眼禅师的偈颂赠给夏丏尊，偈云：“聋人也唱胡笳曲，好恶高低自不闻。”这或许是对老友的劝勉，也或许是他纠结内心的自然流露。两年后，二哥桐冈病逝，兄弟二人最终也未能再见上一面。弘一法师最终留给家人的，是遥远的背影和无尽的思念。

二、护生画集

入冬，随着北来的寒流，弘一法师揹着简单的行囊，一路南行，又一次回到了永嘉庆福寺。度过严冬，越过春寒，在草木葱郁的初夏时节，他走进永嘉附近的大罗山，行诛茆宴坐[12]。1928 年暮秋，他再从永嘉启程，一路乘船回到上海，第三次住进了丰子恺在江湾的家中。他这次来沪，是为编写《护生画集》。

说到《护生画集》的缘起，还应回叙到去年秋天。大约在皈依佛门前后，丰子恺画了两幅戒杀生的通俗漫画，拿给李圆净居士征求意见。李圆净是随侍印光法师的青年佛教学者，1925 年曾随中国佛教代表团参加在日本召开的东亚佛教大会。他看了丰子恺这两幅漫画，十分欣喜，觉得这类画是弘法利生的好形式，应该继续画一批，结集出版，以广播善缘。丰子恺回到家中，向弘一法师谈了李圆净的设想。法师认为这是一项难得的善举，表示全力支持，并建议由丰子恺绘画，他亲自撰写文字说明，李圆净参与选题策划与印制发行。此后，弘一法师便回到永嘉庆福寺过冬。

对于护生，弘一法师向来极为重视。在编写《护生画集》期间，有过这么一件事情。夏丏尊在10年后出版的《续护生画集序》中这样记述道："犹忆十年前和尚（李叔同——引者注）偶过上海，向坊间购请仿宋活字印经典。病其字体参差，行列不匀，因发愿特写字模一通，制成大小活字，以印佛经。还山依字典部首逐一书写，聚精会神，日作数十字，偏正肥瘦大小稍不当意，即易之。期月后书至刀部，忽中止。问其故，则曰：刀部之字，多有杀伤意，不忍下笔耳。其悲悯恻隐，有如此者。"[13]一个连"刀"字都不忍刻写的人，对编绘《护生画集》这样的事，自然是极为重视和充满热情的。1928年春夏间，丰子恺绘出部分画稿，遂请弘一法师审阅并题写说明文字，法师回信表示"'戒杀画'文字，甚愿书写"。在接下来的一段时间里，法师多次致信丰子恺、李圆净商讨，完成了拟议中的24幅画作初稿，辑成一集，定名为《护生画集》，并请马一浮为画集作序。此后弘一法师在为画作题诗配文的过程中，一再提出修改意见，从画集的主旨、格调、读者对象，到图文编排、文字大小，以及印刷用纸、装订、发行等，无不一一给予指点和关照。

1929年旧历九月十二日弘一法师致丰子恺信：

> 今此画集编辑之宗旨，前已与李居士陈说。第一，专为新派智识阶级之人（即高小毕业以上之程度）阅览。至他种人，只能随分获其少益。第二，专为不信佛法，不喜阅佛书之人阅览。（现在戒杀放生之书出版者甚多，彼有善根者，久已能阅其书，而奉行惟谨。不必需此画集也）近来戒杀之书虽多，但适于以上二种人之阅览者，则殊为稀有。故此画集，不得不编印行世。能使阅者爱慕其画法崭新，研玩不释手，自然能于戒杀放生之事，种植善根也。

1932年旧历八月廿一日致李圆净、丰子恺信：

> 此画集为通俗之艺术品，应以优美柔和之情调，令阅者生起凄凉悲悯之感想，乃可不失艺术之价值。若纸上充满残酷之气，而标题更用"开棺"、"悬梁"、"示众"等粗暴之文字，则令阅者起厌恶不快之感，似有未可。更就感动人心而论，则优美之作品，似较残酷之作

品感人较深。因残酷之作品，仅能令人受一时猛烈之刺激。若优美之作品，则能耐人寻味，如食橄榄然……

1929 年旧历八月十四日致丰子恺信：

朽人之意，以为此书须多注重于未信佛法之新学家一方面，推广赠送。故表纸与装订，须极新颖警目。俾阅者一见表纸，即知其为新式之艺术品，非是陈旧式之劝善图画……

画集所绘画稿，多系杀生伤生之作，为强调护生主旨起见，法师经过认真的思量，将作品的顺序重新做了排列。他在 1932 年旧历八月廿一日致李圆净、丰子恺信中作了如下说明：

因此书，名曰《护生画集》。而集中所收者，大多数为杀生伤生之画，皆属反面之作品，颇有未安。今依朽人排定之次序。其第一页《夫妇》，为正面之作品。以下十九张（惟《农夫与乳母》一幅，不在此类）皆是反面之作品，悉为杀生伤生之画。由微而至显，复由显而至微。以后之三张，即是《平等》及新增加之《忏悔》、《平和之歌》，乃是由反面而归于正面之作品。以《平和之歌》一张作为结束，可谓圆满护生之愿矣。[14]

从以上部分信件的片段中可以看出，弘一法师对画集的认真、谨严的一贯作风和投入程度。到 1928 的八九月间，画集编就，马一浮的序言也已寄来。此时李圆净又提出待画集出版后，可赠送日本有关各界。弘一法师赞同这一想法，但又觉得若赠送日本各处，这 24 幅图文稍嫌单薄，最好再画上十多幅，否则恐贻笑邻邦。丰子恺、李圆净接受了法师的建议，决定暂缓出版，再绘制一部分图画。

此时，弘一法师专程来到上海，第三次住进江湾丰家，亲自指导《护生画集》的编撰工作。在确定画集规模时，丰子恺等想到明年法师就 50 岁了，若将画作凑足 50 幅之数，作为祝寿的礼物，岂不两全其美。于是，一部含 50 幅作品的画集就这样确定下来。到了旧历十一月，《护生画集》终于编撰完毕，弘一法师也配完了诗文。在集子的最后，弘一法师欣慰地题写了两首回向偈，以为后记：

李、丰二居士，发愿流布《护生画集》，盖以艺术作方便，人道主义为宗趣。每画一叶，附白话诗，选录古德者十七首，余皆贤瓶闲道人补题。并书二偈而为回向：

我依画意，为白话诗；意在导俗，不尚文词。

普愿众生，承斯功德；同发菩提，往生乐国。[15]

《护生画集》配题的50首诗，全部由弘一法师书写，这些诗皆通俗易懂，朗朗上口。其中有17首选自唐宋诗人杜甫、白居易、苏轼、黄庭坚，明代诗人陶周望、叶唐夫，晚明高僧紫柏大师及清代居士彭际清等人的作品，余下的33首均出自弘一法师之手。但法师却写信叮嘱丰子恺说，写诗一事，千万不要告诉别人。因为依照佛家规矩，诗书画之类，佛门中人是不宜摆弄的。故法师隐去真名，署以“贤瓶闲道人”。由此也可看出，弘一法师行持的谨严。其实僧人写诗，屡见不鲜，而以诗戒杀劝善，和以书法广结佛缘，道理是相同的。

就在《护生画集》的编写接近尾声的时候，有这样一个小插曲：1928年旧历十一月的一天，弘一法师在渡船上看到一只关在笼子里的老鸭。鸭主人说老鸭是送到乡间给人宰了治病的。法师听了，表示愿以三金赎老鸭。最后，老鸭随法师一同下船，躲过了被宰杀的命运。回到丰家，法师特意请丰子恺将老鸭的造型绘出，并以“老鸭造像”为题收入《护生画集》，法师还为此图题诗曰：“罪恶第一为杀，天地大德曰生。老鸭札札，延颈哀鸣；我为赎归，畜为灵囿。功德回施群生，愿悉无病长寿。”

《护生画集》于1929年2月由上海开明书店出版。马一浮在序言中写道：“月臂（弘一法师别署—引者注）大师与丰君子恺、李君圆净，并深解艺术，知画是心，因有《护生画集》之制。子恺制画，圆净撰集，而月臂为之书。三人者盖夙同誓愿，假善巧以寄其恻怛，将凭兹慈力，消彼犷心，可谓缘起无碍，以画说法者矣。……故知生则知画，知画则知心矣，知护心则知护生矣。吾愿读是画者，善护

弘一法师在上海，时创作《护生画集》

《护生画集》

其心。”[16] 画集出版后，反响热烈。大中书局、大法轮书局、佛学书局等多家佛教出版机构争相翻印，版本有15种之多，每个版本印数少则1500，多则5000，其发行量之大，在当时的出版物中实属少见。

《护生画集》虽然大受读者欢迎，但在当时并无编绘续集的打算。抗战爆发后，弘一法师驻锡闽南，丰子恺则带着一家老小避难内地，师徒关山阻隔，不得相见。1938年7月，丰子恺从桂林给法师写信，想接他到桂林与自己一起生活。法师回信说："朽人年来老态日增，不久即往极乐……缘是不克他往，谨谢厚谊。”[17] 大约是从法师的信里感受到了什么，丰子恺便于1939年着手绘制护生画续集，将自己对法师的牵念化为祝贺他60寿辰的行动。续集的画作取60幅之数，绘制完成后，由宜山寄往泉州，请法师配写文字。弘一法师收到续集画稿，十分欣慰，不仅配写了全部题句，还在给丰子恺的信中提出自己的设想：“朽人七十岁时，请仁者作护生画第三集，共七十幅；八十岁时，作第四集，共八十幅；九十岁时，作第五集，共九十幅；百岁时，作第六集，共百幅。护生画集功德于此圆满。”[18] 丰子恺回信表示：“世寿所许，定当遵嘱。”

《续护生画集》由开明书店于1940年11月出版。夏丏尊先生作序，说明文字仍由弘一法师题写，但出于健康原因，仅有四偈为弘一法师亲作，其余皆选自刘宗周所辑《人谱》和白居易、范成大等人诗作，抑或是丰子恺等友朋所作。弘一法师在续集的跋文中写道：“己卯秋晚，续护生画绘就，余以衰病，未能为之补题，勉力书写，聊存遗念可耳。”

一向热心协助《护生画集》出版的夏丏尊先生，在序言中阐明了前后两集护生画的不同特点：“二集相距十年，子恺作风，渐近自然，和尚亦人书俱老。至其内容旨趣，前后更大有不同：初集取境，多有令人触目惊心不忍卒睹者；续集则一无凄惨罪过之场面，所表现者，皆万物自得之趣与彼我之感应同情，开卷诗趣盎然，几使阅者不信此乃劝善之书。盖初集多着眼于斥妄，即戒杀；续集多着眼于显正，即护生。戒杀与护生，乃一善行之两面。戒杀是方便，护生始为究竟也。”[19]

弘一法师十分重视《护生画集》后续几集的编绘工作。续集出版时，他已病体支离，自知看不到后续几集的出版，因此他于1941年给李圆净、夏丏尊写信，嘱咐他们协助丰子恺完成后几集的编绘，并就取材、编排、风格诸问题一一详细交代。此后，弘一法师似乎还不放心，又先后两次给李、夏二人去信。他在写给夏丏尊的信中恳切地说：“《护生画》续编事，关系甚大。务乞仁者垂念朽人殷诚之愿力，而尽力辅助，必期其能圆满成就，感激无量。”[20]遗憾的是，夏丏尊先生1946年病逝，李圆净先生1950年蹈海自尽，编绘《护生画集》的使命最终还是落在丰子恺一人身上。在此后的三十多年间，丰子恺谨遵恩师的嘱托，在世道变幻中历经磨难，终于在1949、1960、1965和1973年分别完成了3至6集的编绘工作。最后一集的编绘，时值“文革”，丰子恺备受折磨，身心俱损，在极端恶劣的环境中抱病工作，秘密完成了百幅图画的绘制和说明文字的写作。在当时的情况下，画集的出版已不可能。1975年丰子恺含冤病逝。1978年，弘一法师弟子、新加坡佛教总会主席广洽法师来沪，看到丰氏百幅护生画遗稿，深为感动，遂将其携至境外，亲自撰写序言，并张罗出版。《护生画集》第六集终于在1979年弘一法师百岁冥寿之际，由香港时代图书有限公司出版面世。至此，《护生画集》“功德圆满”，弘一法师的遗愿和丰子恺的承诺最终实现了。1993年，深圳海天出版社出版了《护生画集》六册全套本，使中国大陆读者首次完整地看到了这部著作的全貌。

有人认为护生画中所宣扬的思想过于肤浅，弘一法师不值得对《护生画集》这么重视。其实，这正是弘一法师持律精严的明证。在佛门风气陵夷的末世，佛教的振兴关键在于出家人严持戒律，而能否持守戒律，关键又在于实事求是，量力而持，持一分算一分。他重视《护生画集》的用意，就是倡导人们从日常生活中的小事做起，涵养慈悲之心。这类护生的小事，在弘一法师的日常生活中比比皆是。比如在1940年春，他写信给妙慧法师：“兹拟做大漉水囊一件，兹送上竹圈一个，即以白布缝于此上。此竹圈，系林居士物，乞代告之，即以此赠与余，为感。送上洋一元，乞代购白布。以能漉水，而小虫不得出者为宜。费神，至感。”[21] 为使小虫不受伤害，而想出这样的办法来过滤食用水，真可谓煞费苦心。

人们对护生画的不同认识，还曾引起过一段公案。这场纠葛发生在曹聚仁和丰子恺之间。丰、曹二位都是浙江一师的学生，先后师从李叔同，二人原本是要好的朋友。事情缘于抗战期间，丰子恺逃难途中，路经曹聚仁老家兰溪，曹便请丰家人吃了一顿饭。后来曹把路遇子恺兄的事写在一篇《朋友与我》的文章里。文中就丰子恺所讲“慈悲”之类的话作了些引申，曹聚仁觉得面对日军的残暴行径，谈“慈悲”这一观念似乎不合时宜，总不能对敌人也讲慈悲吧。丰子恺看了这篇文章大为愤怒，说曹聚仁歪曲了他的话，侮辱了佛家的菩萨性子。他还听人说“曹聚仁说你们的《护生画集》可以烧毁了”。这令丰子恺更加愤怒，于是写了篇《一饭之恩》的文章进行反击。他认为对《护生画集》的种种曲解，皆因为“他们都是但看皮毛，未加深思；因而拘泥小节，不知大体的”。针对当时抗战，丰子恺写道：“我们为什么要‘杀敌’？因为敌不讲公道，侵略我国，违背人道，荼毒生灵，所以要‘杀’。故我们是为公理而抗战，为正义而抗战，为人道而抗战，为和平而抗战。我们是‘以杀戒杀’，不是鼓励杀生。我们是为护生而抗战。”[22] 对佛教一向不感兴趣的曹聚仁，反倒觉得自己是被无端地“骂”了一通，很是委屈，于是又写了一篇《一饭之？》的文章“回敬”丰子恺，两个人的误解越来越深，以致闹到要绝交的田地。

曹、丰二人的纷争，与信仰有关，也与看问题的角度有关，至于是非对错，一时也难有定论。不过在《护生画集》第三集的自序中，丰子恺着重谈了自己对护生的看法，这对于客观地评价《护生画集》，了解护生的意义，想必会有一些帮助。他写道：

> 护生者，护心也（初集马一浮先生序文中语）。去除残忍心，长养慈悲心，然后拿此心来待人处世。——这是护生的主要目的。故曰：“护生者，护心也。”详言之：护生是护自己的心，并不是护动植物。再详言之，残杀动植物这种举动，足以养成人的残忍心，而把这残忍心移用于同类的人。故护生实在是为人生，不是为动植物。……割稻、采豆、拔萝卜、掘菜，原来也是残忍的行为。天地创造这

些生物的本意，决不是为了给人割食。人为了要生活而割食它们，是不得已的，是必要的，不是无端的。这就似乎不觉得残忍。只要不觉得残忍，不伤慈悲，我们护生的主要目的便已达到了，故我在这画集中劝人素食，同时又劝人勿伤害植物，并不冲突，并不矛盾。

我的提倡护生，不是为了看重动物的性命。……“众生平等，皆具佛性”，在严肃的佛法理论说来，我们这种偏重人的思想，是不精深的，是浅薄的，这点我明白知道。但我认为佛教的不发达，不振作，是为了教义太严肃，太精深，使未劫众生难于接受之故。应该多开方便之门，多多通融，由浅入深，则弘法的效果一定可以广大起来。[23]

这就是丰子恺的护生观、宗教观。护生就是护心，即去除残忍心，长养慈悲心；但由于佛教的教义太严肃、太精深，众生不太容易接受，所以才用护生画这样浅显、方便的形式，来宣扬佛教精神，弘法利生。弘法是手段，利生才是目的。这也正是弘一法师为什么念念于护生画创作的原因所在。用朱光潜的话来说，这是“以出世的精神，做入世的事业”。

三、晚晴山房

为编撰《护生画集》，弘一法师在江湾丰家一住就是两个多月，及至这年的十一月底，画集已经编就，惟待出版了。弘一法师准备返回永嘉过冬，这时，听说尤惜阴居士从无锡来到上海，住在世界居士林，便在一天下午前去探望。弘一法师进了客房，见尤惜阴和另一位谢国梁居士，正在收拾行李。一问方知他们要到暹罗国（今泰国）去，明天早晨就要动身。弘一法师顿时来了兴致，当即决定随他们一同去暹罗。

第二天一早，弘一法师别了诸友弟子，与尤、谢二人登船而去。十二月初，船到厦门停靠。陈嘉庚胞弟陈敬贤，前年曾在杭州拜会过弘一法师，见法师来到厦门，便热情接待，并介绍他到南普陀寺去，希望他能留在当地弘法传教。弘一法师早就听说过南普陀寺，也乐意去看一看，便请尤、谢二居士先行上路。到了南普陀寺，芝峰、大醒和性愿法师极力挽留，弘一法师只好打消了去暹罗的念头。这是法师第一次与闽南结缘。

这期间，弘一法师的友生经亨颐、夏丏尊、刘质平、丰子恺、穆藕初、朱酥典、周承德等 7 人，共同发起为弘一法师筑居募捐的活动。募捐启事中说：

弘一法师，以世家门第，绝世才华，发心出家，已十余年。披剃以来，刻意苦修，不就安养；云水行脚，迄无定居；卓志净行，缁素叹仰。同人等于师素有师友之雅，常以俗眼，愍其辛劳。屡思共集资财，筑室迎养：终以未得师之允诺而止。师今年五十矣，近以因缘，乐应前请。爰拟遵循师意，就浙江上虞白马湖觅地数弓，结庐三椽，为师栖息净修之所，并供养其终身。事关福缘，法应广施。裘赖腋集，端资众擎。世不乏善男信女，及与师有缘之人。如蒙喜舍净财，共成斯善，功德无量。[24]

早在 1927 年，社会上有毁寺逐僧之议，夏丏尊、丰子恺等诸友生便想为弘一法师建筑庵舍，但他以“太费事吃力”为由谢绝了。到了 1928 年春夏间，弘一法师常住的永嘉庆福寺外的城墙开始拆除，虽因有人反对而中途停止，寓所暂时未有喧扰之虞，但法师预感到永嘉非久留之地；再加上他已年届 50，身体又每况愈下，像这样居无定所的云游，恐难长久。正是出于这种种考虑，所以这次在丰家编撰《护生画集》期间，当夏丏尊、丰子恺、刘质平等人再度提起筑庵一事时，弘一法师便接受了友生们的好意。

当年的白马湖，离古上虞县城百官镇仅十余里，山环水绕，气候温润，环境清幽，是消夏避暑、休养身心的好去处。坐落在湖畔的春晖中学，是经亨颐、夏丏尊、丰子恺工作过的地方，虽然建造庵舍之前，经、夏、丰 3 人均已先后去了上海工作，但经、夏二人的家都还保留着，经先生不时来他的“长松山房”小住，夏家也有眷属和佣人留守。更重要的是，白马湖位于当时弘一法师经常行走的温州、上海、杭州、宁波、绍兴等地的中间地带，往来较为便利。

重建后的晚晴山房

经过近半年的筹建，庵舍于 1929 年初夏落成。

小屋地处小山东麓，共3间，两间带有前廊，廊下砌数十级石阶；房子虽然格局不大，但依山而建，视野开阔。

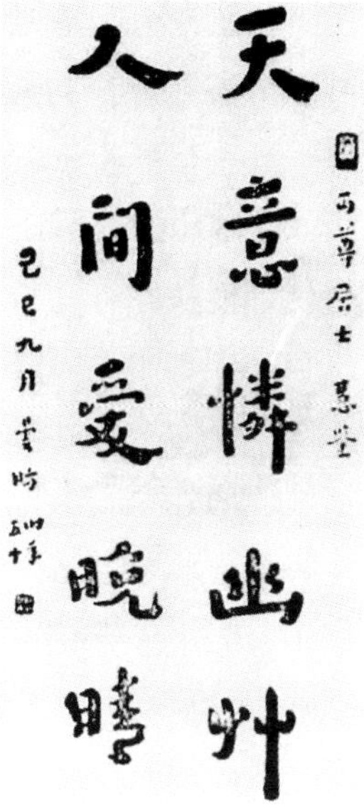

弘一法师墨迹

这年四月，弘一法师由厦门返回永嘉，途中又参礼鼓山佛刹，挂单涌泉寺，直到五月方才回到永嘉庆福寺。听说友生们为他建造的庵舍已基本完工，他便于六月动身，赴白马湖收拾新居。早在几年前，弘一法师就以晚唐诗人李商隐“天意怜幽草，人间爱晚晴”诗句，题名自己在庆福寺的寓所为“晚晴院”，自号“晚晴老人”，这次便援引旧例，将新落成的小屋题名为“晚晴山房”。

山房刚刚建好，厨房、厕所还没有完工。弘一法师打算待完工后自炊，不用侍者，便从集资款项里领取大洋15元，请同来的惟净法师带人到百官镇，购买厨房用具及油盐米豆，并打算以后自炊时，蔬菜就到夏丏尊家菜园里采摘，所需生活费用，则按月从赞助基金里支取。法师甚至还设想，以后他每年在外云游数月，而山房则由三两僧界同道小住。

弘一法师来白马湖后，刘质平曾来探望老师。夏丏尊、丰子恺则因事务牵绊，一时不能回来。法师最初打算在此长住，因此写信告诉夏丏尊，如果他与子恺一同来白马湖，便绕道杭州代请弘祥法师来此闭关用功。后来因弘一法师改变了计划，决定十月份再赴闽南，延请弘祥法师的事就暂时搁下了。

对于晚晴山房的建筑，弘一法师十分满意，他给夏丏尊去信说：

山房建筑，于美观上甚能注意，闻多出于石禅（即经亨颐——引者注）之计划也。石禅新居，由山房望之，不啻一幅画图。（后方之松树配置甚妙）彼云：曾费心力，惨淡经营，良有以也。现在余虽未能久住山房，但因寺院充公之说，时有所闻。未雨绸缪，早建此新居，贮蓄道粮，他年寺制或有重大之变化，亦可毫无忧虑，仍能安居度日。故余对于山房建筑落成，深为庆慰。甚感仁等护法之厚意也。（秋后往闽闭关之事，是为宿愿，未能中止。他年仍可来居山房，终以此处为久居之地也）以上之意，如仁者与发起诸居士及施资诸居士晤面之时，乞为代达。因恐他人以新居初成，即往他方或致疑讶者。故乞仁者善为之解释，俾令大众同生欢喜之心也……[25]

晚晴山房的落成，使弘一法师有了一个栖止之地，也解除了他的后顾之忧，他从此可以长居山房，像一个遁迹山林的隐者，享受这清幽的山光水色。但他眼下并不想停下云游的脚步，而只是把这里当做歇脚的地方。歇脚，是为了更远的跋涉。

旧历九月二十日，是弘一法师的生日。夏丏尊、丰子恺、李鸿梁等友生特意赶来为他祝寿，大家聚集在经亨颐先生的长松山房吃面。绍兴徐仲荪居士，提议买些鲜活鱼虾，到白马湖放生，为弘一法师祝贺50寿辰。弘一法师十分欢喜，觉得用这种方式祝寿更有意义。于是法师与夏丏尊、刘质平、徐仲荪等人，半夜起身，步行十几里，到百官镇买回鱼虾。大家一同泛舟白马湖上，将一尾尾鱼虾放入碧绿的湖水中，让它们重回自己的世界，再一次体验生之快乐。岸上站立观望的人群拍手叫好，皆赞叹这样的放生活动从未见过。事毕，刘质平当即记下这次放生的缘起和过程，弘一法师则书写二纸，分赠“舍资者”徐仲荪和协助者刘质平，留作纪念。这年腊月，弘一法师还在南普陀寺撰写《白马湖放生记》一文，详细记述了这件事情。

过完50寿辰不久，弘一法师便离开白马湖晚晴山房，再赴闽南。他途经上海时，夏丏尊嘱法师为其编辑的《李息翁临古法书》撰写序言。还是在两年前，弘一法师第二次来江湾丰家时，夏丏尊就着手整理法师年轻时代的书法。这些作品在夏家的小梅花屋里已珍存了十多年，夏丏尊决心把它影印出版，流传后世，以纪念他们深厚的友情。

十月初，弘一法师行脚至厦门太平岩寺，方将《临古法书》序言写就。序中道：“耽乐书术，增长放逸，佛所深诫。然研习之者能尽其美，以是书写佛典，流传于世，令诸众生欢喜受持，自利利他，同趋佛道，非无益矣。冀后之览者，咸会斯旨，乃不负居士倡布之善意耳。”[26]他对《临古法书》的出版，既有些许的不安，又觉得夏丏尊的这一善举不无益处。为了消除这一不安，他决定该书版税分文不取，只求出版者赠送印本若干，以分送友好，广结佛缘。

弘一法师的第二次闽南之行，虽弘法布道颇有成绩，但并不顺心。第二年（1930）四月初，他便离开闽南，返回永嘉。不料庆福寺也不安宁，他只好继续北行，回到上虞白马湖晚晴山房。途中，他写信给夏丏尊，详述了这次闽南之旅的境况：

去秋往厦门后身体甚健，今年正月（旧历，以下同）在承天寺居住之时，寺中驻兵五百余人，距余居室数丈之处，练习放枪并学吹喇叭，及其他体操唱歌等，有种种之声音，惊恐扰乱，昼夜不宁，而余则竭力忍耐，至三月中旬，乃动身归来，轮舟之中，又与兵士二百余人同乘，（由彼等封船）种种逼迫，种种污秽，殆非言语可以形容。共同乘二昼夜，乃至福州。余虽强自支持，但脑神经已受重伤。故至温州，身心已疲劳万分，遂即致疾，至今犹未十分痊愈。

庆福寺中，在余归来之前数日，亦驻有兵士，至今未退。楼窗前二丈之外，亦驻有多数之兵，虽亦有放枪喧哗等事，但较在福建时则胜多多矣。所谓“秋荼之甘，或云如荠”也。余自念此种逆恼之境，为生平所未经历者，定是宿世恶业所感，有此苦报，故余虽身心备受诸苦，而道念颇有增进。佛说：“八苦为八师”，洵精确之定论也。余自经种种摧折，于世间诸事绝少兴味。不久即正式闭关，不再与世人往来矣。（以上之事，乞与子恺一谈，他人之处，无须提及为要）以后通信，唯有仁者及子恺、质平等，其他如厦门、杭州等处，皆致函诀别，尽此形寿不再晤面及通信等。以后他人如向仁者或子恺询问余之踪迹者，乞以“虽存如殁”四字答之，并告以万勿访问及通信等。质平处，余亦为彼写经等以塞其责，并致书谢罪。现在诸事皆已结束，惟有徐蔚如编校“华严疏钞”，属余参订，须随时通信。返山房之事，尚须斟酌，俟后奉达。（临动身时当通知）

山房之中，乞勿添制纱窗，因余向来不喜此物，山房地较高，蚊不多也。余现在无大病，惟身心衰弱，又手颤眼花神昏，臂痛不易举，凡此皆衰老之相耳，甚愿早生西方。[27]

此时的弘一法师，可以说身心俱疲，心境苍凉，他唯一能做的就是弃绝世事，沉潜空门，静修自了。

旧历五月十四，适逢夏丏尊45岁生日。夏丏尊专程从上海赶回白马湖，邀请弘一法师和经亨颐吃素餐。经亨颐5年前辞去教职，奔走政界，本想为家国尽一份知识分子的心力，可面对分合无定的党争，干戈不息的内战，心中有说不尽的沉痛。在这样一个庆生祝寿的场合，与老友把酒话当年，自然会引发起无尽的伤感和愁苦。他当即泼墨一幅，题曰“清风长寿，淡泊神仙”，为夏丏尊祝寿。弘一法师也不禁情动，潸然泪下，为夏丏尊书《仁王般若经偈》以赠：

庚午五月十四日，丏尊居士四十五生辰，约石禅及余至小梅花屋共饭蔬食，石禅以酒浇愁。酒既酣，为述昔年三人同居钱塘时，良辰美景，赏心乐事，今已不可复得。余乃潸然泪下，写《仁王般若经》空苦二偈贻之。

生老病死，轮转无际。事与愿违，忧悲为害。欲深祸重，疮疣无外。三界皆苦，国有何赖？

有本自无，因缘成诸。盛者必衰，实者必虚。众生蠢蠢，都如幻居。声响皆空，国土亦如。

经、夏二人去后，弘一法师闭门谢客，在晚晴山房中订正新版《行事钞》。早在10年前，他就曾请得日本古版《行事钞》，但那时他侧重《有部律》，只是兼学南山律宗[28]，并没有详细研究。后经佛学家徐蔚如提醒，弘一法师学“南山”的意愿逐渐强烈起来。这《行事钞》是唐代道宣律师所撰《四分律删繁补阙行事钞》的简称，与《四分律戒本疏》《四分律羯磨疏》并为南山三大部，皆为南山律学的开山之作。得到天津刻经处徐蔚如所刻新版《行事钞》后，他打算以此经为底本，参照日本古版《行事钞》，详阅圈点，改正讹误，作为专攻南山律的第一步。为此，他再次去信叮嘱夏丏尊：“闭门用功之广告，拟即日贴于门外……以后如有出家人在家人等，向尊处或子恺处，询问余之消息。乞告以不晤客、不通信等。”[29]

弘一法师本打算在白马湖过夏，待圈点完《行事钞》之后，再行脚别处。不料有兵士忽至，时来山房扰乱，又加上夏家不日搬至上海，法师考虑到今后一人居此，诸事困难，便决定移锡附近的法界寺，继续批读《行事钞》的工作，同时利用闲暇集录《华严经三百偈句联语》。

白马湖畔的晚晴山房，这所凝聚着友生深厚情谊的庵舍，本来是为弘一法师供养终身而建的，但他仅在此短暂地居住过4次。两年以后，弘一法师长居闽南，夏家也早已迁至上海，山房无人居守，又经战火变乱，遂倾圮于乱石杂草之中。今之所见晚晴山房，则为20世纪90年代初易地重建。

四、清凉歌集

还在1929年弘一法师首次来晚晴山房时，夏丏尊、刘质平前来探望，偶尔谈及当下的音乐教育，夏、刘二人流露出忧虑的神色，叹息当今作歌者难得，社会上流行的都是一些使人萎靡不振的俗曲，长此以往，一代青少年将何以振作精神。二人又为弘一法师出家太早而感到惋惜，如果再晚几年，法师还可以多写一些学堂乐歌。弘一法师对音乐教育的现状也颇感失望，同时亦明白他俩说这些话的意思，沉默了片刻，竟出人意料地表示愿意为青年学生作歌。夏、刘二人惊喜万分，遂请他尽早动手。

1930年初夏，弘一法师再来晚晴山房，刘质平便赶来与老师商量编创歌曲的具体事宜。当即商定，由弘一法师撰写歌词，陆续分集出版；先作10首，结为一辑，争取尽快付梓。此后，因兵士扰乱，弘一法师避居法界寺，不久又挂单宁波慈溪金仙寺。在频繁的辗转迁徙之中，法师于1931年秋天写成了“清凉歌”5首，即《清凉》《山色》《花香》《世梦》和《观心》。

“清凉歌”5首，多改编自前代高僧的著述。有学者考证，《山色》《花香》的歌词，改编自晚明高僧莲池大师《竹窗随笔》中的同体散文；《世梦》摘编自《竹窗三笔》；《观心》则摘编自蕅益大师的《灵峰宗论》；惟《清凉》一首，未知出处。因此，歌词多涉佛语，文义略显艰深，非一般青年学生所能尽解。于是，弘一法师特意请闽南佛学院教师、《海潮音》月刊编辑芝峰法师代为撰写歌词注释。他在写给芝峰法师的信中说：“音因刘质平居士谆谆劝请，为撰《清凉歌集》第一辑。歌词五首，附录奉上，乞教正。歌词文义深奥，非常人所能了解，须撰浅显之注释，详解其意。音多病，精神衰颓，万难执笔构思，且白话文字亦非音之所长，拟奉恳座下慈愍，为音代撰歌词注释，至用感祷……”信中还对歌词创作的初衷及注释要求，作了详细的说明：“此歌为初中二以上乃至专科学生所用。彼等罕有素信佛法者，乞准此程度，用白话文撰极浅显之注释，并令此等学生阅之，可以一目了然。注释中有不得已而用佛学专门名词者，亦乞再以小注解之。注释之法，以拙意悬拟，每首拟先释题目，后释歌词。释题目中，先述题目之大意，后释题目之字义。释歌词中，先述全首歌词之大意，次略为分科，后乃解歌词之字义也。”[30]其交代可谓详尽，其态度可谓认真至极。

当时，刘质平已辞去宁波教职，改任上海新华艺专艺术教育系主任，收到清凉歌词后，立即与他的学生唐学咏、徐希一、潘伯英及再传弟子俞绂棠分头谱曲。他们的谱曲工作分外认真，每一曲都要反复推敲，不断修改。其创作的曲子在得到弘一法师的认可之后，还要经上海新华艺专与宁波中学等地分别试奏试唱，始为定稿。这5首歌曲结为一集，由夏丏尊作序，弘一法师亲自定名为《清凉歌集》，马一浮题写书名，开明书店于1936年正式出版。《清凉歌集》从策划到最终出版，竟花费了师生4代6人前后7年的时间，诚如夏丏尊在歌集序言中所说：“亦中国音乐史上之佳话矣。”

《清凉歌集》的第一首即《清凉》，这首歌为“三部合唱曲”，作曲者为刘质平再传弟子俞绂棠。歌曲曲调舒缓幽美，唱出了“无上清凉”的心境，深得佛法三昧。弘一法师以“清凉”命名这部歌集，也颇有深意。佛经云：“有三昧，名曰清凉，能断离憎爱故。”1930年，刘质平往白马湖商谈“清凉歌”创作时，弘一法师曾集华严偈句赠之：“获根本智，灭除众苦；证无上法，究竟清凉。庚午六月，质平居士重来白马湖晚晴山房，商榷《清凉歌》，因为撰辑第一集，都凡十首，并集《大方广佛华严经》偈句，书联贻之，以为著述之纪念。”[31]

有人说，弘一法师出家后，“诸艺皆废，惟书法不辍”。其实法师除“以墨接人”之外，可以说是诸艺随缘，只要是与弘法利生有益，可以不拘任何艺术形式。他曾为夏丏尊刻过章，也曾刻过许多佛号、佛像。他于1927年重拾画笔，为老友夏丏尊作山水长卷；在游方浙东这段时间里，也曾创作过相当数量的佛教题材的绘画作品。其诗文创作亦时常可见，如《护生画集》的配画诗文，以及《净峰种菊临别口占》《为红菊花说偈》等。《护生画集》中的诗皆白话，这是弘一法师第一次，也是唯一一次写白话诗。为此，他还特意叮嘱丰子恺，不可为外人言说。在歌曲创作方面，除以上5首“清凉”歌词外，还于1929年为太虚法师的《三宝歌》作曲，1937年为厦门市第一届全市运动大会创作《厦门第一届运动会会歌》。另写有 3 首护生歌歌词，并为其中两首配曲。在这些歌曲中，除“运动会歌”，其余皆为弘法歌曲。

/ 注释 /

[1][5][6][7][8][11][24][26][28][31] 林子青：《弘一法师年谱》，宗教文化出版社 1995 年版。

[2][3] 丰子恺：《法味》，载《丰子恺品佛》，作家出版社 2009 年版。

[4] 题许幻园夫人宋梦仙遗画：梦仙大姊，幼学于王弢园先辈，能文章诗词。又就灵鹣京卿学，画宗七芗家法，而能得其神韵，时人以出蓝誉之。是画作于庚子（1900）九月，时余方奉母居城南草堂。花晨月夕，母辄招大姊说诗评画，引以为乐。大姊多病，母为治药饵，视之如己出。壬寅（1902）荷花生日大姊逝。越三年乙巳，母亦弃养。余乃亡命海外，放浪无赖。回忆曩日，家庭之乐，唱和之雅，恍惚殆若隔世矣。今岁幻园姻兄示此幅，索为题辞。余恫逝者之不作，悲人生之多艰。聊赋短什，以志哀思。

人生如梦耳，哀乐到心头。洒剩两行泪，吟成一夕秋。慈云渺天末，明月下南楼。寿世无长物，丹青片羽留。甲寅秋七月李息时客钱塘

[9] 丰子恺：《缘》，载《丰子恺品佛》。

[10] 丰子恺：《为青年说弘一法师》，载《丰子恺品佛》。

[12] 诛茆宴坐，即在山中僻静处，斩草架茅屋，结一绳床，结跏正坐，不动不摇，以坐自誓，九十日为一期。

[13] 夏丏尊：《续护生画集序》，海天出版社 1993 年版。

[14] 以上几处所引有关《护生画集》的书信，均见林子青《弘一法师书信》一书。

[15][16][19] 《护生画集》，海天出版社 1993 年版。

[17] 参见夏丏尊：《怀晚晴老人》，载金梅编著《遁入空门：李叔同为何出家》，天津人民出版社 2008 年版。

[18] 见《护生画集》丰子恺序言。

[20][25][30] 见林子青《弘一法师书信》。

[21] 陈星：《说不尽的李叔同》，中华书局 2005 年版。

[22] 丰子恺：《一饭之恩》，载《丰子恺品佛》。

[23] 丰子恺：《〈护生画集〉（第三集）自序》，载《丰子恺品佛》。

[27][29] 见李叔同：《禅里禅外悟人生》，陕西师范大学出版社 2006 年版。

[28] 南山律宗，律宗，因着重研习及传持戒律而得名。实际创始人为唐代道宣律师。因依据五部律中的《四分律》建宗，也称四分律宗。复因道宣住终南山，又有南山律宗或南山宗之称。

第八章 人间晚景

一、行脚浙东

也许是因了友生们热情的护持和晚晴山房的供养，也许是因为永嘉庆福寺已不再有往日的宁静，弘一法师在其50岁前后的三四年里，大部分时间在浙东的上虞、慈溪、镇海、宁波和绍兴一带游方。这期间，他频繁地往来于金仙寺、五磊寺和伏龙寺之间，创作歌曲、书写佛经、讲律说法，直到1932年定居闽南。

1930年夏，弘一法师与刘质平商量好“清凉歌”的创作之后，便移锡白马湖近旁的法界寺，在这座荒野小庙里度过炎夏，他便掮着简单的行囊，赶往慈溪金仙寺。

金仙寺在宁波西北慈溪县内的鸣鹤场镇，背依草木葳蕤的峙山，面对波光潋滟的白湖。该寺始建于南朝梁大同年间（535—545），初名静进庵，宋治平二年（1065）赐额金仙寺。金仙寺规模宏大，其兴盛时，吸引各方游僧上千人。太虚、芝峰、常惺等当世名僧，都曾驻锡于此。寺中主持亦幻法师，早年就学于武昌佛学院，曾任闽南佛学院教职。弘一法师1928年第一次去闽南时，与亦幻法师相识，两人很快成为志趣相投的道侣。1929年冬天，弘一法师在永嘉度岁，听说亦幻北来主持金仙寺，便请芝峰法师写信转告亦幻，表示愿意在方便的时候去白湖与其同住。

1930年初秋，弘一法师来到金仙寺。弘一法师的行李依然是那么简单，除了《华严经注疏》和新旧《行事钞》之类的著作，剩下的就是几件补了又补的衣服被帐。他这套苦行僧的生活方式，亦幻早在南普陀寺时就已见识过了，所以并不觉得怎样的奇怪，只是想到他这般年岁，还孑然一担地过云游生活，心中不免兴起一种无以言表的滋味。但不管怎样，能与自己钦敬的道友同住同修，亦幻的心里还是有说不出的欣悦。亦幻回忆说："我那时真有些孩子气，好偷偷地在他的门外听他用天津方言发出诵经的音声，字义分明，铿锵有韵节，能够摇撼我的性灵，觉得这样听比自己亲去念诵还有启示的力量，我每站上半天无疲容。"[1]

这年10月15日，天台宗高僧静权法师来寺宣讲《地藏菩萨本愿经》。弘一法师参加听法，两个月没有缺过一课。《地藏经》记录了释迦牟尼为其生母说法的内容，提倡子女应当孝敬父母。静权法师精通经论，熟研佛理，由于他在俗时攻读儒学，倾心儒家孝道，因此对《地藏经》理解精微，阐释透彻，有"活地藏"之美称。弘一法师对母亲的感情极深，他出家以后，为追念母恩，每逢母难日，定要念一天《地藏经》，为亡母超度。也许正因为对母亲怀着这样深切的情感，所以当静权法师从经义演绎到孝思在伦理学上之重要性的时候，弘一法师竟禁不住当众哽咽。全体听众愕然不知所措；正在讲授的静权法师，也一时目瞪口呆，不敢讲下去了。如此激烈的反应，固然是弘一法师追思母爱的一种天性流露，但在这种肃穆的场合，因自己的失态而破坏了同道的法缘，也使他深感懊悔。回到寮房，他当即写了一节蕅益大师的警语，置诸座右，以时时提醒自己。文曰：

内不见有我，则我无能；外不见有人，则人无过。一味痴呆，深自惭愧；劣智慢心，痛自改悔。[2]

在听静权法师讲经的间隙，弘一法师也为几个比丘讲授律学。内容为三皈与五戒，课本是他自著的《五戒相经笺要》。讲座设在他住宿的丈室。因为偏房说法的缘故，听讲的只有亦幻、桂芳、华云、显真、惠知5

人，静权法师很恳切地要求参加，被弘一法师拒绝了。

旧历十一月下旬，静权法师讲经结束。此时的江南，已是雨雪霏霏，白湖上也已冰封雪盖。书写与校点佛经的工作难以继续，一向体弱畏寒的弘一法师只好离开白湖，仍回永嘉庆福寺过冬。

1931 年正月十五刚过，弘一法师便患上了疟疾，忽而热如火烧，忽而奇寒刺骨。寺中缺医少药，弘一法师唯有不停地虔诵《普贤行愿品偈赞》，一心生西，超脱生死。病愈后他对弟子蔡丏因说：在不间断地诵念偈赞的过程中，竟有一种心神安宁的清凉感觉，境界也随之廓然，“正不知有山河大地，有物我也”，病疟也奇迹般地有了转机。

病体略有好转，元气稍有恢复，二月初，春寒尚未散尽，弘一法师便乘船北上，一路辗转回到法界寺。法界寺离白马湖不远，俗称湖顶院，此地气候与普陀相似，蚊蝇较少；寺中只有两三个僧人和一个佣工，香火稀少，山门清寂，是一个适合用功的地方。在弘一法师看来，住在这里，和闭关静修没有什么差别。他继续闭门研律。此时，经过 3 年的详阅订正，《行事钞》已校点完成。在校订是书的过程中他对南山律宗也有了更为深刻的认识，决心改变学律的路向，弃有部律而宗南山，并在佛前发专学南山律誓愿：

> 时维辛未二月十五日，本师释迦牟尼如来涅槃日。弟子演音，敬于佛前发弘誓愿，愿从今日，尽未来际，誓舍身命，拥护弘扬“南山律宗”；愿以今生，尽此形寿，悉心竭诚，熟读穷研《南山疏钞》及《灵芝记》。精进不退，誓求贯通，编述《表记》，流传后代，冀以上报三宝深恩，下利华日僧众。弟子所修，一切功德，悉以回向，法界众生，同生极乐莲邦，速证无上正觉。[3]

在出家后的最初 10 年里，弘一法师侧重研习《有部律》，而忽略了更为重要的南山律宗。

早在 1918 年 3 月，佛教学者徐蔚如就曾趁南下杭州之机，特意拜访即将出家的李叔同，劝说他发愿重兴南山律宗。徐蔚如对李叔同说：“自古至今，出家的法师们，讲经的多，讲律的少。尤其近几百年来，没有专门研究律学的，就有也不彻底。因此，您出家后可以研究律学，把中国的律宗重振起来。”李叔同出家后，的确也重视律学的行持，但他最初更倾心于“有部律”，而对于南山三大部仍未用心穷研。在《余宏律之因缘》一文中，弘一法师谈到自己在弘律上的转变过程：

> 是年阅藏，得见义净三藏所译《有部律》及《南海寄归内法传》，深为赞叹，谓较“旧律”为善。故《四分律戒相表记》……屡引义净之说，以纠正《南山》。其后自悟轻谤古德有所未可，遂涂抹之……以后虽未敢谤毁《南山》，但于《南山》三大部仍未用心穷研，故即专习《有部律》，二年之中，编有《有部犯相摘记》一卷，《自行抄》一卷……其时，徐蔚如居士创刻经处（1918 年创办—引者注）于天津，专刻“南山宗”律书。费资数万金，历时十余年，乃渐次完成。徐居士始闻余宗《有部》而轻《南山》，尝规劝之，以为吾国千余年来秉承《南山》一宗，今欲弘律，宜仍其旧贯，未可更张，余因是乃有兼学《南山》之意。尔后此意渐次增进，至辛未（1931）二月十五日……乃于佛前发愿，弃舍《有部》，专学《南山》，并随力弘扬，以赎昔年轻谤之罪……愿尽力专学南山律宗，弘扬赞叹，以赎往失。此余由“新律家”而变为“旧律家”之因缘，亦即余发愿弘《南山》之因缘也。[4]

自此，弘一法师撇开用心 10 年的有部律宗，潜心于研习和弘扬南山律。当年夏天，他又于慈溪金仙寺自誓受菩萨戒，并发弘律誓愿。愿文中说：“愿我及众生，无始以来所受众罪，尽得消灭。若一切众生所有定业，当受报者，我皆代受。遍微尘国，历诸恶道，经微尘劫，备尝众苦，欢喜忍受，终无厌悔；令彼众生先成佛道。”[5] 在此后的十多年里，弘一法师用心研习，努力弘扬，精严行持，终于使南山宗重现生气，而他也因此被佛教界视为中兴南山律宗的第十一代传人。

至此，弘一法师已形成了自己独特的佛学思想和佛学实践系统。归纳起来，大致有以下三个方面：

一、“以华严为境”。华严宗的核心理念是把“一心法界”（或称“一真法界”，即真如佛性或佛心）视为世界一切现象之本源；用“法界缘起”说明现象间的关系。认为“一心”即是“理”，“一心”所起之现象是“事”，并用“理事互彻”解说世间和出世间种种关系，把“事事无碍”作为认识的最高境界。也就是说，“世上的一切事物及其现象，都是虚幻是虚幻的似有实无的，唯有‘一心法界’即佛心才是真实的和本质的东西，世上的一切事物及其现象都是由它而产生的。因此，人们唯有通过修行，把握了‘一心法界’，才能真正到达佛境，从而无生无死、永恒存在，并且既能超然于万事万物，亦能使万事万物变得更加完美。”[6]华严宗的这些哲学理念是弘一法师佛学思想的基础和源泉，他的行愿即由此引申而来。

二、“以四分戒律为行”。弘一法师秉承南山道宣律师的遗绪，从事现在律学的整理和著述，为律学开创了新的境界。更为重要的是，他非但精通律要，还以身作则，亲身践行；他的苦修苦行，为佛界僧众树立了自律修身的典范。

三、“以儒道为辅”。弘一法师是由儒入佛的，《论语》的思想和陆王心学之类，都对他有过深刻的影响。明末理学家刘宗周的《人谱》、明代思想家薛瑄的《读书录》、清代学者金缨的《格言联璧》等，都是他日课的必读书。对于道家，他也曾于出家前作过认真的研习，何况中国早期的佛教，本就是道家化的佛教。而于佛学，弘一法师对马一浮的儒佛互摄，印光大师的儒佛会通，蕅益大师的佛、道、儒三教一致等，似乎也格外倾心。

三月底的一天，白衣寺住持安心头陀来到法界寺。这一年陕西大旱，安心头陀想请弘一法师去西安主持一次法会，为众生祈福。其时，弘一法师尚在病中，身体虚弱，无奈安心头陀伏地坚请，他只好答应。但他想到自己病体支离，恐难经得住如此长途的颠簸，便悄悄立下一份遗嘱，连同一张便条，托人带给在宁波第四中学任教的刘质平。便条上说：“安心头陀匆匆来此，谆约余同往西安一行。义不容辞。余准于星期六（即二日）十一时半到宁波。一切之事当与仁者面谈。”遗嘱中写道：

刘质平居士披阅：

余命终后，凡追悼会、建塔及其他纪念之事，皆不可做。因此种事，与余无益，反失福也。

倘若做一事业与余为纪念者，乞将《四分律比丘戒相表记》印二千册。

以一千册交佛学书局（闸北新民路国庆路口即居士林旁）流通。

每册经手流通费五分，此资即赠与书局，请书局于《半月刊》中登广告。

以五百册赠与上海北四川路底内山书店存贮，以后随意赠与日本诸居士。

以五百册分赠同人。

此书印资，请质平居士募集。并作跋语，附印书后。仍由中华书局石印。

（乞与印刷主任徐曜堃接洽。一切照前式，惟装订改良）

此书原稿，存在穆藕初居士处。乞托徐曜堃往借。

此书可为余出家以后最大之著作，故宜流通，以为纪念也。

弘一书[7]

刘质平看到便条和遗嘱后骇然变色，他想到老师病体羸弱，怎能经得起如此长途劳顿。但要到白马湖去劝阻，时间已来不及，只好径直赶往宁波海轮码头拦截。刘质平赶到码头时，弘一法师已跟着安心头陀上了船。他冲上即将起锚的客船，一层层地寻找，终于在第三层客舱里找到了老师，刘质平不由分说，就把老师一口气背下了客轮。师生二人站在码头上“抱头大哭”。周围的人见此情景，惊奇不已。

弘一法师被拦下之后，只得放下去西安的念头，由刘质平陪着，重返法界寺。但经此一番折腾，他内心的平静也被打乱了，便决意结束这里的一切，到别处去。临行之前，他又立下遗嘱。这份简单的遗嘱只交代了两件事，一是“弘一谢世后，凡寄存法界寺之佛典及佛像”，全部赠给照顾他生活的徐安夫居士；二是“其余之物皆交法界寺库房”。[8]旋即去了白湖。

这是弘一法师第二次来白湖金仙寺。他打算在这里静下心来，写一部《灵峰大师年谱》，但由于手头资料一时不太齐全，便转而撷取蕅益大师《灵峰宗论》中的名言，辑成一册《寒笳集》。此时，他耗费数年心血集成并书写的《华严集联三百》，由刘质平在上海筹备影印出版，为此他特意撰写了《华严经读诵研习入门次第》附于卷后。“愿后贤见集联者，更复发心，读颂研习华严大典。以兹集联为因，得入毗卢渊府，是尤余所希冀者焉。”[9]

《华严集联三百》是弘一法师写经历程中的一个重要成果，可让人在欣赏其书法的同时，走入“华严世界”。其后数年，经亨颐、马一浮先后为该书撰写跋语，至为推重。马一浮在跋中评其书法和联文说：“大师书法，得力于‘张猛龙碑’，晚岁离尘，刊落锋颖，乃一味恬静，在书家当为逸品。尝谓华亭（董其昌）于书颇得禅悦，如读王右丞诗。今观大师书，精严净妙，乃似宣律师文字。盖大师深究律学，于南山、灵芝撰述，皆有阐明。内熏之力自然流露，非具眼者，未足以知之也。”[10]

在金仙寺过完夏天，弘一法师的身体和精神恢复了许多。这时他又把心思放到兴办律学教育上来。离白湖15里，有座著名的古刹，名五磊寺，位于五磊山顶，环境幽静，往来僧众很多，是一个理想的学律道场。五磊寺住持栖莲和尚与亦幻法师有意在此兴办律学，作小规模讲律，请弘一法师主持弘律。此前在法界寺，弘一法师发过学律弘律的誓愿，此番能有这样的机缘，自然喜出望外。于是，他来到五磊寺，着手开办南山律学院。他在佛前自誓受菩萨戒，又发弘扬南山律誓愿，并答应在此任教3年，讲授南山律宗三大部。

为筹措办学经费，亦幻法师和栖莲和尚专程赶赴上海，寻找宁波白衣寺住持安心头陀，请他出面介绍向朱子桥[11]将军募款。安心头陀曾到过暹罗（泰国），是南方戒律的行者，与朱子桥关系密切。他邀请朱子桥在一品香饭店会面，说明了弘一法师弘律的心愿和目前的困难。朱子桥当即赞助一千元，并表示以后可再设法募集。

事情一开始似乎很顺利，不料拿到第一笔赞助之后，反倒吊起了栖莲和尚敛钱的胃口。他特地制作了几本缘簿，要弘一法师在簿前写一篇化缘的序文，打算假弘一法师之名，广泛发动募捐。弘一法师想请安心头陀出任律学院院长，栖莲却自行拟定了一个职务名单。安心头陀则从上海来信，表示坚决要律学院仿效泰僧吃钵饭的制度，说是朱子桥将军他们都喜欢这样做，而弘一法师却觉得这类形式并不重要。凡此种种的扞格，令弘一法师十分烦恼。栖莲和尚的作为完全违背了他的初衷，安心头陀等人的意见也让他左右为难，他觉得如此继续下去，反倒有害无益，不如趁早退出的好。于是，他悄然离开五磊寺，搬到宁波白衣寺佛教孤儿院暂住。

这当口，时在厦门的广洽法师，来信请弘一法师到闽南过冬。弘一法师便北上绍兴、杭州，一路行脚至上海，准备从那里前往厦门。此时恰逢

“一·二八事变”前夕，日本军队虎视眈眈，战争一触即发。上海的一帮友生夏丏尊、丰子恺、刘质平等极力劝阻，认为当前形势很不安定，千万不可远行。于是，弘一法师只好再度回到宁波。

五磊寺的栖莲和尚见南山律学院的事情弄糟，焦急万分，幸好弘一法师又从上海回来，情急之下，前往白衣寺当面恳求。弘一法师大概是想到不能从心办学，不免对不起自己的良心和素志，但事已至此，如此不了了之，倒不如回去与栖莲和尚作彻底的了断。于是他便再次回到五磊寺，根据栖莲和尚的口头承诺，签订了一份契约：

一、于五磊寺团结僧伽，恭请弘一法师演讲毗尼（“毗尼”是梵文“律”的旧音译——引者注），不立律学院名目。

二、造出僧材之后，任彼等分方说法，建立道场，以弘法为宗旨。

三、暂结律团，在法师讲律期内，无有院长、院董名称。

四、大约几年可以造出讲律僧材，随法师自为斟酌。

五、倘法师告假出外者，任法师自由。

六、一旦造出讲律僧材之后，任法师远往他方，随处自在，并与律学院一切事务脱离关系，不闻不问。

七、凡在学期内大小一切事务，总任法师设法布置，听师指挥，无不承顺。

八、凡在学期内，倘有与法师不如意之处，任法师随时自由辞职，绝不挽留。

九、以上所定各条件，完全出于栖莲本意，绝无法师意见；倘以后于以上条件有一件不能遵守时，任法师自由辞职，绝不挽留。

十、聘请律师二人，担保以上各条件，各不负约。

民国二十年十一月十九日五磊寺住持栖莲

见证人亦幻、永睿[12]

尽管这份契约给予弘一法师充分的权利和方便，但勉为其难的迁就也未必会有好的结果。过了几天，弘一法师还是离开了五磊寺。

南山律学院的流产，令弘一法师十分痛苦，身心受到了严重的打击。后来他回忆说：“我从出家以来，对于佛教向来没有做过什么事情。这回使我能有弘律的因缘，心头委实是很欢喜的。不料第一次便受了这样的打击。一月未睡，精神上受了很大的不安，看经念佛，都是不能。照这情形看来，恐非静养一二年不可。虽然，从今以后，我的一切都可以放下，而对于讲律之事，当复益精进，尽形寿不退。”[13]

从五磊寺下山之后，弘一法师移居到镇海伏龙寺。过了年，又回到白湖金仙寺，这是他最后一次驻锡白湖。为了弥补弘律不成的歉疚，弘一法师便在金仙寺、伏龙寺轮流举办律学讲座。这种函授性质的讲学未待完成，弘一法师便飘然他往。

二、南闽梦影

在永嘉度过 1932 年的夏天之后，弘一法师又北上云游。八月至上虞法界寺，忽又患伤寒，幸亏还有先前自备的药物，陆续服完，卧床一周，断食一日，病情渐渐好转。待身体稍有握笔之力，便去信夏丏尊，谈及大病之中，缺医少药，又无人照料，生命随时可能终结，而自己对此却未预作准备，深感不安。因此，请夏丏尊在旧历九月十日秋凉以后，来法界寺与住持预商临终助念及身后之事。

经此一番病痛的折磨，弘一法师深感生命的脆弱，他决计再游四季如春的闽南，寻找一个更适合他的身体、更能实现他弘律夙愿的地方。1932 年旧历十月初，弘一法师第三次来到闽南，自此便定居下来，直到生命的终结。

在此之前，弘一法师于 1928 年和 1929 年两次来闽南，但那都只是短暂的云游，这次之所以长住，用他自己的话说，是因为“厦门气候四季如春，又有热带之奇花异草甚多，几不知世间尚有严寒风雪之苦矣”[14]。重要的是两次闽南之行，使他感觉到此地佛教界内部较为纯洁，佛教教育的风气也十分浓厚。这与浙东的情形，尤其是五磊寺弘律的惨痛经历，形成了鲜明的对比。

弘一法师初次来闽南时，曾在厦门闽南佛学院的小楼上住过一段时间。这座佛学院创办于 1925 年，由太虚法师任院长。太虚法师是现代佛门高僧，对佛学研究颇深，曾游历法、英、德、美诸国，讲演佛学，办有《海潮音》月刊。他治下的闽南佛学院教员多是他武昌佛学院时的高足，院里的学僧虽只有二十几位，但他们求学心诚，且很有礼貌，与教职员之间的感情也融洽。弘一法师觉得这样的气象，在别的地方实难见到。

1936 年，弘一法师与持非时戒之同道合影于南普陀寺

二次来闽南，弘一法师与太虚法师合作了《三宝歌》。过完 1930 年的春节之后，他又前往泉州承天寺。该寺始建于南唐，号称“闽南甲刹”。那时，性愿法师[15]正在寺中开办月台佛学研究社。研究社里气象很好，可谓人才济济，有一种难以形容的盛况；学僧们每天都上课，成绩也很好，这在别处是很少见的。弘一法师也给学僧们讲过两次写字课，还抽空为寺里整理古版佛经，并编成目录。

弘一法师这次到厦门之后，先由性愿法师介绍，住到了厦门西郊的万寿岩。此时他收到俗侄李晋章的来信，说上海报载他于闽南山中圆寂，不知真假，家人十分挂念。弘一法师回信说：“惠书诵悉……数年前上海报纸已载余圆寂之事，今为第二次……星命家言，余之寿命与尊公（李叔同二哥文熙——引者注）相似，亦在六十岁或六十一岁之数。寿命修短，本不足道，姑妄言之可耳。”[16]对于生生死死的谣传，弘一法师一笑了之，而将全部的精力用于弘法事业。在此后的 10 年里，他一肩梵典，三衣破衲，仆仆于闽南各地，讲律布道，弘法利生，直至圆寂生西。

在闽南，弘一法师受到佛教界的广泛欢迎。1932 年 12 月 2 日，教众为常惺法师任南普陀寺住持举行受请仪式，刚到闽南不久的弘一法师也受邀出席典礼。主持典礼的太虚法师致欢迎词说：“今天是南普陀、闽南佛学院，开会欢迎常惺法师和弘一法师的一天。”他首先谈了“欢迎常惺法师的意义”，接着又说：“可是恰巧弘一律师亦到此间。弘一律师在中国僧伽中可说是持戒第一。其道德与品格为全国无论识者和不识者一致钦仰，为现代中国僧伽之模范者，这是我们表示不胜欢迎的。”[17]私下里，学律道侣性常、广洽、瑞今等新识旧交，也时来弘一法师住处请益。后来，性常干脆就把他请到中山公园边的妙释寺，并把自己的卧室让给他住。弘一法师十分高兴，遂手书《华严经》偈句以表谢意。偈云：“戒是无上菩提本，佛为一切智慧灯。”

在妙释寺住下后，弘一法师应住持善契法师之请，在妙释寺念佛会作《人生之最后》的演讲。内容共分七章：一、绪言；二、病重时；三、临终时；四、命终后一日；五、荐亡等事；六、劝请发起临终助念会；七、结语。弘一法师依据“净土宗”处理人生最后时刻的方式，并结合自己的经验与认识，告诉学佛的人们应如何面对死前终后的这段大事。最后，他又用深入浅出的比喻告诫说：“残年将尽，不久即是腊月三十日，为一年之最后。若未将钱财预备稳妥，则债主纷来，如何抵挡？吾人临终时，乃是一生之腊月三十日，为人生之最后。若未将往生资粮预备稳妥，必致手忙脚乱呼爹叫娘，多生恶业一齐现前，如何摆脱？临终虽恃他人助念，诸事如法。但自己亦须平日修持，乃可临终自在。奉劝诸仁者，总要即在预备才好。”[18] 仅从这段结语里，也可以看出弘一法师对待人生的认真态度，以及对佛事一丝不苟的虔诚品性。

时有了识律师卧病不起，日夜愁苦，看到《人生之最后》的讲稿，悲欣交集，立即放下身心，摒弃医药，努力念佛。还扶病起床，诵念大悲咒，其声琅琅，超胜常人。见者无不惊喜赞叹。

1933 年的正月初八，弘一法师从万寿岩正式移居妙释寺，当天，又为念佛会讲《改过实验谈》。他用自身行持的经验和体会，现身说法，将自我修养（改过自新）的途径归纳为：一、学。通过博览佛书和儒书，知善恶之标准及改过迁善之方法。二、省。既知是非善恶，便要时时省察。每举手投足，起心动念，当三思而行。三、改。既知善恶，亦明是非，就当痛改。他说：“改过之事，乃是十分光明磊落，足以表示伟大之人格。”并引《论语》中子贡的话勉励众人：“君子之过也，如日月之食焉。过也人皆见之，更也人皆仰之。”接下来，又概括讲述了自己改过迁善的十个方面：一、虚心；二、慎独；三、宽厚；四、吃亏；五、寡言；六、不说人过；七、不文己过（不为自己的过错狡辩推诿——引者注）；八、不覆己过（得罪了人不隐瞒回避，而要敢于认错——引者注）；九、闻谤不辩；十、不瞋。[19] 他告诫众人说，这些自身修养的问题，看似很小，亦往往为常人所忽略，但真正做到却很难。在弘一法师看来，不论是出家人，还是在俗者，都应学会改过迁善，不断提高自身修养。佛与儒的追求不同，目的不一，但在这一点上，却是相通的。

讲演《改过实验谈》的当天夜里，弘一法师忽得一梦，梦中化身为一少年，与一儒师同行。忽听身后有人朗诵华严偈语，其声高亢凄清，感人至深。二人返身寻找，见有十几人席地而坐，中间一人操琴弹弦，另有一长髯老者朗声作歌。老者座前摆放一纸，上书一行大字，似是华严经名。弘一法师知老人是在以歌说法，油然而生敬意，遂欲入座听法。他问有无空座？有人指点说两端皆可坐。弘一法师正要脱鞋入座，忽然梦醒。忆及梦中老者所唱经偈，清晰可辨，便起床掌灯，记下梦中经句。第二天早晨，弘一法师对性常说："昨夜得一奇梦，是我居闽南弘律的预兆。"于是，着手编写《四分律含注戒本讲义》，准备开讲律学。

旧历正月二十一日，弘一法师在妙释寺举办名为"南山律苑"的讲座，为寺中青年比丘讲《四分律戒本》。鉴于在五磊寺的遭遇，他决定改变弘律办法：即"不立名目，不收经费，不集多众，不固定场所等"。他把这次讲律看做闽南弘律的第一步，并寄予厚望。"甚愿得有精通律义之比丘五人出现，能令正法住于世间，则余之弘律责任即竟。故余于讲律时，不欲聚集多众，但欲得数人发弘律之大愿，肩荷南山之道统，以此为毕生之事业者，余将尽其绵力，誓舍身命，而启导之……惟冀诸师奋力兴起，肩荷南山一宗，广传世间，高树律幢，此则余所祝祷者矣。"[20]

在"四分律"讲过之后，弘一法师的周围聚拢起一批学律的年轻僧侣，包括当时的瑞今、广洽、性常，以及后来的传贯、广义、仁开、觉圆诸法师。2月8日，弘一法师率领这帮律学弟子，重返万寿岩，编定《随机羯磨》讲义。3月9日开讲"羯磨"，5月8日圆满。这些律学弟子受到弘一法师现身说法的感动，全部发心过午不食。其中有的正在病中，卧床不起，也立刻停止晚餐，不顾身命。

旧历五月初三日，适逢蕅益大师圣诞，弘一法师为学律弟子撰《学律发愿文》，同发四弘誓愿，并别发四愿："一愿学律弟子等，生生世世，永为善友，互相提携，常不舍离，同学毗尼，同宣大法，绍隆僧种，普利众生。一愿弟子等，学律以及宏律之时，身心安宁，无诸魔障，境缘顺遂，资生（往生西方的资粮——引者注）充足。一愿当来建立南山律院，普集多众，广为宏传，不为名闻，不求利养。一愿发大菩提心，护持佛法，誓尽心力，宣扬七百余年湮没不传之南山律教，流布世间；冀正法再兴，佛日重耀。并愿以此发宏誓愿，及以别发四愿功德，乃至当来学律一切功德，悉以回向法界众生。惟愿诸众生等，共发大心，速消业障，往生极乐，早证菩提。”[21]

五月初十日，应开元寺住持转物和尚之请，弘一法师又率这帮律学弟子前往泉州开元寺结夏。在为弟子继续讲律的同时，圈点《南山行事钞记》，并撰写《圈毕行事钞后记》。至十一月间，“南山律苑”因时局动荡而终止。这次讲律历时近一年，是弘一法师时间最长和最完整的一次讲律活动。

“南山律苑”讲座结束后，应草庵寺住持的邀请，弘一法师由传贯、性常二法师伴同，前往晋江市万山峰苏内村中的草庵过冬。除夕之夜，弘一法师在庵内意空楼登座佛前，特意为传贯和性常选讲灵峰蕅益大师《祭颛愚大师爪发衣钵塔文》，开示两位弟子。颛愚大师为明代高僧，14 岁入佛，后以明代四大高僧之一的憨山老人为师，被视为“三十年所罕见者”。居江西云居山 7 年，振扬宗风，顿成净土。后居石城（今南京）紫竹林，道誉闻于吴楚，其清风峻节，在佛门中有口皆碑。颛愚圆寂后，弟子蕅益大师等将其爪、发、衣、钵 4 物，建塔留念，并写下了情理并茂、气势恢宏的塔文。文曰：

呜呼！人不难相爱，难于相知，翁真知我者哉。世纵有一二爱且知者，而志操相携。某虽不敢拟翁泰山之德，幸三事略无违焉。尚质朴，绌虚文，不肯苟合时宜。注经论，赞戒律，不肯悬羊头而卖狗脂。甘淡薄，受枯寂，不肯受丛席桎梏而掣其羁縻。呜呼！以法门耆宿如翁，而旭过蒙知爱，又志操相合如此，其能已于怀也。翁所证深浅，非某能拟，而生平最倾心处，请略纪之：当今知识，罕不以名相牵，利相饵，声势权位相依倚；如翁古道自爱者有几？当今知识，罕不以掠虚伎俩，笼罩浅识，令生惊诧，如翁平实稳当者有几？当今知识，罕不侈服饰，据华堂，恣情适意，如翁破衫草履、茅茨土阶者有几？当今知识，罕不精选侍从，前列后随，如翁躬自作役，不图安享者有几？当今知识，罕不同流合污，自谓善权方便，慈悲调顺，如翁不肯苟殉诸方，甘受担板（即担板汉，负板者只见前方，不见后方与左右，喻指见闻狭窄——引者注）之诮者有几？故凡闻翁之风者，顽夫廉而不滥，懦夫立而不倾。伯夷之隘，所以为圣之清也。岂似枉寻直尺诡遇一朝者，身虽存名已先沦也哉！某每悲如来正法，一坏于道听途说、入耳出口之夫，再坏于色厉内荏羊质虎皮之徒。其父报仇，其子必且行劫。尤而效之，何所不至。翁之爪发衣钵幸存，则翁之道风未灭。必有闻而兴起者，庶共砥狂澜于末叶乎！[22]

蕅益大师的这篇文字，也正是弘一法师心灵深处的声音，他为传贯、性常于除夕之夜讲解此文，表明了他对颛愚、蕅益等先贤的钦敬与追慕，表明了他对当时世道人心的深深忧虑，同时也表达了他对弟子的殷殷期待。开示此文的前一夜，他怕塔文中个别文义不易理解，特意作了注释，先交给弟子们看，同时还将塔文手抄一份，寄给时在厦门的广洽法师。讲解时，他神情沉郁，几欲流涕。讲毕，手书“绍隆僧种”4字横幅，赠与性常法师。其殷切厚望，不言而明。翌日，为1934年（甲戌）春节，弘一法师再为传贯、性常、僧睿等弟子讲授《含注戒本》。

居草庵时，弘一法师为草庵撰冠头联一幅：“草积不除，唯觉眼前生意满；庵门常掩，勿忘世上苦人多。”这期间，弟子蔡丏因邀师返浙，弘一法师以“闽南冬暖夏凉，颇适老病之躯”辞谢。

二月初，弘一法师接到常惺、会泉二法师的邀请，希望他来整顿闽南佛学院的教育，重振昔日的学风。到厦门南普陀寺后，弘一法师发现学院的情形远不如前，学僧不听约束已成风气，且旧友芝峰、大醒诸法师去了别处，院里的学僧和执事弘一法师一个也不认识，便觉得因缘尚不成熟，要想整顿，一时也无从着手。但他并没有放弃培养佛学人才的努力，打算另办一个僧侣教育机构，并让瑞今法师负责筹备。

弘一法师认为，教育青年关键在于培养他们一股正气，先学会堂堂正正做人。因此，他取《易经》中“蒙以养正”这句话的意思，为新办学校定名为“佛教养正院”。名字取好后，又书写院额、草拟章程、拟定教科用书等。他提出，养正院的教育宗旨应该是深信佛菩萨灵感之事，深信善恶报应，深知为何出家与出家后应做何事等等。他认为，学员应从“惜福、习劳、持戒、自尊”做起，经过为期3年的学习，应做到品行端方，知见纯正，精勤耐苦，朴素无华。而教学的内容除训话、读书、讲书、国语、习字之外，还应加上习劳一项。院中不用使役，凡挑水、挑饭、扫地等，一切事务皆由学僧自己来做。他特别强调训话的重要，认为每天应两小时以上，像僧中威仪、行坐进退、言语饮食礼拜，乃至课诵犍椎等，皆应由教师在训话时随意讲授。他还向常惺住持建议，请瑞今法师主持养正院的工作，广洽法师为学监，高文显居士担任讲师，自己则主要担任训育课程。经过一段时间的筹备，佛教养正院开始招收第一批学员。

佛教养正院开办以后，日常工作由瑞今、广洽等人料理，弘一法师只是从旁辅助，其主要精力则放在校读佛典上。他隐居在南普陀后山兜率陀院，每日一餐，每餐一菜，过着结夏生活。他校订完从日本请回的《随机羯磨疏》，即撰长跋一篇；又将敦煌写本《随机羯磨》与天津刊本对校，并撰写《四分律随机羯磨题记》。八月，他见到一本名《一梦漫言》的书，初读以为是今人写的导俗之书，仔细批阅，方知是明末清初见月律师自述其行脚事迹的著作。他欢喜异常，以为稀有，于是废寝忘食地反复阅读，每读至感人处，禁不住悲欣交集，涕泪不已。反复读过之后，仍觉意犹未尽，又加眉注，并对照地图，画出行脚图表，用粗线标示行脚所经之地。九月，又根据《一梦漫言》及别传，编撰了《见月律师年谱》，并为《一梦漫言》作序。序中写道："师一生接人行事。皆威胜于恩。或有疑其严厉太过，不近人情者。然末世善知识多无刚骨，同流合污，犹谓权巧方便，慈悲顺俗，以自文饰。此书所述师之言行，正是对症良药也。儒者云：'闻伯夷之风者，顽夫廉，懦夫有立志。'余于师亦云然。"[23] 在这段日子里，每当夜阑更深，弘一法师静静地躺在床上，追忆见月老人的遗事，便止不住泪流满面，同时为当今佛门的陵夷痛心不已。他暗暗发愿，明年亲往华山礼拜见月律师灵骨塔，以表达自己对这位特立独行的老人的追慕。

弘一法师晚年留影

这年的九月二十日，弘一法师已 55 岁了，弟子们特意为他摄影留念。照片中的他，"坐在半桌的左边，披着袈裟，摺痕很明显；右手露出在袖外拈着佛珠，脚上还是穿着行脚僧那种布缕扭成的鞋。他现在不留胡须了，嘴略微右歪，眼睛细小，两条眉毛距离得很远。比较前几年，他显得老了，可是他的微笑里透露出更多的慈祥了”[24]。弘一法师还写了一副长联，在跋语中回顾了近年闽南弘律的情况。联句是：

愿尽未来，普代法界一切众生，备受大苦；

誓舍身命，宏护南山四分律教，久住神州。[25]

他将这副长联赠与法侣广义法师。这举动里有自勉的意思，当然也有对同道的激励。

对于闽南僧教育的兴盛，弘一法师甚为欣慰，但对近年学僧们重佛学知识而不尚操履的倾向，又十分忧虑。为此，他特意从莲池大师《缁门崇行录》[26]一书中选出四门，以供佛学院作为课本讲解。他在序文中写道：“明季禅宗最盛，而多轻视德行。云栖撰《缁门崇行录》以匡救之，厥功伟矣。近岁僧众盛倡学问，不问操履。余尝劝学院主任者，应用是录为教本，以挽颓风。岁晚多暇，为选择拟先讲解者而标志之。十门之中，清素、严正、高尚、艰苦四门，选者较多，亦以针对时风，补偏救弊耳。”[27]其实，弘一法师为弟子们讲解《祭颛愚大师爪发衣钵塔文》，以及对《一梦漫言》的情有独钟，对见月律师行迹的推重，无一不是为了重建佛门德行。这也是他的一贯主张：先做人，然后为僧；若人都不像，何以为僧。

度过旧岁，弘一法师于 1935 年正月移居厦门禾山万寿岩，为众僧讲律，并撰长文《净宗问辨》。文章以答问形式于净宗反复问难，至详且精。三月，到泉州，为开元寺僧众讲《一梦漫言》，把见月律师的一生行迹与独特品格一一介绍给学僧。之后，到温陵养老院小住。

泉州是闽南历史文化名城，故称温陵。养老院原为唐代首科进士欧阳詹家庙，后为宋代大儒朱熹讲学之“小山丛竹书院”。这是弘一法师第一次来温陵养老院，他深怕因自己的突然到来，而搅扰了院里的正常生活。因此，他关照这里的院董叶青眼居士：只在此住 15 天。每天晨午两餐，蔬菜不要超过两样；若有人来访，请先通知。

养老院里住着几十位老人。弘一法师与老人们说话，也不谈佛法，只是讲一些汲水、破柴、烹茶、烧汤、扫地、洗衣、拂拭几案、浇水种花之类的日常琐事。还说，这些事，自己出家以后，都是亲自做，并不等别人来照应。

院中朱子祠有一亭，名“过化”，毁于兵乱，叶青眼居士打算重修，请他补写横额。他题“过化亭”三字，并作题记，述其兴废，又顺带说明他与朱子的因缘。文中写道：

> 泉郡素称海滨邹鲁，朱文公尝于东北高阜，建亭种竹，讲学其中，岁久倾圮。明嘉靖间，通判陈公（陈尧）重建斯亭，题曰“过化”，后亦毁于兵燹。迩者叶居士青眼欲复古迹，请书亭额补焉。余昔在俗，潜心理学，独尊程朱。今来温陵，补题过化，何莫非胜缘耶？[28]

之后，又为叶青眼居士写了一幅“南无阿弥陀佛”中堂，另题赠华严联句：“持戒到彼岸，说法度众生。”

弘一法师居温陵15日，慕名前来求字的人，络绎不绝。法师有求必应，皆让他们欢喜而归。4月11日，弘一法师准备赴惠安净峰寺，泉州法侣道友纷纷赶来送行。临别时，叶青眼说：“这次大师来泉州，州中人士多来求字，少来求法，不无可惜。”弘一法师笑着说：“余字即是法，居士不必过为分别。”

弘一法师在传贯、广洽2人的陪伴下，在泉州南门外乘帆船出泉州湾北行。是夜风大浪高，帆船在海浪中颠簸。弘一法师终夜不能安眠，通宵默念佛号。第二天清晨抵崇武，一行3人换乘小船，逆风顶浪，于午前到达惠安县净峰寺。

惠安县在泉州东北，县内丛林众多，除净峰外，还有科山、灵瑞山、瑞集岩寺和晴霞、普莲堂等十多所古刹，其中以净峰寺最为著名。净峰寺在净山顶峰，故名；始建于唐咸通二年（861），清光绪三十年（1904）重修。佛殿旁有李仙祠，相传此地为李铁拐故里，因有此祠。弘一法师在净峰住下，即为李仙祠题一门联：“是真仙灵，为佛门作大护法；殊胜境界，集僧众建新道场。”既表明他对道教的看重，也表明了他弘法的决心。

初到惠安，弘一法师对这里的环境极为喜欢，有终老于此的愿望。他在写给夏丏尊的信中说：“净峰寺在惠安县东三十里半岛之小山上，三面临海（与陆地连处仅十分之一），夏季甚为凉爽，冬季北风为山所障，亦不寒也。小山之石，玲珑重叠，如书斋几上所供之珍品。”又说：“山乡风俗淳古，男业木土石工，女任耕田挑担。男四十岁以上多有辫发者，女子装束更古，岂惟清初，或是千数百年来之遗风耳。余居此间，有如世外桃源，深自庆幸。”[29]他还对随行的广洽法师说：“余今年已五十又六，老病缠绵，衰颓日甚。久拟入山，谢绝人事，因缘不具，卒未如愿。今岁来净峰，见其峰峦苍古，颇适幽居，将终老于是矣。”[30]弘一法师似乎终于找到了他理想的归宿之地。

来净峰后，弘一法师除研习律学之外，大部分时间都用来行化民间。他希望通过自己的弘法活动，让更多的缁素道侣，携手同修，共证菩提。他的《惠安弘法日记》，简要地记录了他校点佛典与行走惠安的劳碌生活：

四月十一日乘帆船出泉州，十二日午前抵净峰。

十五日在净峰寺为僧众说戒。

十六日赴崇武，居普莲斋堂。

十七日、十八日、十九日，连续三天为道友讲三皈五戒、观世音菩萨灵感及净土法门。十九日午后返净峰。

二十一日亡母冥诞。第一次校《行事钞记》注竟。开讲《普贤行愿品》，至五月一日讲竟。

五月初三为藕益大师圣诞。午后讲大师事迹。

十日第二次校《行事钞记》，注至“受欲篇”。暂止。之后校点《戒疏记》。[31]

弘一法师来惠安之前，许多法侣虑及他的身体与交通的不便，皆劝阻他不要去。有人长跪不起，有人声泪俱下，请他顾惜身命。而他却执意前往，似乎不了此缘，无以心安。从这份并不十分完整的记录可以看出，他在惠安的半年多时间里，除了校正佛典、撰写讲稿，便是四处弘法，几乎没有安心静养过一天。诚如他誓愿所言，为弘律倡教，不惜身命。

弘一法师以弘护南山律教为己任，但他并不排斥其他宗教派别。他认为佛法之目的，是求觉悟，本无种种差别；而对于别种宗教及信仰，他亦能作如是观。因此，对异教徒众，他非但不排拒，反倒十分尊重。这次在惠安讲律，就出现了佛教与基督教徒众同堂听法的场面。还曾发生过这样一件事情：净峰山下一所小学的校长庄连福，是个基督徒，他听说高僧弘一法师来净峰弘法，便与教友上山拜访，却被随侍的传贯法师阻拦。庄校长说，基督教的教义是“舍身救人”，佛教的宗旨是“救苦救难”，二者的济世之心是一致的，为何不可以交流呢？传贯却以为宗教信仰有异，互不相容，终不肯引见。弘一法师知道此事后，立刻取出《华严经》一部，并手书单条4幅交给传贯，让他当日上午务必下山登门赔罪，并请庄校长等上山相见。弘一法师海纳山容的胸怀，令这位庄校长深为感动。其后几天，他便带着教友上山听法。很久以后，庄连福还清楚地记得聆听弘一法师讲经时的情景：

弘一大师缓慢而沉着地走到佛像前，虔诚地点上三炷香，并且整齐地插在香炉里。转过身来，对满室听众仅作微笑而已，甚为凝重，然后才坐在一块方形的禅椅上，面向听众，非常肃穆和蔼。他的座前架着一个小竹屏，屏上放着经书，距他的眼睛一尺有余。一开讲，大师目不转睛，聚精会神，用普通话讲述（传贯师站在旁边翻译），吐字清晰，论点鲜明，论证有序，非常有说服力。听众都听得入神，全场鸦雀无声，静到连根针掉到地上的声音都能听见。尽管听众中有个别想咳嗽的，也都忍耐着，或者悄悄地到门外去，不敢打扰这宁静的气氛。[32]

十月下旬，净峰寺方丈去职，弘一法师觉得在惠安弘律的法缘已尽，遂决定离开净峰，返回泉州。临行，弘一法师作《将离净峰咏菊志别》：

乙亥首夏来净峰，植菊盈畦，秋晚将归，犹含蕾未吐。口占一绝以志别：

"我到为种植，我行花未开。岂无佳色在？留待后人来。"弘一老人[33]

弘一法师刚刚回到温陵养老院，泉州名刹承天寺便请他在戒期中讲律。讲座在露天举行，听众不只受戒的僧侣，也有很多在俗的民众，这正是广种善根的极好机缘，因此他不顾旅途劳顿，一连作了3天的通俗性演讲。他以《律学要略》为题，系统讲解了律学的由来、演变，及三皈、五戒、八戒，乃至菩萨戒之意义。说到受学戒法及中国佛教界的现状，他以为中国僧众虽有几百万之多，但要找出一个真比丘，却很不容易；而找不到比丘，不单比丘戒受不成，沙弥戒亦受不成。讲到这里，他十分痛心地对听众说，从南宋以来，可以说是僧种断绝了！尽管他对中国佛教界的现状表示了极大的不满，但他还是劝说佛子们好好地受学戒法，接受沙弥戒和比丘戒，即使不能得戒，亦能种植善根，兼学种种威仪，这也是很好的事情。他3天的演讲，痛切中肯，要言不烦，令戒子们受益良多。

在闽南弘律的这几年，也是弘一法师佛学思想日渐成熟的阶段，他的许多佛学著述均完成于这段时间。他把研习、著述与讲法结合起来，或先讲后写，或先写后讲，孜孜矻矻，锲而不舍，日积月累，遂为大观。粗略计之，即有：《悲智》、《行事钞记》、《蕅益大师警训略录》、《华严经读诵研习入门次第》、《地藏菩萨圣德大观》、《人生之最后》、《随机羯磨》、《南山钞记》、《南山道宣律师略谱》、《九华垂迹图赞》、《梵网经菩萨戒本浅释》、《弥陀经义疏撷录》、《净宗问辨》、《本妙法师传》、《法空法师传》等等，至于其手书佛经，亲撰序、跋、赞颂、碑铭、日记、疏启杂著及演讲稿等，更是无以计数。

11月19日，弘一法师又受到惠安佛教界的邀请，在泉州专员黄元秀的陪同下，再度赴惠安讲法。当日，寓惠安城黄善人宅。次日到科峰寺讲演，并为10人证受皈依。21日上午，为一人证受皈依。下午乘马行20里，夜宿许汕头东堡村。22日，在该村昆山南麓古刹瑞集岩讲演。23、24两天，在许童子宅讲演，并为20人证受皈依。25日上午到后尾刘清辉居士斋堂，下午讲演。26日上午到胡乡胡碧连居士斋堂，下午开讲《阿弥陀经》。28日讲完，为17人证受皈依及五戒。29日上午到谢贝，寓黄成德居士斋堂，30日讲演。12月1日到惠安城，寓李氏别墅。初二日到如是堂讲演，听众近百人。初三日，到泉州，卧病草庵。

连日马不停蹄的奔波，再加上住所的阴暗潮湿，使弘一法师一回到泉州，便病倒了。这次患的是“风湿性溃疡”，手足肿烂，高烧不止，病势凶险。仅一天多，下臂已溃坏过半，尽是脓血。接着又发展至上臂，渐次溃坏。不几天脚面上又生冲天疔，足腿并肿，势更凶猛，观者无不为之心寒。二症并发，又高烧不退，致使神志昏迷，生命几至殆危。病已至此，他便放下一切，专意念佛，一心求生西方极乐世界，并向传贯法师交代遗嘱：

命终前请在布帐外助念佛号，但亦不必常常念。命终后勿动身体，锁门历八小时。八小时后，万不可擦身体洗面，即以随身所着之衣，外裹破夹被，卷好，送往楼后之山凹中。历三日有虎食则善；否则三日后，即就地焚化。焚化后再通知他位，万不可早通知。余之命

终前后，诸事极为简单，必须依行，否则是逆子也。[34]

僧友们见此情状，纷纷发心诵经忏悔，至诚礼诵，昼夜精勤。及至十二月中旬，热渐止；又20日，乃可下床勉强扶杖步行。（1936）正月中旬到厦门留日医学博士黄丙丁处就医，再历时百日，外症渐渐痊愈。

这是弘一法师一生中第二次大病，在谈及这次生病经历时，他说："此次大病（内外症并发），为生平所未经过，历时近半载，九死一生。虽肉体颇受痛苦，但于佛法颇能实地经验，受大利益，亦昔所未有者也。"[35]经此大病，他的道念越发坚定了。还在卧病草庵时，广洽法师从厦门赶来探视，问及病况，他却说："你不要问我病好没有，你要问我有念佛没念佛。这是南山律师的警策，向后当拒绝一切，闭关编述南山律书，以至成功。"[36]

三、最后忏悔

刚转投厦门医病时，弘一法师的溃疡和疔疮仍很严重，行动极不方便，但他依然弘法不辍。1936年正月底，佛教养正院开学。在开学仪式上，他抱病为学僧们讲《青年佛徒应注意的四项》。

他在开场白中说，此前泉州草庵大病时，承诸位写来签名信慰问病状，又念佛7天，代他忏悔，这都使他感激万分。再过几个月，他将到鼓浪屿去方便闭关，时间怕很长，不能时时与大家见面，所以特发心来和诸位叙谈叙谈。今天要谈的，共有四项：一是惜福，二是习劳，三是持戒，四是自尊，都是青年佛徒应该注意的。这四项，也是他两年前为佛教养正院提出的院训。

他告诉学僧们，人要懂得爱惜自己所享有的一切，切不可把它浪费了。他说记得小时候父亲请人写过一副对联，挂在大厅的抱柱上，上联是"惜食，惜衣，非为惜财缘惜福"。哥哥时常教他念这句子，以后临到穿衣或吃饭时，都十分注意，就是一粒米饭，也不敢随意糟掉；母亲也常常告诫，穿衣要时时当心，不可损坏或污染。他7岁时练习写字，拿整张的纸瞎写，一点不知爱惜。母亲看到，就正颜厉色地说："孩子，你要知道呀！你父亲在世时，莫说这样大的整张的纸不肯糟蹋，就连寸把长的纸条，也不肯随意丢掉哩。”

他先把自己幼时所受的惜福教育告诉大家，然后说：

我因为有这样的家庭教育，深深地印在脑里，后来年纪大了，也没一时不爱惜衣食；就是出家以后，一直到现在，也还保守着这样的习惯。诸位请看我脚上穿的一双黄鞋子，还是一九二〇年在杭州时候，一位打念佛七的出家人送给我的。又诸位有空，可以到我房间里来看看，我的棉被面子，还是出家以前所用的；又有一把洋伞，也是一九一一年买的。这些东西，即使有破烂的地方，请人用针线缝缝，仍旧同新的一样了。简直可尽我形寿受用着哩！不过，我所穿的小衫裤和罗汉草鞋一类的东西，却须五六年一换，除此以外，一切衣物，大都是在家时候或是初出家时候制的。

从前常有人送我好的衣服或别的珍贵之物，但我大半都转送别人。因为我知道我的福薄，好的东西是没有胆量受用的。又如吃东西，只生病时候吃一些好的，除此以外，从不敢随便乱买好的东西吃。[37]

说到自尊，他说要想人家尊重自己，就必须从自己尊重自己做起。所谓自尊，“就是自己时时想着：我当做一个伟大的人，做一个了不起的人。比如我们想做一位清净的高僧吧，就拿高僧传来读，看他们怎样行，我也怎样行，所谓：‘彼既丈夫我亦尔。’又比方我想将来做一位大菩萨，那末，就当依经中所载的菩萨行，随力行去。这就是自尊。但自尊与贡高不同；贡高是妄自尊大，目空一切的胡乱行为；自尊是自己增进自己的德业，其中并没有一丝一毫看不起人的意思的”[38]。

在医病和初愈这段时间里，弘一法师依旧口不停诵，手不停挥。三月，手书《乙亥惠安弘法日记》；同月下旬，开讲“四分律戒本”，历时一个多月，听众除养正院学僧外，还有外界人士，为此，他特意关照广洽法师，将门开大，以便房外的人听讲。四月，又书《壬丙南闽弘法略志》；与刘质平于上海新华艺专办“弘一上人书法展览会”。五月，移居鼓浪屿日光岩，篆书华严偈句“能于众生施无畏，普使世间得大明”自勉；为传贯亡母写《药师经》一卷，又为已故友生金咨甫写《金刚经》。这期间，还为上海世界书局编辑《佛学丛刊》。

日光岩位于鼓浪屿最高峰龙头山顶峰，别名“晃岩”，由一横一竖两块巨石相倚而成。岩顶天风浩浩，极目远眺，海天茫茫。相传1641年郑成功来此屯兵，见这里景色胜过日本的日光山，于是将“晃”字拆开，称之为“日光岩”。山麓有日光寺，始建于明万历十四年（1586），清乾隆二十五年（1760）重修，改称日光岩寺。弘一法师移居日光岩，原本打算闭门潜修，可日光岩寺是岛上甲刹，又在旅游景区，因而游人香客络绎不绝，寺中整日香烟缭绕，爆竹声声。弘一法师一向深爱僻静，又志在潜修著述，如此热闹，自令他徒添不少烦恼。虽然海岛地僻，因此躲过了许多应酬，也谢绝了不少弘法的邀请，但终究不是闭关的理想之地。

闽南佛学院仁开法师，有志于学律，对弘一法师推崇备至。一日，他来到日光岩拜访弘一法师，请法师出山弘律讲法，引领佛界律学弟子，同证菩提。这些年来，弘一法师每每发誓屏绝俗务，一心念佛，然而他又每每为各种各样的情缘所牵绊，陷身其中，或“充贤作圣”，四处讲经说法，俨然以“善知识”自居起来。对此，弘一法师深自痛悔。他在此后写给仁开法师的信中说：

> 承示诸事，朽人已详细思审，至为惭惶。朽人初出家时，尝读灵峰诸书，于“不可轻举妄动，贻羞法门”、“人之患在好为人师”（此语出《孟子》，《宗论》引用），服膺不忘。岂料此次到南闽后，遂尔失足，妄踞师位，自命知律，轻评时弊，专说人非，大言不惭，罔知自省。去冬大病，实为良药；但病后精力乍盛，又复妄想冒充善知识。卒以障缘重重，遂即中止。至鼓浪后，境缘愈困，烦恼愈增。因以种种方便，努力对治。幸承三宝慈力加被，终获安稳。但经此风霜磨练，遂得天良发见，生大惭愧。追念往非，噬脐无及。决定先将“老法师、法师、大师、律师”等诸尊号取消。以后誓不敢作冒牌交易。且退而修德，闭门思过。并拟将南山三大部重标点一次，誓以驽力随分研习。倘天假之年，成就此愿，数载之后，或以一得之愚，卑陬下座，与仁者等共相商榷也。前承仁者所示诸事，今非其时，愿俟异日，诸希谅察为幸。[39]

他的反省充满着自律的精神和严苛的自责。就是在这种愧怍不安的心境和终日不断的打扰中，他依然完成了《道宣律师年谱》《修学的遗事》等著述。

一天，有个中年人带着一个十二三岁的孩子来见他。这孩子生得眉清目秀，聪明伶俐，弘一法师一见，竟有一种说不清的欢喜。在此后的一段时间里，这个名叫李芳远的孩子时常来看望弘一法师，他知道法师喜爱花卉，还特意送来几株水仙花。这一老一小遂结为忘年之交，成就了一段奇缘。

这一年的最后一天，郁达夫在广洽法师的陪同下前来拜访。他对弘一法师仰慕已久，以为“现在中国的法师，严守戒律，注意于‘行’，就是注意于‘律’的和尚，从我认识的许多出家人中间算起来，总要推弘一法师为第一”[40]。郁达夫早就有亲炙之意，可总是缘悭一面，这次他刚从台湾到厦门，听说弘一法师驻锡日光岩寺，便即刻请《星光日报》记者赵家欣联系，由广洽出面引见，3 个人一同渡海晋见。或许是对这位蜚声文坛的才子所知甚少，或许是僧俗之间本无多少共同的话题，也或许智者间的交流无须借助于言词，总之，弘一法师除了拱手致意，略事寒暄之外，并无多言。坐了一会儿，郁达夫便起身告辞。弘一法师取出《佛法导论》《寒笳集》《印光大师文钞》相赠。

回到福州后，郁达夫就这次与弘一法师的见面，写成一首七律：

> 不似西泠遇骆丞，南来有意访高僧。远公说法无多语，六祖传真只一灯。学士清平弹别调，道宗宏议薄飞升。中年亦具逃禅意，两事何周割未能。[41]

诗的最后两句，说到自己也有逃禅之意，这或许是诗人内心感受的流露，抑或是在委婉地表达对弘一法师的倾慕和钦敬。

旧历腊月初六（1937 年 1 月 18 日），弘一法师由日光岩移居南普陀寺。临行，将所用器皿如数检交寺主清智，并以手书《佛说无量寿经》为赠，以答谢半年供养之恩。其时，李芳远所送的水仙花，犹含蕊未吐，弘一法师便将花头取出带到了南普陀寺。就在同一天，弘一法师在家弟子，时在厦门大学读书的高文显（法名胜进），编了一份“弘一法师纪念特刊”，发表在当天的厦门《星光日报》上。弘一法师看了报纸，对传贯说：“胜进等人发这个特刊，虽是出于好意，其实是在诽谤我。古人云：‘声名谤之媒也。’我今后在闽南怕是难以容身了。”沉默了片刻，又说：“若被人谤，切不可分辩。我每见有人被谤，欲与分辩解释，多受其污。不与分解，一谤便罢，更无余患。”

旧历正月初一（1937年元旦），弘一法师在南普陀寺功德楼开讲《随机羯磨》。听讲的多为养正院的青年法师，其中也包括瑞今、广洽、仁开、圆拙、传贯等法侣。由于心情不好，又忙于讲律，佛教养正院的训育课只好函请高文显代授。信中说："迩来心绪不佳，诸事繁忙，养正院训育课，拟请仁者代授。四月初旬，讲律事即可结束，将往他方，埋名遁世，以终其天年，实不能久堕此名闻利养窟中，以辜负出家之本志也。"[42]过了几天，厦门大学教师李相勖，托高文显请他到厦门大学开示佛法，弘一法师婉言谢绝。他对传贯解释说："余生平对于官人及大有名称之人，并不敢共其热闹亲好。怕堕名闻利养故，又防于外人讥我趋名利也。"[43]这几年四处奔走弘法，他的崇高德行和律学功夫，逐渐为闽南各界乃至全国所熟知。在人们的心目中，弘一法师就是当代的高僧大德。正是在这种情况下，他才越发自省自警，甚至因此而心生不安。

正月二十八日这天，弘一法师独自出了寺门，来到厦门市区。大概是为了放松一下心情，也顺带买点生活用品。回山之后，他把这天的见闻，用短简告诉了高文显居士：

昨日出外见闻者三事：

一、余买价值一元余之橡皮鞋一双，店员仅索价七角。

二、在马路中闻有人吹口琴，其曲为日本国歌。

三、归途凄风寒雨。[44]

买鞋一事，或许是反映了当时的市况，或许表现了人们对僧人的同情或关照。而在马路上吹奏日本国歌，则让人心生别一番滋味。在国难临头的当口，街面上响起的却是日本的国歌，这怎不令人深深忧虑和倍感凄寒。这些看似琐屑的事情，使弘一法师的心情越发沉重起来，这大概也是他近段时间里"心绪不佳"的重要原因之一吧。

从1928年第一次闽南之行算起，弘一法师与闽南结缘已有10年了。旧历二月十六日这天，他在佛教养正院作了《南闽十年的梦影》的演讲。在回顾了闽南十年弘法的经过之后，他不无沉痛地说：

回想我在这十年之中，在闽南所做的事情，成功的却是很少很少，残缺破碎的居其大半。所以我常常自己反省，觉得自己的德行实在十分欠缺。因此，近来我自己做了一个名字，叫"二一老人"。

什么叫“二一老人”呢？这有我自己的根据。记得古人有句诗“一事无成人渐老”[45]，清初吴梅村（伟业）临终的绝命词有“一钱不值何消说”。这两句诗的开头都是“一”，所以我就用来做自己的名字，叫做“二一老人”。因此，我十年来在闽南所做的事情，虽然不完满，而我也不怎样地去求它完满了。

诸位要晓得：我的性格是很特别的，我只希望我的事情失败，因为事情失败不完满，这才使我常常发大惭愧，能够晓得自己的德行欠缺，自己的修养不足，那我才可努力用功，努力改过迁善。一个人如果事情做完满了，那么这个人就会心满意足，洋洋得意，反而增长他贡高我慢的念头，生出种种的过失来。所以，还是不去希望完满的好。不论什么事，总希望它失败，失败才会发大惭愧。倘若因成功而得意，那就不得了啦！

我近来每每想到“二一老人”这个名字，觉得很有意味。这“二一老人”的名字，也可以算是我在闽南居住了十年的一个最好的纪念。

弘一法师对自己的反省是严苛的，甚至是过分夸大的。与其说他希望自己的事情失败，毋宁说他把自己的成功也看做不完满或失败，因为只有这样，才能更加严格地要求自己，发奋努力，争取更大的成功。

弘一法师从对自己的深刻反省，又讲到出家人应具备的德行。他首先强调一个“信”字，认为无论何宗何派的学僧，都须对佛深信不疑，这是佛教的基本原则，“就是深信善恶因果报应的道理——善有善报，恶有恶报；同时还须深信佛菩萨的灵感。这不仅初级的学僧应该这样，就是升到佛教大学也要这样”。只有深信，“才有做佛教徒的资格”。“这所谓信，不是口头说说的信，是要内心切切实实去信。”须知因果报应是丝毫不爽的，“又须知我们一个人所有的行为——一举一动，以至起心动念，诸佛菩萨都看得清清楚楚。一个人若能这样十分决定地信着，他的品行道德，自然会一天比一天地高起来”。

他接着说：

要晓得，我们出家人（就所谓僧宝）在俗家人之上，地位是很高的。所以品行道德，也要在俗家人之上才行，倘品行道德仅能和俗家人相等，那已经难为情了。何况不如！又何况十分的不如呢！咳……

这样，他们看出家人，就要十分的轻慢，十分的鄙视。种种讥笑的话也接连的来了。

记得我将要出家的时候，有一位住在北京的老朋友，写信来劝告我，你知道他劝告的是什么？他说："听说你要不做人，要做僧去……"咳，我们听到这话，该是怎样的痛心啊！他以为：做僧的都不是人。简直把僧不当人看了，你想这句话多么厉害呀！

出家人何以不是人？为什么被人轻慢到这地步？我们得自己反省一下。我想这原因都由于我们出家人做人太随便缘故，就闹出这样的话柄来。

至于为什么会随便呢。那就是由于不能深认善恶因果报应和诸佛菩萨灵感的道理的缘故。倘若我们能够真正生信——十分决定的信，我想就是把你脑袋斫掉，也不肯随便的了。

我近来省察自己，觉得自己越弄越不像了，所以，我要常常研究这一类的书，希望我的品行道德一天高尚一天，希望能够改过迁善做一个好人。[46]

弘一法师反复强调"信"的重要性，实际上也透露出他对当下僧侣教育现状的隐忧。其实，无论出家还是在俗，心中都要有一个"信"字，这个"信"是信仰，也是信念，它是每一个人前行的航标，失却了这个航标，就会在人生的苦海中漂泊无定，不知所往。

同一天，弘一法师又为学僧们讲《关于写字的方法》，这是他在佛教养正院的最后一次演讲。谈的是写字的方法，而要旨是学佛与写字的关系，即出家人要以学佛为重，字写得怎样并不十分紧要。倘若只能写得几个好字，不专心学习佛法，虽然人家赞美你的字写得好，那不过是"人以字传"而已。相反，出家人字虽然写得不好，若是很有道德，那么他的字也是很珍贵的，也是能够"字以人传"的。如果他不研究佛法，又没有道德，纵能写得一手好字，这种人在佛界也是无足轻重的，即使能"人以字传"，也是一桩可耻的事。就是在家人，这也是可耻的，何况佛门中人呢。总之，要"字以人传"，不能"人以字传"。

演讲的开篇，是从花说起的。弘一法师很喜欢花卉，前几年冬天来南普陀寺，常见殿前廊下摆满了各种花草。其中有一种名叫"一品红"的，闽南人称为圣诞花，顶端的叶子红红的，甚是鲜艳好看，可以说是南国特有的一种色彩。每当残冬将尽，把它摆出来，好像是迎春的样子，给人气象一新的感觉。可是去冬他来的时候，却不见了“一品红”的踪影，寻了半天，只在功德楼下发现了3株，还都是憔悴不堪的样子，想来也不会有什么人去赏玩了。弘一法师由此联想到佛教养正院，过去也曾像“一品红”一样，充满生机，招人喜爱，而3年后的今天，却有些衰败的气象了。他对养正院的未来感到悲观，觉得自己此时还可以看到养正院的招牌，下一次再来的时候，恐怕就看不到了。他不无伤感地说，也许这是我在养正院“最后的演讲”了。

不幸的是，养正院的结局果如其言。此后不久，弘一法师远走青岛。随着抗日战争的临近，厦门成为军事要地，院舍被军队占用，特别是一年后厦门的沦陷，终于使这所造就了一批青年佛学人才的佛教养正院，在走过了4个春秋之后，停下了前行的脚步。

1938年11月14日，弘一法师在泉州承天寺“佛教养正院同学会”上，发表了题为《最后之□□》的演讲。这是他来闽以后最为沉痛的一次演讲，也是最后一次为佛教养正院的学僧集中讲演。此时的佛教养正院已沦入日寇之手，部分学僧亦流散各地。他看着眼前的这些生徒，在经历了4年的磨砺之后，一个个都变得成熟起来，甚至沧桑起来，不禁感叹光阴的飞逝。面对着4年来一直追随左右的学生，他追思以往，抚念将来，再一次检讨了自己平生的“过失”，并对近段时间以来“名闻利养”的生活作了“最后的忏悔”。他说：

> 就我自己而论，我的年纪将到六十了。回想从小孩子的时候起到现在，种种经过，如在目前。啊，我想我以往经过的情形，只有一句话可以对诸位说：就是“不堪回首”而已。
>
> 我常自己来想：啊，我是一个禽兽吗？好像不是，因为我还是一个人身；我的天良丧尽了吗？好像还没有，因为我尚有一线天良，常常想念自己的过失。我从小孩子起，一直到现在都埋头造恶吗？好像也不是，因为我小孩子的时候，常行袁了凡[47]的功过格；三十岁以后，很注意于修养；初出家时，也不是没有道心。虽然如此，但出家以后，一直到现在，便大不相同了。因为出家以后二十年之中，一天

比一天堕落——身体虽然不是禽兽，而心则与禽兽差不多；天良虽然没有完全丧尽，但是昏愦糊涂，一天比一天厉害，抑或与天良丧尽也差不多了！讲到埋头造恶的一句话，我自从出家以后，恶念一天比一天增加，善念一天比一天退失，一直到现在，可以说是醇乎其醇的一个埋头造恶的人——这个也无须客气也无须谦让的了。

就以上所说看起来，我从出家后已经堕落到这种地步，真可令人惊叹。其中到闽南以后十年的工夫，尤其是堕落的堕落。去年春间，曾经在养正院讲过一次，所讲的题目，就是《南闽十年的梦影》。那一次所讲的字字之中，都可以看到我的泪痕。诸位应当还记得吧？

其实，使弘一法师极为惭愧的“恶”，无非是指自己的演讲、会客、宴会而已。事实上，此时的弘一法师已是名满天下，他的行动，譬如在什么地方闭关，什么地方弘法，什么人随行等等，只要有一点风声，报纸便追风捕影，加以发布。他每到一地，无论僧林俗界，人们无不想一睹他的风采，聆听他的开示，珍藏他的墨宝。这种情势，很难让他再像先前那样潜修寺院，遁迹山林，静心念佛行持。然而，他却责己殊深，甚至以“昏愦糊涂”“造恶”“堕落”自遣。他又说：

我的过失也太多了。可以说是从头至足，没有一处无过失，岂只谢绝宴会，就算了结吗？尤其是今年几个月之中，极力冒充善知识，实在是太为佛门丢脸。别人或者能够原谅我；但我对我自己绝对不能够原谅，断不能如此马马虎虎的过去。所以，我近来对人讲话的时候，绝不顾惜情面。决定赶快料理没有了结的事情，将“法师”、“老法师”、“律师”等名目，一概取消；将“学人侍者”等，一概辞谢。孑然一身，遂我初服。这个——或者亦是我一生的大结束了！

啊！再过一个多月，我的年纪要到六十了。像我出家以来，既然是无惭无愧，埋头造恶，所以到现在，所做的事大半支离破碎，不能圆满。这个也是份所当然。只有对于养正院诸位同学，相处四年之久，有点不能忘情。我很盼望养正院，从此以后能够复兴起来，为全国模范的僧学院。可是我的年纪老了，又没有道德学问，我以后对于养正院也只可说“爱莫能助”了。

啊，与诸位同学谈得时间也太久了，且用古人的诗来作临别赠言。诗云：

□□□□□□□

万事都从缺陷好；

吟到夕阳山外山，

古今谁免余情绕。[48]

弘一法师对自己的修行，作了无情的剖析和沉痛的检讨，以为正是因为自己的德行不足，才使所做的事不能圆满。当然，他并不刻意追求圆满，甚至不希望自己的事做得圆满，因为“万事都从缺陷好”；他只是通过反复的自省和不断的自责警策自己，刻苦行持，精进不懈。但是，弘一法师毕竟是年近六旬的老者了，夕阳虽好，总归是即将西沉的绚烂，当此之时，对这个世间的人与事，有所牵念，有所期待，甚至有一种依依不舍的眷恋，自古及今，又有几人能避开这种“余情”的纠结呢。这就是弘一法师了，一个出世的行者，一个曾经的才子，在弃绝俗世的同时，总免不了有那么一点“俗情”透进来，虽然是淡淡的，像洇蕴在白纸上的一滴水，看似不着痕迹，其实是被润泽过了的，透着一种洁净的真。

四、黄花晚节

1937 年，弘一法师已 58 岁了，病弱的身体虽使他感到了一种拖累，但他仍然不想停下云游的脚步。此时，曾给予他很多帮助与关照的长老性愿法师，以及佛教界名宿会泉法师，准备赴菲律宾弘法传教；一直跟随他研律的广洽法师，也有意南下新加坡。于是，弘一法师又一次产生了前往南洋的冲动。他致信高文显说：“余需用英语分类会话一册，仁者如有，乞以惠施；否则乞为购之，以小册者为宜也。”[49]弘一法师打算由新加坡再转泰国，去教化那里的岛民，温习英语，正是为他出国做准备。只是因为战事临近，路途阻隔，青岛湛山寺又请他去那边讲律，南洋之行遂再次搁置。

在佛教养正院的演讲活动告一段落，弘一法师拟移居万石岩寺，他在《佛教公论》杂志上刊登启事，说自己因旧病复作，精神衰弱，颓唐不支，拟即移居他寺，习静养病，谢绝访问与通信。

四月初，厦门市政府议定，将于五月下旬在中山公园举行全市第一届运动会，并拟请弘一法师编写大会会歌。按照佛制的规定，弘一法师是不方便参与这样纯粹世俗的活动的，况且他此时正在习静养病，然而接到市府的函请之后，他竟然爽快地答应了。这或许是因为他想到了年初街头吹奏日本国歌的情景；或许是想到大敌当前，应该利用这一机会，激发起国民的爱国热情，总之，他很快就完成了会歌的词曲。歌词是：

禾山苍苍，鹭水荡荡，国旗遍飘扬。健儿身手，各献所长，大家图自强。你看那，外来敌，多么猖狷！请大家想想，请大家想想，切莫再彷徨。请大家，在领袖领导之下，把国事担当。到那时，饮黄龙，为民族争光；到那时，饮黄龙，为民族争光！

又过了几天，青岛湛山寺梦参书记带着倓虚老法师的亲笔信，专程赶到万石岩，礼请弘一法师到湛山寺结夏讲律。倓虚法师（1875—1963），俗名王福廷，天津北塘人。他出身寒苦，少年时广泛涉猎医卜星相等杂学，后来游荡江湖，曾先后信奉过道教和基督教，43 岁时由天津清修院住持清池引荐，遁入佛门，后经谛闲法师亲授，成为天台宗嫡系传人。倓虚自入佛门，以“讲经弘法，建寺安僧”为职志，先后在华北、东北、西北、华南等地兴办僧学，是近代杰出的佛教教育家。作为湛山寺的开山方丈，倓虚法师虽以天台为宗，却从不自设藩篱，而是大开山门，广延四方高僧来寺轮流讲学。他与弘一法师，同为籍出津门的两大高僧，二人虽不曾谋面，却早就相互心仪。今番倓虚郑重礼请，弘一法师自然也乐意应命了。

倓虚大师法像

5 月 14 日，弘一法师带着弟子传贯、仁开、圆拙登上轮船前往上海。他的行李还是一如往常的简单，只是一条被单，一顶帐子，三两件几经修补的衣服，和几本重要的律学书籍。他是不肯租房舱的，会泉老和尚恐怕统舱太苦，暗中替他定了一间房舱，好让他少一点路途的劳苦。

3天后，船到上海，老友叶恭绰设宴款待。叶恭绰是倡议兴建湛山寺的佛教界人士之一，与倓虚相熟，便致电湛山寺，说弘一法师某日乘某船抵达青岛，请准备迎接，以尽地主之谊。

5月20日上午9点多钟，船抵青岛码头。倓虚法师早已带着一群法师居士们在此迎候。寺中其他僧众，亦披衣持具分列在山门两旁，肃立恭候。

在这个虔诚的欢迎队伍里，有一位名叫火头僧（法名隆安）的青年僧侣，他日后在《弘一法师在湛山》一文里，详细记述了弘一法师的这次湛山之行。他写道：

> 不大工夫，飞驰般的几辆汽车，呜都的开到近前；车住了，车门开处，首先下来的，是满面笑容的倓虚老法师，接着下来的，是一位面孔生疏的僧人，大家的目光一齐聚焦到他的身上。只见那人“细长的身材，穿着身半旧的夏布衣裤，外罩夏布海青，脚是光着，只穿着草鞋，虽然这时天气还很冷，但他并无一点畏寒的样子。他苍白而瘦长的面部，虽然两颊颏下满生着短须，但掩不住他那清秀神气和慈悲和蔼的幽雅姿态。他，我们虽然没有见过，但无疑地就是大名鼎鼎誉

弘一法师去青岛湛山寺时与送行者合影

满中外，我们所最敬仰和要欢迎的弘一法师了。

他老很客气很安详，不肯先走，满面带着笑和倓虚法师谦让，结果还是他老先走。这时我们大众由倓虚法师的一声招呼，便一齐向他问讯合掌致敬。他老在急忙带笑还礼的当儿，便步履轻快地同着倓老走过去。这时我们大众同着众多男女居士，也蜂拥般集中在客堂的阶下，来向他老行欢迎式的最敬礼（顶礼），他老仍是很客气的急忙还礼，口里连说着："不敢当，不敢当，哈哈，劳动你们诸位。"

他们携带的衣单也显得很多，柳条箱、木桶、铺盖卷、网篮、提箱，还有条装着小半下东西拿麻绳扎着口的破旧麻袋，一个尺来见方叩盒式的旧竹篓，许多件杂在一起，在客堂门口堆起一大堆。这时我问梦参法师："哪件是弘老的衣单？"他指指那条旧麻袋和那小竹篓，笑着说："那就是，其余全是别人的。"我很诧异，怎么凭他鼎鼎大名的一代法师——也可以说一代祖师——他的衣单怎会这样简单朴素呢？噢，我明白了，他所以能鼎鼎大名到处有人恭敬的原因，大概也就在此吧！不，也得算原因之一了。

弘一法师到湛山寺不几天，应僧众的要求，给大家开示，题目是"律己"。他对僧众们说："学戒律的须要'律己'，不要'律人'。有些人学了戒律，便拿来'律人'，这就错了。记得我年小时住在天津，整天指东画西净说人家的不对。那时我还有位老表哥，一天，他用手指指我说：'你先说说你自个。'这是句北方土话，意思就是'律己'啊。直到现在我还记得，真使我万分感激。大概喜欢'律人'的，总看着人家不对，看不见自己不对。北方还有句土话是：'老鸦飞到猪身上，只看见人家黑，不见自己黑，其实他俩是一样黑。'"还有一个问题，就是"息谤"。遭了别人的诽谤，怎么办呢？"曰：'无辩。'人要遭了谤，千万不要'辩'，因为你越辩，谤反弄得越深。譬如一张白纸，忽然误染了一滴墨水，这时你不要再动它了，它不会再向四周溅污。假使你立时想要它干净，一个劲地去揩拭，那么结果这墨水一定会展拓面积，接连沾污一大片的。"最后，他又回到"律己"的话题上，再一次强调"要律己""不要律人"这两条做人的原则，并且一连说了十几个"慎重""慎重""慎重又慎重"。[50]

5 月 23 日，弘一法师在湛山下院为诸居士讲三皈五戒；31 日开始接连三天在寺中讲《律学大意》；6 月 7 日开讲《随机羯磨》。《随机羯磨》是一部艰深难懂的律学典籍，由南山道宣律师去芜存菁细加订正。此书自唐宋以后，已无人阐扬讲说。在开讲的第一天，临下课时弘一法师说："我研究二十多年的戒律，这次开讲头一课，整整预备了七个小时。"上课时，他不坐讲堂正位，而是在讲堂一边，另设一个桌子，这大概是他自谦，觉得自己不堪为人作讲师吧。

为使大家更好地理解经文，弘一法师还自编了《随机羯磨随讲别录》作辅助，所以讲起来提纲挈领，一目了然，本来古奥难解的经句，听起来反倒不觉得吃力。他的讲解简洁明了，像唱戏道白一样，一句废话也没有。大概是因为体力不佳，他独自讲了十多天后，便由他的学生仁开代讲，遇到讲不通的地方，就找他解答，另外弘一法师给写讲义，《四分律含注戒本别录》就是这样写成的。听讲的人，是湛山寺全体一百多位法师。讲完《随机羯磨》后，又接着讲了《四分律》。自此之后，湛山寺常年轮讲这两部律学大著，并按照弘一法师所讲的律仪行持。再后，这套律仪又普及到和湛山寺关系密切的长春般若寺、哈尔滨极乐寺。

弘一法师在湛山期间，寺里考虑到他的身体，本想在生活上加以特殊关照，但因他持戒，也不便另备好菜饭。头一次给他弄了 4 个菜送到寮房，结果他一点没动。第二次又预备了次一点的，还是没动。第三次预备两个菜，还是不吃。末了盛了一碗大众菜，他问送菜的人，是不是大家也吃这个？如果是的话，他吃；不是，他还是不吃。因此寺里也无法厚待他。

关于弘一法师在湛山的一些生活细节，火头僧在《弘一法师在湛山》中有过生动的描述。他写道："一天，天气晴爽，同时也渐渐热起来了，他老双手托着那个叩盒式的小竹篓，很安详而敏捷地托到阳光地里打开来晒。我站在不远的一旁，细心去瞧，里头只有两双鞋，一双是半旧不堪的软帮黄鞋，一双是补了又补的白草鞋。我不禁想起古时有位一履三十载的高僧，现在正可以引来和他对比一下。

"有一天，时间是早斋后，阳光布满了大地，大海的水，平得像一面镜子，他老这时出了寮房踱到外头绕弯去了。我趁着机会偷偷溜到他老寮房里瞧了一下。啊，里头东西太简单了，桌子、书橱、床，全是常住预备的，桌上放着个很小的铜方墨盒，一支秃头笔，橱里有几本点过的经，几本稿子，床上有条灰被单，拿衣服折叠成的枕头，对面墙根立放着两双鞋——黄鞋、草鞋，——此外再没别物了；在房内只有清洁、沉寂，地板光滑，窗子玻璃明亮，——全是他老亲自收拾——使人感到一种不可言喻的清净和静肃。”

在湛山寺，弘一法师除为僧众讲律外，屏处一室，闭门谢客，不是静坐念佛，就是写经释律。六月间，驻守西安的朱子桥将军，因事乘飞机来青岛。朱将军久慕弘一法师的德望，只是没有见过面，听说弘一法师在此结夏讲律，便请倓虚引见。弘一法师亦知朱将军为人，况且在五磊寺办律学院时，还曾得到过他的慷慨资助，自然也乐意相见。于是，在一个傍晚，朱将军特地到湛山寺拜访。陪同前来的青岛市长沈鸿烈，也想借着朱子桥的介绍见一见。弘一法师却对朱子桥悄声说：“你就说我睡了。”

过了几日，沈鸿烈要在寺中请朱将军吃斋宴。朱将军提议：“可请弘老一块来，让他坐首席，我作配客。”沈市长很同意，立即叫人给弘一法师送去请柬。第二天临入席时，又派监院去请他。结果弘一法师人没有来，只带回一张纸条，上面写着这样四句偈语：“昨日曾将今日期，短榻危坐静思维。为僧只合居山谷，国士筵中甚不宜。”[51]

七月七日，卢沟桥事变爆发，日本全面侵华战争开始。报上有消息说，青岛作为军事重地，已成为战争的焦点，形势十分危急。有钱人纷纷南下，船票抢购一空。弘一法师在家弟子蔡丏因，很为他的安全担心，急忙去信请他提早南来，说上海有安静地方，可以暂住。但他却回信说：“朽人前已决定中秋节后他往，今若因难离去，将受极大之讥嫌。故虽青岛有大战争，亦不愿退避也。”[52]

旧历七月十三日，是弘一法师出家整 20 年。面对日寇的大举侵华，战争不断升级的严峻局面，弘一法师手书“殉教”横幅，以明心志。他在题记中写道：“曩居南闽净峰，不避乡匪之难；今居东齐湛山，复值倭寇之警。为护佛门而舍身命，大义所在，何可辞耶？”[53]

中秋节前几日，弘一法师向倓虚法师告假，说中秋节后就回南方过冬。湛山寺本来预备留他久住，连过冬的衣服也给他准备了。倓虚知道他的脾气，向来不徇人情，他要走，谁也挽留不住。弘一法师从口袋里掏出一张纸条，递给倓虚。上面列着他离别时的五点要求：第一，不许预备盘川钱；

第二，不许备斋饯行；第三，不许派人去送；第四，不许规定或询问何时再来；第五，不许走后彼此再通信。倓虚知道拗不过他，便都答应了。

临走前几天，弘一法师为寺中每人写了一幅“以戒为师”的小中堂，作为留念；另外还有好多求字的，他也都一一满足。书写的词句，都是华严经集句或蕅益大师的警训，足有好几百份。

弘一法师终于要走了，临行时，大家请他作最后开示。他说：“这次我去了，恐怕再也不能来了。现在我给诸位说几句最恳切、最能了生死的话——”，说到这里，他沉默半晌，忽然大声说道：“就是一句‘南—无—阿—弥—陀—佛’！”

弘一法师去后，倓虚到他住过的寮房看了看，只见屋子里的东西归置得井然有序，里外打扫得干干净净。桌上一个铜香炉里，正燃着三炷长香。倓虚嗅闻着余留的馨香，在屋子里徘徊良久，想到古今大德高贤，顿然觉得整个屋子里，都充满着幽远静穆的清气。

九月中旬，弘一法师到达上海。此时淞沪会战正酣，日军疯狂向上海市区进攻，炮火连天，弹飞如雨。在弘一法师离开青岛之前，夏丏尊曾去信告诉他，最好不要来沪，暂住青岛为宜。但弘一法师还是来了上海。

弘一法师在上海落脚的情况，夏丏尊有过详细的记述：他在新北门广东泰安旅馆住下后，“打电话到开明书店找我，我不在店，雪邨先生代我去看他。据说，他向章（雪邨）先生详问我的一切，逃难的情形，儿女的情形，事业和财产的情形，什么都问到。章先生逐项报告他，他听到一项就念一句佛。我赶去看他已在夜间，他却没有详细问什么。几年不见，彼此都觉得老了。他见我有愁苦的神情，笑对我说道：‘世间一切，本来都是假的，不可认真。前回我不是替你写过一幅金刚经的四句偈了吗？“一切有为法，如梦幻泡影，如露亦如电，应作如是观”——你现在正可觉悟这真理了。’他说三天后有船开厦门，在上海可住二日。第二天又去看他，那旅馆是一面靠近民国路，一面靠近外滩的。日本飞机正狂炸浦东和南市一带，在房间里坐着，每几分钟就要受震惊一次。我有些挡不住，他却镇静如常，只微动着嘴唇。这一定又在念佛了。和几位朋友拉他同到觉林蔬食处午餐，之后要求他到附近照相馆留一摄影”[54]。

两天后，弘一法师偕传贯、圆拙等启程赴厦门，夏丏尊、蔡丏因到码头送行。大家心里清楚，当此战乱之时，今番一别，不知何时能再相聚。蔡丏因问他什么时候再来上海。弘一法师说："朽人已年近六十，假如有缘，当重来沪上和大家相见，顺便也到白马湖晚晴山房小住一回。不过，这种事是要看机缘的，也说不定就在西方相见了！"

没想到，弘一法师一语成谶，这一别，竟成了他与上海友生们的永诀。

弘一法师回到厦门，不想这边的局势也十分紧张。各方劝他到内地暂避。他坚辞不去，并说："朽人为护法故，不避炮弹，誓与厦市共存亡……吾人一生之中，晚节为最要，愿与仁者共勉之。"[55]为表明决心，他还题其居室为"殉教堂"。在给蔡丏因的信中还说："时事未平靖前，仍居厦门。倘值变乱，愿以身殉。古人诗云：'莫嫌老圃秋容淡，犹有黄花晚节香。'"[56]表现出一位佛门高僧的气节和人格。

1938年春节前后，弘一法师先后在晋江草庵、泉州承天寺和开元寺等处，为僧人和大众讲演《华严行愿品》、《心经》和《华严大意》，并劝说僧众，发心诵念行愿品十万遍，以此回向国难消除，民众安乐。

1938年，弘一法师59岁了，由于诸病缠身，他的身体日渐衰弱，人看上去苍白、瘦削，越发显得苍老。厦门沦陷时，弘一法师正在漳州弘法。丰子恺担心老师的安危，从他避难的桂林来信，希望法师能到内地去，由他供养。弘一法师深为子恺的一片虔诚感动，回信说："朽人年来老态日增，不久即往极乐。故于今春在泉州及惠安尽力弘法，近在漳州亦尔。犹如夕阳，殷红绚彩，瞬即西沉。吾生亦尔，世寿将尽，聊作最后之纪念耳……缘是不克他往，谨谢厚谊。"[57]这些话似乎并无感伤之气，而是在筹划着怎样在自己最后远行之前，多做一点事情。

这年春夏间，弘一法师忽然一反常态，开始起劲地讲经。他游走于泉州、惠安、漳州等地，四处讲演、写字，广结法缘，甚至居然肯赴几回宴。仅在春间不足两个月的时间里，他就为养老院、救济院、慈儿院、学校等讲演十余次，证授三皈依者近百人，书写字幅近千件。是秋，又从漳州至泉州安海，10月6、7、8三日，在安海金墩宗祠讲演佛法。安海弘法一月，法缘奇胜，所作演讲集为《安海法音录》一册。

弘一法师高调讲经的举动，使许多人觉得奇怪。15岁的私淑弟子李芳远，在来信中坦直而诚恳地说：法师啊！从最近报上，看到您的弘法活动，觉得这简直太不像您了。经常地赴宴，接受人们的邀请，不是违背法师的本意吗？请您不要这样了，赶快闭关用功吧！再这样，我真为您老人家心急啊！而且您的身体，也经不住这样摧残呀。弘一法师回信说：“惠书诵悉。不久即拟往草庵静养，谢绝一切诸事……今年所以往闽南各地弘法者，因余居闽南十年，受当地人士种种优遇。今余年老力衰，不久即可谢世。故于今年往各地弘法，以报答闽南人士之护法厚恩耳。现在弘法已毕，即拟休养，故往草庵。明年将往惠安，闭门谢客，以终其天年耳。”[58]尽管事出有因，但他还是在《最后之□□》的演讲中作了痛彻的忏悔。他说：

到了今年（1938年—引者注），比去年更不像样子了。自从正月二十到泉州，这两个月之中，弄得不知所云。不只我自己看不过去，就是我的朋友也说我：以前如闲云野鹤，独往独来，随意栖止，何以近来竟大改常度？到处演讲，常常见客，时时宴会，简直变成一个“应酬的和尚”了——这是我的朋友所讲的。啊，“应酬的和尚”——这五个字，我想我自己近来，倒很有几分相像。

如是在泉州住了两个月。以后又到惠安，到厦门到漳州，都是继续前稿：除了利养还是名闻；除了名闻还是利养。日常生活总不在名闻利养之外。虽在瑞竹岩住了两个月，稍少闲静，但是不久又到祈保亭，冒充善知识，受了许多的善男信女的礼拜供养，可以说是惭愧已极了！

九月又到安海，住了一个月，十分的热闹。近来再到泉州，虽然时常起一种恐惧厌离的心，但是仍不免向这一条名闻利养的路上前进。可是，近来也有一件可庆幸的事，因为我近来得到永春十五岁小孩子的一封信，他劝我：以后不可常常宴会，要养静用功。信中又说起他近来的生活，如吟诗，赏月，看花，静坐等洋洋千言的一封信。

啊！他是一个十五岁的小孩子，竟有如此高尚的思想，正当的见解。我看到他这一封信，真是惭愧万分了。我自从得到他的信以后，就以十分坚决的心谢绝宴会。虽然得罪了别人，也不管他。这个也可算是近来一件可庆幸的事了。[59]

转年春天，弘一法师决意结束所谓名闻利养的生活，谢绝一切外缘，到泉州西北部的永春山中闭关著述。

永春县蓬壶山中，有古名刹普济寺，民国以来，日渐衰败。当地人林奉若深为忧虑，却又自知性情孤介，拙于应酬，不擅管理之道，便请闽南大德性愿法师前来住持，讲经说法，重燃香火，而自己则于山顶旷地，筑茅棚数间，隐居奉佛。不久，性愿法师应菲律宾之请远赴海外，便请弘一法师来普济寺驻锡，以树僧范，继香火。弘一法师喜蓬壶地僻，宜于避嚣习静，便杖锡百里前来。林奉若遂将茅棚小屋让给弘一法师，并主动承担了他的饮食起居。

从此，弘一法师便在茅棚小屋住了下来，一待就是572日，直到1940年10月才移居别处。这是他入闽以来，连续驻锡一寺时间最长的一次。在这一年多的时间里，弘一法师潜心著述，先后完成了《南山律在家备览略编》《华严经疏科分》《盗戒释相概略问答》《药师如来法门一斑》《修净业宜诵地藏经为助行》《护生画续集》等多种著作。同时还于6月20日，在茅棚小屋掩关习静，为期一年。掩关期间，凡一般函件，一概原封退回；重要函件，则由性常法师代拆代回。

九月二十日，是弘一法师60岁生辰，各方道友为募印手书《金刚经》及《九华垂迹图赞》，并征集诗词以为他祝寿。澳门《觉音》月刊、上海《佛学》半月刊等佛教刊物，均出《弘一法师六秩纪念专刊》祝贺。丰子恺绘制的60幅护生画，也于十月间寄到。同时，丰子恺还表示，要发愿画一千尊佛像送人结缘，以此来祝贺老师60寿诞。弘一法师对山外的这些祝贺纪念之类的事情，并不完全知道，他依然端坐于茅棚小屋中著律静修，心如止水。他自庆周甲之寿的方式，便是在寺中精舍墙壁上，题写“闭门思过，依教观心”八个大字，以自勖励。

入冬之后，弘一法师居住的山顶小屋格外寒冷。他一向畏寒，又老迈体弱，再加上原就有胃病、肺病，因此常常咳嗽、发低烧。林奉若见他病体羸弱，总是变着法地精心调理他的饮食。弘一法师便给他写信，特别叮嘱饮食当以廉价而卫生最为合宜，万不可靡费。信中写道：

奉若居士澄览：关于食物之事，略陈拙见如下，乞为转陈执务者为感。依律，食物亦名曰药。以其能调和四大，令获康健，俾能精进办道。但贪嗜甘美之物，律所深呵。常食昂价之品，尤为失福。故以廉价而适于卫生之物，最为合宜也。

豆类，含有蛋白质，为最重要之滋养品。但亦不能多食……

蔬菜之类，且就本寺现有者言之。菠薐菜（即菠菜—引者注），为菜中之王，含有铁质及四种维他命，为滋养最良之品。

白萝卜，亦甚能滋补，红萝卜亦然。

白菜，亦甚佳。若芥菜，雪里蕻，则性稍燥，不可常食。

花生，含有油质，食之有益（但不可多食）……

近来本寺送于朽人之菜食，其中豆类太多，蔬菜太少，未能调和。故陈拙见，以备采择。

再者，前朽人云不愿食菜心及冬笋者，因其价昂而不食，非因齿力不足也。[60]

作为曾经的富家公子，虽不说锦衣玉食，但毕竟是有些讲究的。而今的弘一法师，却把白菜萝卜，豆类花生，视为滋养佳品，这除了让人钦服其节俭与行持的功夫外，不免生出几分酸涩的滋味。

1940年10月，弘一法师结束了在蓬壶的山居，移锡南安洪濑镇灵应寺。他先前在泉州慈儿院教过的学生慧田（法名传如），住在离寺不远的云水洞开荒种地，过着亦僧亦农的世外生活，听说弘一法师来了，就跑到灵应寺拜见。慧田原本想请法师到云水洞去住，但又觉得自己的茅屋太简陋，便改口邀请他去游玩。谁知弘一法师对这位种田小和尚的生活竟然发生了兴趣，问他住的地方到底是出家人的地方，还是农家人的地方，有几个人同住等等，并答应过几天去看看。

不久，弘一法师果然来到云水洞。慧田欣喜若狂，立即为法师张罗住处。这里的确太简陋了，除了几间茅舍和日用必需的锅碗瓢盆之外，几乎没有别的东西了。慧田只好把自己由两扇门板搭成的床让给弘一法师，自己则在旁边搭了个地铺。慧田很是过意不去，觉得这实在是委屈了他老人家。而弘一法师见了，却是满心欢喜，不住地说很好很好。他对慧田说："我们出家人，用的东西都是十方施主的，什么东西都要节俭爱惜。住的地方只要空气干净就好，用的东西只要可以用，不必什么精巧华丽。贵族化的精巧华丽，我们出家人是不应该有的，不然，要受人家批评。我住的地方也只求简洁清净而已，用不着高楼大厦。像这样的房子，我们是住得惯的。”听了法师的话，慧田的心中稍感安慰。他想，这也许是法师对我的训诲吧。

弘一法师住下之后，很快喜欢上这里的山居情调：简单、清净，没有繁杂，更没有喧嚣，有的只是阳光、空气，田地里的泥土和泥土里的庄稼。每天早课之后，弘一法师便到茅舍外的田地里，捡拾遗漏的萝卜、地瓜，还顺带拾一些枯柴回来。他把捡回来的半截萝卜洗净，沾盐当菜，吃得津津有味。慧田暗暗叮嘱两个帮工，收割的时候千万别再遗落什么了，要不然让法师捡回来当菜吃，是叫人惭愧的。

这样的生活，弘一法师是真心喜欢的。尽管它简单到简陋，清净到单调，但它是原汁原味的真纯生活，它本来就应该属于隐者和佛家。弘一法师在这里一住便过了旧历新年。

1941 年 4 月，弘一法师移居晋江檀林乡福林寺闭关。此时，战争正处于胶着状态，晋江沿海的村落，时时遭到日本军舰的炮击。泉州开元寺的住持，一直惦记着弘一法师的安危，便于十月初派传贯法师前来探视。传贯来时，特意带了一束红色的菊花。弘一法师深为感动，随即作《红菊花偈》一首：

亭亭菊一枝，高标矗晚节。云何色殷红？殉教应流血。[61]

在这种战争局面下，弘一法师再一次表达了他为护国、护教，不惜身命的决心。

仲冬，弘一法师受到泉州佛教界的虔诚礼请，再赴泉州。他先在百原寺小住，然后移居开元寺。是时，泉州食物短缺，开元寺几至断粮。上海刘传声居士，得悉闽南丛林缺粮，担心弘一法师道粮不足，便请人带了一千元法币，交由广义法师转呈。弘一法师坚辞不受。他说：“吾自民国七年出家，一向不受人施。即挚友及信心弟子供养净资，亦悉付印书，分毫不收。素不管钱，亦不收钱，汝当璧还。”

广义说：“上海交通断绝，恐怕难以寄还。”

“开元寺因太平洋战事，经济来源告绝，僧多粥少，道粮奇缺，你把这笔钱拿给寺里救济，由他们去信向刘居士鸣谢吧。”弘一法师吩咐完此事，又说：“民国二十年间，挚友夏丏尊居士，赠余美国真白金水晶眼镜一架，因太漂亮，余不戴。今亦送开元寺常住变卖为斋粮。”[62]

这副眼镜，价值五百多元，后由开元寺公开拍卖，所得款项，用来购买斋粮。

年底，大开元寺结七念佛，弘一法师为书“念佛不忘救国，救国必须念佛”警语，以鞭策自己，激励僧众。题记中说：“佛者，觉也。觉了真理，乃能誓舍身命，牺牲一切，勇猛精进，救护国家。是故救国必须念佛。”[63]

弘一法师这次来泉州，不免受到各界的热情欢迎。远在永春的李芳远听说了，又写信来劝他顾惜自己的法体与德行，远离名闻利养的骚扰，息心摒去外缘，一心念佛，以了生死。弘一法师给这位少年弟子回信说：惠书忻悉。朽人此次居泉两旬，日坠于名闻利养陷阱中，至用惭惶。明午即归茀林（福林寺），闭门静修。

过了 1942 年春节，又于福林寺写信给李芳远：

> 惠书诵悉。诸承关念，并示箴规，感谢无尽。此次朽人至泉城，虽不免名闻利养之嫌，但较三四年前则稍减轻。此次至泉，未演讲，未赴斋会。仅有请便饭者三处，往之。惟以见客、写字为繁忙耳。夫见客、写字，虽是弘扬佛法，但在朽人，则道德学问皆无所成就，殊觉惶惭不安。自今以后，拟退而修德，谢绝诸务……以后，倘有他人询问朽人近状者，乞以“闭门思过，念佛待死”八字答之可耳。[64]

而就在写这封信之前几天，即正月初一这天，弘一法师在福林寺试笔，并亲书蕅益大师警训偈句以自勉。偈曰：

> 以冰雪之操自励，则品日清高；以穹窿之量容人，则德日广大；以切磋之谊取友，则学问日精；以慎重之行利生，则道风日远。

五、悲欣交集

1942 年，弘一法师已经 63 岁，他依稀觉得自己剩下的时日不多了。

还是在去年的时候，弘一法师的方外小友黄福海问他：“法师，您虽是出了家，不再愿意谈艺术，但在我的心目中，老是认定您是一位老艺术家。我的看法，您以为怎样?”

“不敢当。”弘一法师很客气地应了一声。

“我始终从艺术观点来瞻仰法师。您在所著《佛法十疑略释》一书中，论及佛法非迷信、非宗教、非哲学等等，唯独未说到佛法非艺术。我可不可以这样说：佛门中的生活，就是艺术的生活呢?”黄福海又问道。

“各人的观点不同，也可以这么说吧。”弘一法师点点头说。[65]

这是一段颇有意味的对话。人们愿意把弘一法师的一生分为两截：前半生无疑是致力于文化艺术的创造与拓荒；后半生则以精严的行持和勤勉的著述，阐扬佛法，树立僧范，求证生命的正果。然而出家后的弘一法师，并没有“诸艺皆废，惟书法不辍”，而是诸艺未废，随缘而行。他不仅继续以各种艺术形式与人结缘，甚至把苦行也当做体验生命的行为艺术，从苦难里寻找生存的欢欣，领悟生命的真谛。他集诗人的气质、艺术家的才华和云游僧的潇洒于一身，将刻板的持守与智慧的通达相互融通。如是说来，他的佛门生活，无疑就是艺术的生活了。

就在这次对话之前不久，黄福海从石狮过来看弘一法师。远远地见他左手持一本经卷，面向东边的水塘，凭栏远望。他转首见黄福海来了，就将其引至客厅，问过了近况，又问来石狮的原委以及离开江苏老家的时间。随后两个人默默地对坐，良久无语。黄福海耐不住这样的静默，起身告辞。不想，过了几天，突然收到弘一法师遣人送来的一幅中堂，上面写着法师一向喜爱的晚唐诗人韩偓的两首绝句。前一首为七绝《曲江秋日》：

炊烟缕缕鹭鸶栖，藕叶枯香插野泥。

有个高僧入图画，把经吟立水塘西。

后一首为五绝《与僧》：

江海扁舟客，云山一衲僧。

相逢两无语，若个是南能。

这前一首诗，几乎就是见面那天弘一法师的写影，诗中那个充满诗情画意的高僧，大概也是法师心向往之的吧。而后一首，则恰似二人对坐时的场景。诗中的“南能”，是“南能北秀”之意，即指南宗的六祖慧能和北宗的神秀，二人都是在中国历史上有重大影响的佛教高僧。弘一法师自出家那天起，就立下不当住持、不为他人剃度、不作依止师的誓愿，决心做一个名副其实的僧人，这是他发自内心深处的愿望，也是对自己佛门修行的一份期许。那么，他心中的僧人应该是怎样的呢？不妨透过这两首诗来揣摩一下：他应该有诗的风骨，画的神韵，以及六祖惠能那样的德行。或者干脆说：他应该就是那个在寒风瑟瑟而又不无诗意的风景里，把经吟立的风神潇洒的高僧。如果以这样的形象，来为弘一法师的后半生写像，庶几有几分相似吧。

不管怎样，弘一法师已临近了他生命的尽头；他想做的，能做的，也都行将画上最后的句号。剩下的，就是在绚烂西沉的瞬间，徐徐合上庄严的生命大幕。

三月间，惠安县长石有纪请弘一法师到境内的灵瑞山讲经。他与这位旧日的学生约法三章：一、君子之交，其淡如水；二、不迎不送，不请斋；三、过城时不停留，迳赴灵瑞山。在惠安讲经一月，他再次回到泉州百原寺小住。

不久，又应泉州开元慈儿院院长叶青眼之请，移居温陵养老院，住进晚晴室。陪同前来的觉圆法师、龚天发（传贯法师俗家外甥），及最后一任侍侣妙莲法师，住华珍室 123 号房。

弘一法师住进晚晴室后，即行闭关，谢绝接见和说法讲经的约请，文字来往也少之又少。五月，胜闻居士请写遗训，弘一法师书《论语》一章并题记相赠：

> 壬午初夏，衰老益甚，将遁世埋名，求早生极乐。胜闻居士属写遗训。余行疏学浅，何敢妄谈玄妙？谨录余生平不敢忘怀《论语》一章，以酬胜属。
>
> “曾子有疾，召门弟子曰：‘启予足，启予手。’诗云：‘战战兢兢，如临深渊，如履薄冰。而今而后，吾知勉夫，小子。’”是为予生平得力处，愿共勉焉。晚晴。[66]

弘一法师所录文字出自《论语·泰伯篇》，意思是：曾子得了重病，召集他的弟子们来，说：“掀开被子看看我的脚和手有无毁伤。《诗经》中说：‘战战兢兢，如临深渊，如履薄冰。’从今以后，我知道我的身体会免于毁伤了。弟子们!”所谓“战战兢兢”，就是要常怀戒惧之心。在法师早年辑录的《格言别录》中，也收有类似的格言。比如“只是常有惧心，退一步做，见益而思损，持满而思溢，则免于祸”。“殃咎之来，未有不始于快心者。故君子得意而忧，逢喜而惧。”“盛者衰之始，福者祸之基。”法师引录《论语》中的这段话，是在告诫自己，也是在开示弟子，要常怀敬畏戒惧之心，努力修身养性，不断完善自己的人格。

同月，郭沫若自重庆写信致李芳远，请代求弘一法师墨宝。法师为书《寒山诗》：“我心似明月，碧潭澄皎洁。无物堪比伦，教我如何说?”上款署“沫若居士澄览”，托芳远转奉郭沫若。郭沫若在回复李芳远的信中称弘一法师为“澄览大师”，并说：“澄览大师言甚是：文事要在乎人，有旧学根底固佳；然仅有此而无人的修养，终不得事也。古人云：‘士先器识而后文艺’，殆见道之言耳。”[67]

弘一法师似乎预感到自己行将归西，开始默默地料理着剩下的事情。他先是致书黄福海，说自己“近将远行”，所赠纸张，尚有剩余，以此书印光法师嘉言十数则送你，余下的纸张，请“惠施与余，不再偿还”。“希居士愍察，勿责备焉。”

又致书弟子龚天发（胜信），作“最后之训言”：

胜信居士，与朽人同住一载。窃谓居士曾受不邪淫、不饮酒戒，今后当尽力护持。若犯此戒，非余之弟子也。余将西归矣，书此以为最后之训。[68]

李芳远一直与弘一法师书信往还不断，在上一封来信中，芳远引了唐诗人韦应物的一句诗，借以表达对法师的思念与渴慕。此时此刻，弘一法师也惦记着这位忘年小友，他在复信中写道：

见来书有唐人诗“西楼望月几回圆”句，知近境大进。音婴年亦喜此诗，今老矣，尚复如是。所恨蹉跎岁月，无所成就，愧见故人耳。仁者春秋正富，而又聪明过人，望自此起，多种善根，精勤修持，当来为人类导师，圆成朽人遗愿。[69]

弘一法师自出家之后，持过午不食戒甚严，因此特撰写《持非时食戒者应注意日中之时》一文，他通过严密的考证，对“过午不食”的时间作了严格的界定。之前，还应邀为福州怡山长庆寺润色并手书《修放生园池记》。其间，王梦惺汇寄旅费，请弘一法师到永春弘法。法师以老病日增谢绝，并将所寄旅费璧还。

旧历七月二十一日，完成《剃头仪式》抄本的删订，并召集僧侣，以养老院过化亭为戒坛，依据书中的程式演练剃度仪式。此书自宋灵芝律师后，已失传七八百年，弘一法师将其重加删订整理，以广承传。

旧历八月十五、十六两天，在开元寺尊胜院将《八大人觉经》，由广义法师转译为闽南语。这是弘一法师平生最后一次演讲，“精神虽然兴奋，然声音语气已微带黯然神伤之意”。

23 日，应请为转道、转逢两位法师书写大柱联，下午即开始发低烧。

第二天起，食量减少，但仍连续三天坚持为晋江中学学生写中堂百余幅。26 日食量大减，仍写字不辍。

27 日整天断食，只饮开水，拒绝服药。众人得知弘一法师病重，但又弄不清是什么病，都很着急。有位罗元庆居士，猜测法师可能得了疟疾，便买了 12 粒奎宁丸交给黄福海。黄福海又估摸着另买了几种药，急急火火地送到温陵养老院。弘一法师收下了别的药，唯独不收奎宁丸。他说：

“这药目下很贵的，我不是疟疾，请带还罗居士转施他人。”

“既然罗居士已经让我送来了，还是请大师收下吧！”黄福海恳求道。

弘一法师只好收下 6 粒。过了两天，便托人将这 6 粒奎宁丸送给了承天寺里一个正患疟疾的小和尚。

28 日下午 5 时，弘一法师在一个旧信封上写下遗嘱：

余于未命终前、临命终时、既命终后，皆托妙莲师一人负责，他人无论何人，皆不得干预。国历十月七日弘一。[70]

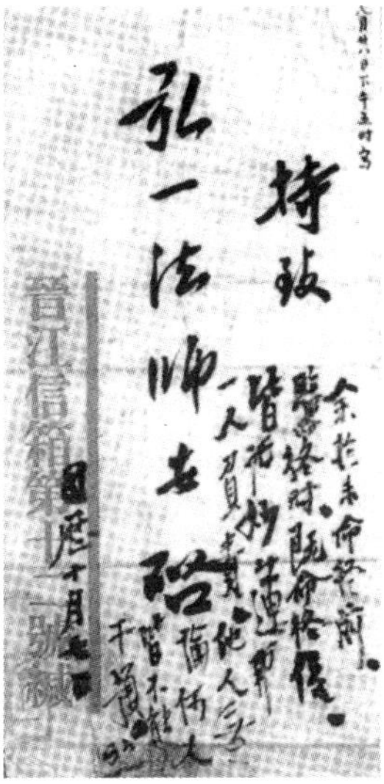

弘一法师遗嘱

遗嘱写好后，盖上私章，交给妙莲法师保存。末了，又叮嘱谢绝一切吊问。

29 日，又将妙莲法师叫到跟前，嘱托临终助念及焚化的具体事宜：

一、在已停止说话及呼吸短促、或神智昏迷之时，即须预备助念应需之物。

二、当助念之时，须先附耳通知云：“我来助念”，然后助念，如未吉祥卧者，待改正吉祥卧后，再行助念。助念时诵《普贤行愿品赞》，乃至“所有十方世界中”等正文，末后再念“南无阿弥陀佛”十声。（不敲木鱼，大声缓念）。再唱回向偈：“愿生西方净土中”，乃至“普利一切诸含识”。当在此诵经之际，若见余眼中流泪，此乃“悲欢交集”所感，非是他故，不可误会。

三、察窗门有未关妥者，关妥锁起。

四、入龛时如天气热者，待半日后即装龛，凉则可待二三日装龛。不必穿好衣服，只穿旧短裤，以遮下根即已。龛用养老院的，送承天寺焚化。

五、待七日后再封龛门，然后焚化。遗骸分为两坛，一送承天寺普同塔，一送开元寺普同塔。在未装龛以前，不须移动，仍随旧安卧床上。如已装入龛，即须移居承天寺。去时将常用之小碗四个带去，填龛四脚，盛满以水，以免蚂蚁嗅味走上，致焚化时损害蚂蚁生命，应须谨慎。再则，既送化身窑后，汝须逐日将填龛脚小碗之水加满，为恐水干去，又引起蚂蚁嗅味上来故。[71]

30日，整天不开口，独自默念佛号。

旧历九月一日上午，黄福海居士前来探视，弘一法师强支病体，勉力起身，为黄福海题写留言。留言的内容是蕅益大师的警训。为示郑重，弘一法师还在几天前拟了一个草稿，此刻，他将草稿摊开在案头，毕恭毕敬地把大师的警训题写在纪念册上：“吾人日夜行往坐卧皆须至诚恭敬中华民国三十一年双十节大病中书勉福海贤首。”福海不忍过多打扰，拿了这幅墨宝，也是法师的最后教诲，依依而别，从此竟成永诀。

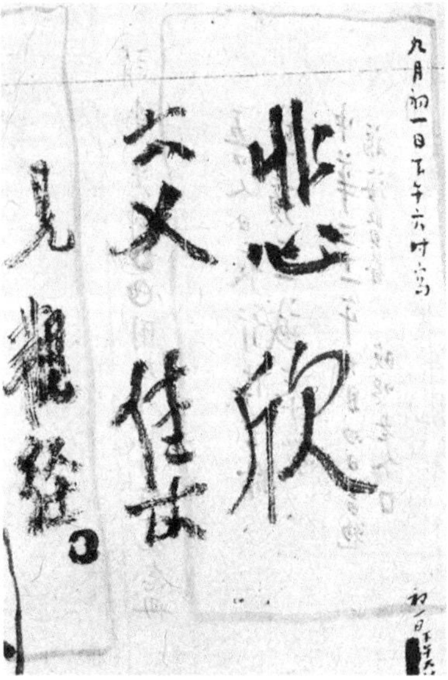

弘一法师绝笔

福海去后，弘一法师卧于榻上，微闭双目，不停地默念佛号，渐入禅定。下午6时许，法师自定中醒来，缓缓起身，在为福海题词留下的草稿背面，写下“悲欣交集”4个核桃大小的字，然后顺笔在左边注了“见观经”三字。此时笔枯墨尽，法师蘸了些墨，又在“经”字右下方画了个墨色饱满的圆圈，并在字幅右上角天头处题“九月一日下午6

时写”。字幅的右下角还写有“初一日下午九时”字样，另有两字涂黑，辨不清模样，似乎他还有什么话要说，但思量再三，最后还是作罢。于是，他将写好的字幅交给侍者妙莲法师，这便是他留给世间的绝笔了。

弘一法师一生留下无数墨宝，而这幅功臻化境的命终绝笔，却让无数景仰者费尽思量和猜想——是当时心境的写照，还是对徒子信众的临终开示？是对人生的彻悟，还是终成正果的亦悲亦喜？——时至今日，依然是众说纷纭，莫衷一是，为他谜一般的一生平添了更多神秘色彩。本来，缁素之间，信仰有别，关切不同，对“悲欣交集”这 4 个字的理解，自然也就各有不同。叶圣陶对“欣”字的解释是：一辈子“好好地活”了，到如今“好好地死”了，欢喜满足，了无缺憾。[72] 至于“悲”字，叶先生没有说。台湾学者陈慧剑先生说：“‘悲欣交集’是弘公当时临终的情境，是一种念佛见佛，一悲一喜的心情境界。不见佛的人，便不知道念佛也会起悲心。”[73] 这话大有深意，只是让世俗中人更难参详。那么，佛家子弟对此又是如何参悟的呢？大空法师的解释是：“大师之所谓‘悲’者，悲众生之沉溺生死，悲娑婆之八苦交煎，悲世界之大劫未已，悲法门之戒乘俱衰，悲有情之愚慢而难化，悲佛恩之深重而广大，总之为慈愍众生而起之‘称性大悲’也。大师之所谓‘欣’者何，欲求极乐，欣得往生，欣见弥陀而圆成佛道，欣生净土而化度十方。”[74] 简言之，就是悲悯众生未脱苦海，欣幸自身修得正果。此说虽不违弘一法师的净行德操，也契合法师当时的心境，但未必完全参透法师的本意与初衷。

近些年来，人们通过对弘一法师绝笔原件影印版的研究，意识到要破解“悲欣交集”之奥义，须参照字幅提供的全部信息，尤其要从法师自注“见观经”3 字入手。据考证，佛经中与“观经”名近或略称“观经”者有十几部之多，但这些佛经中均无“悲欣交集”一语。故此，有研究者认为，弘一法师绝笔中“见观经”3 字，并非指点“悲欣交集”一语的出处，而是指陈他临终之前观想到的西方极乐世界里清净庄严的殊胜境界，即《观无量寿佛经》(简称《观经》) 中所呈现的类似于“悲欣交集”的情景。[75] 也就是说，弘一法师临终前心境所现与《观经》中的韦提希夫人相同——见佛闻法，顿证无生，又与《观经》所描述的极乐世界的诸种庄严胜妙景象一般无二。

弘一法师以此绝笔直陈生命最后的见道境界，殊胜瑞相，在悲悯众生沉沦生死之苦，欣喜自己离苦得乐的同时，为后来者破疑断惑去妄起信——佛不虚言，只要至诚恭敬地观想念佛，得念佛三昧，即可应时证悟，立现观经所描述的极乐世界之景象。总之，他以“见观经”3字直陈了花开见佛明心见性的殊胜，又以“悲欣交集”4字传达出自身修行的至高境界，并以此绝笔开示来者，早归净土，持名念佛，奉正法而出浊世。仔细参详，法师的这幅命终绝笔，称得上“是传法之灯，是指月之指；是转识成智，是无生法忍”，可谓“人书俱化，天机佛心”。[76]

初二日，弘一法师吩咐妙莲法师书写回向偈。

初三日上午，妙莲法师再请服药。弘一法师说：“吃药不如念佛”，并表示自己会乘愿再来，渡化众生。然后，又口授给温陵养老院的遗嘱，让妙莲法师记录，并负责转交养老院董事会。遗嘱如下：

一、请董事会修台（即指过化亭一部分破损应即修葺者）。

二、请董事会对老人开示净土法门。

三、请董事会议定：住院老人至八十岁，应举为名誉董事，不负责任。

四、请董事会审定湘籍老人，因已衰老，自己虽乐为助理治圃责任，应改为庶务，以减轻其负担。

做完这些事情之后，弘一法师随即取出手书《药师经》一部，及《格言别录》一部，郑重地交与妙莲法师供养。最后，又取出几封信，交给妙莲法师，说：“这是半月前写好的几封信，待我命终后填上日期，分别寄给夏丏尊、刘质平、丰子恺、性愿法师等几位。”

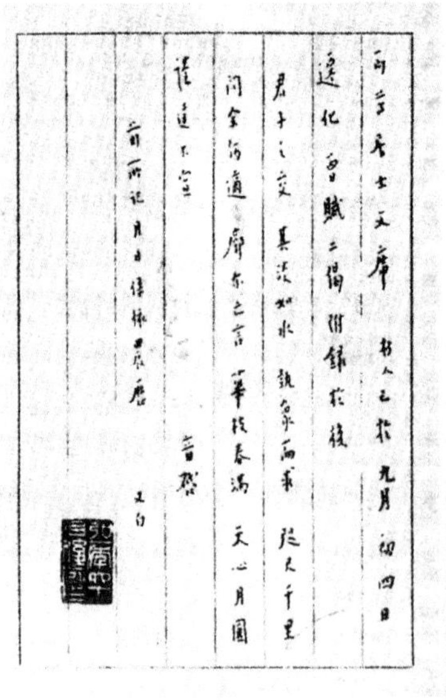
丏尊居士文席　朽人已於九月初四日迁化　曾赋二偈　附录於後
君子之交　其淡如水　执象而求　咫尺千里
问余何适　廓尔亡言　华枝春满　天心月圆
谨达不宣　音启
前所记月日系依农历　又白

弘一法师写付夏丏尊的《临终遗嘱》

妙莲法师接过一看，除起首语的名字和称谓不同，内容则完全一样。其中给夏丏尊的信是这样写的：

丏尊居士文席：

朽人已于月日迁化。曾赋二偈，

附录于后：“君子之交，其淡如水。执象而求，咫尺千里。问余何适，廓尔亡言。华枝春满，天心月圆。”

谨达，不宣。

前所记月日，系依农历。又白。

妙莲法师看罢书信，心如刀绞，一股热泪涌进眼窝。弘一法师语气平和地劝慰妙莲法师说：“朽人近年以来，精力衰颓，时有小疾，勉力维持到今日，得有机会做了些弘法之事。但此次真的要走了，我有预感。有些事已心有余而力不及，恐难圆满了。然，若欲圆满成就其业，必须早生极乐，见佛证果，回入娑婆，乃能为之。仁者不必悲伤。古德云：‘去去就来！’回入娑婆，指顾间事耳。各人精修净土，以往生极乐为第一标的，其他所有之事，皆在其次。时节一到，撒手便行，决不因尘世间事，乃至弘法等事业，而生丝毫顾惜之心。经云：‘人命在呼吸间’，固不能逆料未来之事也。余与仁者情谊深厚，于仁者又有殷切之期望，故敢作最后之尽言。你我有缘，当来重入娑婆，定会再次聚首，同弘佛法。”[77]

在此之前，弘一法师曾不止一次地表明自己先生西方、回入娑婆、重荷弘法重任的心迹。叶青眼居士在《千江印月集》一文中说：“公（指弘一法师——引者注）之不舍众生，发愿重来，实不自近始。……公时谓余曰：‘我今年六十，星者亦如是说，故我拟即谢绝一切，专修净业，以求往生’。言下意志坚决。余闻是言，私心郁邑，跪下请曰：‘愿依华严经普贤行愿，请善知识莫入涅槃之义，求公久住世间，利益我等。’公曰：‘汝有所不知，一手一足之力度得几何，不如力求上品上生，再来力量乃大耳。’”[78]初四日，王拯邦居士前来探望，极力恳请其吃药及进牛乳。弘一法师为说十诵戒文。

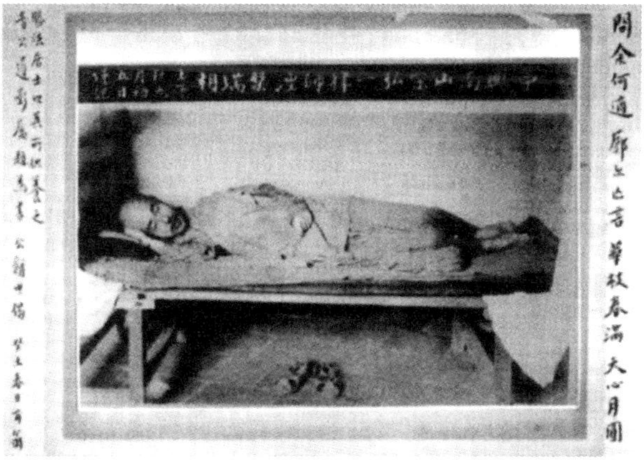

弘一法师圆寂照

是晚 7 时 45 分，呼吸少促。8 时整，吉祥而卧，安详西逝。

随侍在侧的妙莲法师助念完毕，在给夏丏尊等人的遗书上用红笔填上“九”“四”两字，寄出。

弘一法师走完了他奇特而瑰丽的人生历程。“法师的一生，花样繁多：起初做公子哥儿，后来做文人，做美术家，做音乐家，做戏剧家，做编辑者，做书画家，做教师，做道家，最后做和尚”[79]，可谓缤纷多姿，充满诗意和神秘色彩。出家前，他是集诗、词、书画、篆刻等传统文化艺术于一身的文人，更是引介和传播西方音乐、绘画、戏剧等现代艺术的先驱，是现代艺术教育的先行者；出家后，他苦心向佛，以律严身，弘扬佛法，化度众生，成为兴亡继绝的一代律学宗师。诚如丰子恺所言，他“以精力旺盛之前半生贡献于文教，而以志行圆熟之后半生归命于佛法”[80]。他以生命为代价，上演了一场传奇版的行为艺术，让世人忽而抚掌称快，忽而扼腕唏嘘，忽而庄严肃穆，忽而低首沉思。他以知识、苦行和品格，向世人展示了个体生命的多姿多彩和无限可能性；他生命的光华，空明澄澈，让我们的灵魂感到温暖与震撼。

弘一法师清瘦而坚定的身影远去了，但他那矍铄而慈爱的目光似乎仍在注视着这个纷扰的尘世。

/ 注释 /

[1][2] 亦幻法师：《弘一法师在白湖》，载《弘一大师永怀录》，大雄书局1943年版。

[3][7] 陈星：《说不尽的李叔同》，中华书局2005年版。

[4] 见《弘一大师讲佛》，九州出版社2009年版。

[5] 金梅：《佛学家徐蔚如的提示》，载《李叔同影事》，百花文艺出版社2005年版。

[6] 《悲欣交集的弘一法师：李叔同》，载《李叔同影事》。

[8][10][12][13][16][17][22][23][25][33][41][53][56][60][61][63][66][67][68] [70][71][72] 林子青：《弘一法师年谱》。

[9] 弘一法师：《华严集联三百序》，见林子青《弘一法师年谱》。

[11] 朱子桥（1874—1941），浙江绍兴人。曾在东北、四川等地军警界任职。

1926年退出军政界，专事社会福利事业，办理赈济，拯救灾民，曾多次组织参与大灾的赈济工作。1930年陕西旱灾，力筹灾款赈济，并设灾童教养院，收容大批灾童。1941年1月，因辛劳过度病死西安，民众誉之为大慈善家。

[14] 蔡吉堂、吴丹明：《弘一法师在厦门》，载《李叔同——弘一法师》，天津古籍出版社1988年版。

[15] 性愿老法师，法名古志，自号安般行人，曾历任福建各名刹住持，系闽南佛教界长老。弘一法师与其在南普陀初见，即结法缘。自此，弘一法师在福建的所有弘法行止，俱由性愿代为安排，直至抗战爆发后赴菲律宾创建大乘信愿寺。为菲律宾佛化教育的先导者。

[18] 弘一法师：《人生之最后》，载《晚晴老人讲演录》。

[19] 弘一法师：《改过实验谈》，载李莉娟选编《李叔同诗文遗墨精选》，中国文联出版社2003年版。

[20][21] 性常：《亲近弘一大师之回忆》，见林子青《弘一法师年谱》。

[24] 叶圣陶：《几种赠品》，见叶圣陶著《未厌居习作》，开明出版社1992年版。

[26] 《缁门崇行录》为明代莲池大师所著，书中共列举10种（门）德行，依次是：清素、严正、尊师、孝亲、忠君、慈物、高尚、迟重、艰苦、感应。每种各录古德善行十四五条。这些都是出家缁门学习的榜样，也是在家素门修行的座右铭。

[27] 金梅：《悲欣交集：弘一法师传》，上海文艺出版社1997年版。

[28] 弘一法师：《过化亭记》，见林子青《弘一法师年谱》。

[29] 弘一法师致夏丏尊书（一）(二)，见林子青《弘一法师年谱》。

[30] 弘一法师：《为广洽法侣定修持日课，附记蕅益大师入灵峰因缘》，见林子青《弘一法师年谱》。

[31] 见《弘一法师日记三种》，山西古籍出版社2006年版。

[32] 见庄连福口述《毫无宗教异己成见的人》，载《弘一法师在惠安》。

[34][43] 传贯：《随侍音公日记》，见林子青《弘一法师年谱》。

[35] 弘一法师致夏丏尊信，转引自金梅《悲欣交集：弘一法师传》。

[36] 万泉：《参礼弘一法师以后》，见林子青《弘一法师年谱》。

[37][38] 李叔同：《禅里禅外悟人生》，陕西师范大学出版社2006年版。

[39] 弘一法师致仁开法师书，见林子青《弘一法师年谱》。

[40] 郁达夫：《记广洽法师》，原文载1939年5月20日新加坡《星洲日报·晨星》。

[42][44] 弘一法师与胜进居士书，见林子青《弘一法师年谱》。

[45] “一事无成人渐老”句，源出白居易《除夜寄微之》首联第二句为“一事

无成百不堪”。

[46] 以上引文均出自《南闽十年的梦影》，载李莉娟编选《李叔同诗文遗墨精选》。

[47] 袁了凡：即袁黄，浙江嘉善人，明代万历年间进士。曾任宝坻知县、兵部主事等职。文理诸学皆通，首创用“功过格”记录善恶，扩大了程朱理学的影响，也为后世儒教所推崇。

[48] 以上引文，均出自弘一法师《最后之□□》，载李莉娟编选《李叔同诗文遗墨精选》。文末诗中第一行空格，原文系空植。其诗为清代龚自珍《己亥杂诗》第272首“渔沟道中题壁”。原诗前两句为：“未济终焉心缥缈，百事翻从缺陷好”。“未济”，为《周易》最后一卦（第六十四卦）。“济，成也”，未济就是“未成”。《周易》以此卦作结，有事物相因相反，变化永无穷尽之意。《周易·序卦传》：“物不可穷也，故受之以未济终焉。”龚诗前两句意为：事情不能成功，也只得随他去了，但凡事都从留下的缺憾做起，未尝不是一件好事。

[49] 高文显：《送别弘一法师》，见林子青《弘一法师年谱》。

[50] 引文均出自火头僧《弘一法师在湛山》，见金梅编著《遁入空门：李叔同为何出家》，天津人民出版社2008年版。

[51] 啸月：《弘一上人传略》（见林子青《弘一法师年谱》）记载，第二句为“出门倚杖又思惟”。此处采用倓虚法师《影尘回忆录》一书中的记载。至于此偈出处，两则记事均未作说明。

[52] 蔡丏因：《廓尔亡言的弘一大师》，见林子青《弘一法师年谱》。

[54][57] 夏丏尊：《怀晚晴老人》，载《夏丏尊文集——平屋之辑》，浙江人民出版社1983年版。

[55][58] 弘一法师致李芳远信，见林子青《弘一法师年谱》。

[59] 见李莉娟编选《李叔同诗文遗墨精选》。

[62] 广义：《弘一大师之盛德》，见林子青《弘一法师年谱》。

[64][73] 金梅：《悲欣交集：弘一法师传》。

[65] 黄福海：《弘一法师与我》一文，载《弘一大师永怀录》。

[69] 弘一法师致李芳远书，转引自金梅《悲欣交集：弘一法师传》。

[73] 陈慧剑：《弘一大师传》，今日中国出版社1989年版。

[74][78] 陈海量：《弘一大师永怀录》，大雄书店1943年版。

[75] 相传王舍城太子阿阇世，想把妨碍他篡夺王位的母亲韦提希夫人处死。大臣劝诫他不要行此无道。阿阇世不得已，将其母韦提希夫人囚于深宫。韦提希夫人悲愁痛苦，于禁中遥拜灵鹫山，请求释尊救援，开示往生西方极乐世界，到达净土的方法。

于是佛就为其开示 16 种观想的念佛法门。当佛说完此修行方法时，韦提希夫人与 500 侍女，闻佛所说，应时即见极乐世界及阿弥陀佛，心生欢喜，叹未曾有，豁然大悟，遂发起了菩提心，愿生彼国，佛给予授记，皆当往生彼国。

[76] 参见明诚居士《悲欣交集见观经——弘一大师命终绝笔新解》，载苏州寒山寺佛教文化季刊《寒山寺》总第 16 期。

[77] 金梅：《悲欣交集：弘一法师传》。又，弘一法师在致李圆净居士的信中，亦说过类似的话。特录于此，仅供参证。信中说："朽人近年以来，精力衰颓，时有小疾。编辑之事，仅可量力为之。若欲圆满成就其业，必须早生极乐，见佛证果，回入娑婆，乃能为之。古德云：'去去就来'，回入娑婆，指顾之间事耳。吾人修净土宗者，以往生极乐为第一标的。其现在所有讲经撰述等种种弘法之事，皆在其次。时节到来，撒手便行。决不以弘法事业未毕，而生丝毫贪恋顾惜之心。朽人所云编辑诸事，不过姑作此想。经云：'人命在呼吸间'，固不能逆料未来之事也。余与仁等友谊甚厚，故敢尽情言之……（见李圆净《去去就来》一文，原文载《弘一大师全集》附录卷，福建人民出版社 1991 年版）。

[79] 丰子恺：《拜观弘一法师摄影集后记》，见《丰子恺品佛》，作家出版社 2009 年版。

[80] 丰子恺：《〈弘一大师纪念册〉序言》，见《丰子恺品佛》，作家出版社 2009 年版。

参考文献

1.林子青编著：《弘一法师年谱》，宗教文化出版社 1995 年版。

2.金梅编著：《遁入空门：李叔同为何出家》，天津人民出版社 2008 年版。

3.李叔同著：《心与禅》，陕西师范大学出版社 2008 年版。

4.金梅著：《李叔同影事》，百花文艺出版社 2005 年版

5.丰子恺著、金重编：《丰子恺品佛》，作家出版社 2009 年版。

6.余涉编：《李叔同诗全编》，浙江文艺出版社 1995 年版。

7.方爱龙著：《殷红绚彩：李叔同传》，上海书画出版社 2002 年版。

8.李莉娟选编：《李叔同诗文遗墨精选》，中国文联出版社 2003 年版。

9.陈海量居士编：《弘一大师永怀录》，（上海）大雄书局 1943 年版。

10.李叔同著、行痴编：《李叔同谈艺录》，陕西师范大学出版社 2007 年版。

11.陈星著：《天心月圆·弘一大师》，山东画报出版社 1998 年版。

12.阿英编：《晚清文学丛钞》第一卷《小说戏剧研究卷》，中华书局 1960 年版。

13.《弘一大师李叔同讲演集》，中国广播电视出版社 1998 年版。

14.李叔同著：《花雨满天悟禅机：李叔同的佛心禅韵》，陕西师范大学出版社 2007 年版。

15.陈星著：《李叔同身边的文化名人》，中华书局 2005 年版。

16.丰子恺著：《缘缘堂随笔集》，浙江文艺出版社 1983 年版。

17.丰子恺著：《艺术趣味》，大象出版社 2009 年版。

18.林子青编：《弘一法师书信》，生活·读书·新知三联书店 1990 年版。

19.陈星著：《说不尽的李叔同》，中华书局 2005 年版。

20.金梅著：《悲欣交集：弘一法师传》，福建教育出版社 2010 年版。

21.唐圭璋、潘君昭、曹济平选注：《唐宋词选注》，北京出版社 1982 年版。

22.陈慧剑著：《弘一法师传》，今日中国出版社 1989 年版。

23.丰一吟选编：《丰子恺散文：陋巷》，浙江文艺出版社 2007 年版。

24.《严修年谱》，齐鲁书社 1990 年版。

25.余涉编：《漫忆李叔同》，浙江文艺出版社 1998 年版。

26.《李叔同——弘一法师》，天津古籍出版社 1988 年版。

27.惠安县文化馆编：《弘一法师在惠安》，1986 年 7 月版。

28.李叔同著：《禅里禅外悟人生》，陕西师范大学出版社 2006 年版。

29.夏丏尊著：《平屋杂文》，百花文艺出版社 2005 年版。

30.《护生画集》，海天出版社 1993 年版。

31.《弘一大师讲佛》，九州出版社 2009 年版。

32.《晚晴老人讲演录》。

33.叶圣陶著：《未厌居习作》，开明出版社 1992 年版。

34.《弘一法师日记三种》，山西古籍出版社 2006 年版。

35.《夏丏尊文集——平屋之辑》，浙江人民出版社 1983 年版。

36.庞玉洁著：《开埠通商与近代天津商人》，天津古籍出版社 2004 年版。

37.《东山丛谈》，香港金陵书社出版公司 1999 年版。

38.《全唐诗》卷 128，上海古籍出版社 1986 年版。

39.张志刚著：《宗教学是什么》，北京大学出版社 2002 年版。

后记

十多年前，不知深浅，贸然写了弘一法师的传记册子。此书虽只有五六万字，却留下了许多遗憾。于今读来，仍倍感汗颜。我自幼时即被无神论，又怯于冒险学习；开禁之后，迫于生计，整日在红尘里滚爬，今生都打理不清，更无暇顾及来世的去向，故对佛道之类不甚了解。弘一法师一生经历丰富奇特，内心世界博大深泓，冥顽如我者，自然难窥法师门径，更无缘领略法师精神世界的异彩灵光。再写此书，不免心中惴惴，翻检法师著述及研究资料，盘桓月余，揣摩多日，仍然不敢下笔。

法师说过，“老实念佛”“不打诳语”，我虽无慧根，但老实做事，不打诳语，庶几还可一试。故此，我打定主意，老老实实地来写：不虚构，不夸饰，不耍花腔，不玩技巧，据实道来，平实说去。为此，我尽量让每一个细节，每一句对话，都有所依，有所本；尽量让原始资料说话，而不是捉笔者跳出来絮叨；尽量顺着法师行脚的足迹，一步一趋地寻觅他的人生历程。

作为世俗中人，我对法师的佛学思想，很难有透彻的了解，然而这并不影响我对他的崇仰。且不说他一生的辉煌功业，就说他的人格，是何等高贵，何等令人追慕。比如他做事的认真执著，他待人的平易谦和，他刻苦行持的韧劲，他享受苦难的旷达，他自我责难的无情，他信仰的纯正坚固，他品性的方正端良，以及他惜福与节俭的美德等等，凡此种种，都是法师高贵人格的组成部分。而他人格的核心，则可用一个“人”字来概括。对此，法师在俗时的学生丰子恺，曾有过精辟的阐述。他说：“我崇仰弘一法师，为了他是‘十分像人的一个人’。凡做人，在当初，其本心未始不想做一个十分像‘人’的人；但到后来，为环境、习惯、物欲、妄念等所阻碍，往往不能做得十分像‘人’。其中九分像‘人’，八分像‘人’的，在这世间已很伟大；七分像‘人’，六分像‘人’的，也已值得赞誉；就是五分像‘人’的，在最近的社会也已经是难得的‘上流人’了。像弘一法师那样十分像‘人’的人，古往今来，实在少有，所以使我十分崇仰。”“十分像人的人”，是丰子恺对法师的最高评价，也是他之所以崇仰法师的根本原因。

我不知道丰子恺具体的评价标准是什么，但有一点是清楚的，那就是做一个像样的人，是多么多么的不容易。老实说，我每读及丰子恺的这段“人”论，心里都会轻轻一颤，仿佛他这话是冲着今天的社会说的，冲着自己说的。是呀，有谁不想做人呢？只是在这样一个物欲横流的世道，在这样一个万众一心、急切地奔赴物质世界康乐生活的时代，人们对行走乃至奔跑的姿态是不太讲究的，甚至顾不得讲究。什么规矩呀，从容呀，优雅呀，其实都没得用，关键是速度，谁先跑到谁就是胜利者，至于跑到那里之后干点什么，顾不得想，问题太超前，到了再说吧。总之，这是一个亢奋的时代，人们都轻装上阵，赤条条地狼奔豕突，把奔跑当做了目的。由于跑的人多，又不讲规矩，不重姿态，因而就有点乱，方向感不强或头脑不清爽的人，跑着跑着就找不到北了。

窃以为若要人做得有模样，须从起卧坐行开始。法师小的时候就很讲究，饭桌摆不正都不能坐。当然言谈也重要。法师小时候好指东画西说人家不对，他的老表哥就指着他教训道：“你先说说你自个”。据法师说，他小时候常行袁了凡的功过格，也曾亲见父亲扶危济困的善行义举。我这不是在说少儿教育，这个你懂得。遗憾的是，现在大家都在忙着奔跑，少有空闲来关注这样的常识，甚至连生死大事也没得空闲去认真琢磨，或者索性来一句：“自打来到这个世界，我就没打算活着回去。”是啊，咱都不打算活着回去了，还有什么好讲究的。不过呢，既然铁了心要死在这里，何不注重点姿态，行走得从容一点，甚至优雅一点。累了的时候，也歇一下，顺便想想“奔跑”之外的事情。总之，不管是活着，还是死了，都应讲究点姿态，甚至体面，至少不能活得太丑陋，死得太难看。这样的话，就差不多有几分像人了。

弘一法师的后半生，都在极其认真地做着一件事情，那就是“了生死”。应该说，他做得十分到位，用丰子恺的话说，他最终成了“十分像人的一个人”。他活着的时候，行走的姿态算得上从容而优雅；他死的时候，更是标准的释迦牟尼佛的“吉祥卧”，从容而安详，姿态堪称完美。当然，佛是讲缘的，不是随便什么人都能进得了那个世界，但他对待生死的认真态度，却值得我们这些在拼命奔跑的人思量。这，也是我亲近弘一法师的原因。

本书写作过程中，参阅了大量专家学者的文献资料。可以说，没有这些前辈今贤的研究成果，就不可能有这本小书。借此机会，谨向他们表示衷心的感谢，并乞请众位方家不吝赐教。同时也请读者朋友，对书中的失误与不当之处批评指正。

赵光怀、许允龙先生，为本书的出版倾注了大量心血，在此，谨致谢忱。

偶感随想，拉杂记来，聊作后记。

2011 年 7 月 11 日

图书在版编目(CIP)数据

半世文人半世僧——李叔同/蒋心海著. —济南:齐鲁书社, 2012.1 (2017.8 重印)
ISBN 978-7-5333-2564-0

Ⅰ.①半… Ⅱ.①蒋… Ⅲ.①李叔同(1880~1942)—生平事迹 Ⅳ.①B949.92

中国版本图书馆 CIP 数据核字(2011)第 266710 号

半世文人半世僧——李叔同
蒋心海 著

主管单位	山东出版传媒股份有限公司
出版发行	齊魯書社
社　　址	济南市英雄山路 189 号
邮　　编	250002
网　　址	http://www.qlss.com.cn
电子邮箱	qilupress@126.com
营销中心	(0531)82098521　82098519
印　　刷	山东新华印务有限责任公司
开　　本	690mm×970mm　1/16
印　　张	14.625
字　　数	218 千
版　　次	2012 年 1 月第 1 版
印　　次	2017 年 8 月第 5 次印刷
标准书号	ISBN 978-7-5333-2564-0
定　　价	**28.00** 元